## 权威·前沿·原创

皮书系列为
"十二五""十三五"国家重点图书出版规划项目

编委会主任/乔家华 吴 忠 孙福金

# 深圳劳动关系发展报告（2018）

ANNUAL REPORT ON SHENZHEN'S LABOR RELATIONSHIP
(2018)

主 编/汤庭芬
副主编/秦晓南 杨保华 李 莹

社会科学文献出版社
SOCIAL SCIENCES ACADEMIC PRESS (CHINA)

图书在版编目(CIP)数据

深圳劳动关系发展报告.2018/汤庭芬主编.--北京:社会科学文献出版社,2018.6
(深圳蓝皮书)
ISBN 978-7-5201-2913-8

Ⅰ.①深… Ⅱ.①汤… Ⅲ.①劳动关系-研究报告-深圳-2018 Ⅳ.①F249.276.53

中国版本图书馆CIP数据核字(2018)第125973号

## 深圳蓝皮书
## 深圳劳动关系发展报告（2018）

主　　编／汤庭芬
副 主 编／秦晓南　杨保华　李　莹

出 版 人／谢寿光
项目统筹／张丽丽
责任编辑／丁　凡　李惠惠

| 出 | 版／社会科学文献出版社·区域发展出版中心（010）59367143 |
|---|---|
| | 地址：北京市北三环中路甲29号院华龙大厦　邮编：100029 |
| | 网址：www.ssap.com.cn |
| 发 | 行／市场营销中心（010）59367081　59367018 |
| 印 | 装／三河市龙林印务有限公司 |
| 规 | 格／开　本：787mm×1092mm　1/16 |
| | 印　张：20　字　数：308千字 |
| 版 | 次／2018年6月第1版　2018年6月第1次印刷 |
| 书 | 号／ISBN 978-7-5201-2913-8 |
| 定 | 价／89.00元 |

皮书序列号／PSN B-2007-097-2/7

本书如有印装质量问题，请与读者服务中心（010-59367028）联系

▲ 版权所有 翻印必究

# 深圳劳动关系蓝皮书
# 编委会

| | |
|---|---|
| 编委会主任 | 乔家华　吴　忠　孙福金 |
| 编委会副主任 | 王同信　牛西平　曾思克　李　卓 |
| 编委会成员 | 乔家华　吴　忠　孙福金　王同信　牛西平<br>曾思克　李　卓　汤庭芬　秦晓南　杨保华<br>李　莹 |
| 主　　编 | 汤庭芬 |
| 副　主　编 | 秦晓南　杨保华　李　莹 |
| 编撰人员 | （按姓氏笔画排序）<br>王同信　艾宏扬　冯　力　邢蓓华　刘定权<br>吴登记　吴潇雯　吴丽莎　吴洁红　李　莹<br>李长江　汤庭芬　张克锋　林　莉　周晓真<br>周　晶　杨洲杰　张翠红　秦晓南　高光明<br>黄金玲　曾虹文　曾晓慧　倪志聪　彭小坤<br>廖名宗　潘　洋 |

# 摘　要

《深圳劳动关系发展报告（2018）》由深圳市社会科学院、深圳市人力资源和社会保障局、深圳市总工会和深圳大学联合编辑出版。全书展示了深圳在2017年面对劳动关系发展的新形势，推动和谐劳动关系工作方面的探索与创新，从理论与实践的视角，展示了深圳发展和谐劳动关系的新举措与新成果。

《深圳劳动关系发展报告（2018）》共分为五部分。第一部分为总报告。2017年深圳紧紧抓住劳动关系和谐、社会稳定这条主线，继续秉承"改革创新、高效务实"的发展理念，健全更加多元高效的劳动关系调处机制，展示和研判深圳在劳动关系调整领域的显著成效及发展趋势。第二部分为人力资源与社会保障篇。介绍2017年深圳各级人力资源和社会保障部门，继续贯彻落实广东省、深圳市构建和谐劳动关系的决策部署，以人民为中心，大力践行新发展理念，在提升民生福祉，努力破解劳动关系工作中的体制机制障碍，助力供给侧结构性改革等方面取得突破性进展，各项工作取得新成绩。第三部分为工会组织篇。介绍2017年深圳各级工会组织坚持以职工为中心的理念，抓好维护职工合法权益、服务职工等主责，抓好"组织建设"，扎实推进工会基层基础建设，坚持问题导向，从尊重和落实职工民主权利入手，强化完善"源头治理劳资纠纷试验区"的建设，创建科学规范高效的体制机制。第四部分为劳动关系和谐度测评篇。介绍2017年深圳开展企业劳动关系和谐度定量评估研究课题，运用多项测评指标，建立规范科学的定量评估体系，成为深圳企业年度评估劳动关系现状的一项常态化、制度性科研成果。第五部分为专题研究篇。重点分析2017年经济新常态下深圳劳动关系领域发生的重大变化、劳动关系运行中涉及的突出问题，以及劳

动关系协调机制的理论设想与创新实践,从学科理论、法律范畴、实践运行的不同视角,进行有新意的研究,为今后完善立法、有效运行提供有益的参考。

本书对深圳劳动关系发展的预测与展望:2018年,深圳将以十九大精神为指导,坚持改革创新不停滞,为构建和谐劳动关系提供法治、高效的有力保障。一是坚持就业优先战略和积极就业政策,着力实现更高质量和更充分就业。二是坚持推进实现社保法定人群全面覆盖,继续深化社会保险制度改革,确保各项社会待遇稳固可靠,经办管理服务高效便捷,打通社保服务最后"一公里"。三是坚持运用法治思维和法治方式加强劳动关系调整制度建设,多措并举提升劳动关系治理水平。四是坚持按劳分配,促进收入分配合理有序,稳慎调整最低工资标准,继续推进集体协商,引导企业和职工树立利益共同体意识。五是坚持共建共享,提升劳动关系构建法治化、社会化、智能化水平。六是坚持依法处置,稳妥化解劳动关系矛盾,探索建立劳动人事争议仲裁深圳标准体系,健全劳资纠纷处置机制,推进法治信访、阳光信访、责任信访。

**关键词:** 创新实践 新业态 劳动关系 源头治理

# Abstract

The Annual Report on Shenzhen's Labor Relationship (2018) is published by Shenzhen Academy of Social Sciences, Shenzhen Human Resources Social Security Bureau, Shenzhen Federation of Trade Union and Shenzhen University. The book shows the new situation of Shenzhen in the face of the development of labor relations in 2017 and the exploration and innovation in promoting harmonious labor relations. From the perspective of theory and practice, it shows the new measures and new achievements in the development of harmonious labor relations in Shenzhen.

The report on the development of labor relations in Shenzhen (2018) is divided into five parts. The first part is the general report. In 2017, Shenzhen firmly grasped the main line of labor relations harmony and social stability, and continued to uphold the development concept of "reform and innovation, efficient and pragmatic", and improved the more diversified and efficient labor relations mediation mechanism, to demonstrate and study the remarkable achievements and development trends of Shenzhen in the field of labor relations adjustment. The second part is human resources and social security. Introduces that the human resources social security department at all levels in 2017 continued to implement the decision making of building a harmonious labor relationship between provinces and cities, taking the people as the center, vigorously practicing the new concept of development, improving the well-being of the people's livelihood, trying to break through the obstacles of the institutional mechanism in the work relationship, and making a breakthrough in the structural reform of the help supply side. Progress has been made and new achievements have been achieved in all the work. The third part is the development of trade union organization. In 2017, the trade union organizations at all levels in Shenzhen adhered to the idea of taking workers as the center, focusing on maintaining the legal rights and interests of employees, the workers and "organizational construction", pushing forward the basic construction of the union at the grass-roots level, adhering to the problem orientation, starting with the respect for and implementing of democratic rights of the workers, strengthening the "source governance of a pilot area for labor disputes" and establishing a scientific, standardized and efficient system and mechanism. The fourth part is the evaluation of the harmony degree of labor relations in enterprises. This part introduces the quantitative evaluation of the harmonious degree of labor relations in Shenzhen in 2017, which established a standardized and scientific quantitative evaluation system by using a number of evaluation indicators. It has become a normalized and systematic scientific research achievement of the annual evaluation of labor relations in Shenzhen enterprises. The fifth part is the thematic study. The major changes in the field of labor relations in Shenzhen in the new economy in 2017, the prominent problems involved in the operation of labor relations, and the theoretical assumptions and innovative practices of the coordination mechanism of labor relations are analyzed. From the different perspectives of the subject theory, the legal category and the practical operation, a new study is made to provide a useful reference for the future perfection of legislation and effective operation.

The forecast and prospect of the development of Shenzhen labor relations in this book: in 2018, Shenzhen will be guided by the nineteen spirit, insisting that innovation and providing a strong guarantee of the rule of law and high efficiency for the construction of harmonious labor relations. First, we should adhere to the employment priority strategy and the positive employment policy, and strive to achieve higher quality and more full employment. Second, we should continue to promote the overall coverage of the legal population of social security, to continue to deepen the reform of the social insurance system, to ensure that the social treatment is stable and reliable, the management services are efficient and convenient, and the last "one kilometer" for the social security service is got through. Third, we should adhere to the rule of law to strengthen the construction of labor relations adjustment system, and take measures to improve the level of governance of labor relations. The fourth is to insist on distribution according to work, promote the rational and orderly income distribution, adjust the minimum wage standard prudently, continue to promote collective consultation, and guide enterprises and workers to establish a sense of community of interests. Fifth, we must persist in building and sharing together, enhance the level of the rule of law, socialization and intelligence in the construction of labor relationship. Sixth, we must persist in handling according to law and resolve the contradiction of labor relations safely. The Shenzhen standard system for labor and personnel dispute arbitration will be established and the labor dispute settlement mechanism will be improved. The rule of law petition, sunshine petition and responsibility petition will be promoted.

**Keywords**: Innovation Practice; New Format; Labor Relations Source Governance

# 目 录

## Ⅰ 总报告

**B.1** 2017年深圳劳动关系发展状况及展望
………………………… 深圳劳动关系发展报告课题组 / 001

## Ⅱ 人力资源与社会保障篇

**B.2** 互联网经济下新就业形态研究
………………………… 新经济背景下新就业形态研究课题组 / 021

**B.3** 深圳社保新时期践行深圳质量相关分析思考及展望
………………………………………… 吴登记　周晓真 / 032

**B.4** 围绕重点　攻克难点　突出亮点
　　——创新劳动争议仲裁工作机制的实践与思考
………………………………………………… 林　莉 / 048

**B.5** 深圳劳动监察2017年发展状况与2018年趋势展望
………………………………………………… 吴洁红 / 059

**B.6** 广东地区工资收入差距研究………………… 曾晓慧 / 070

**B.7** 盐田港区劳动关系治理实践与思考………… 刘定权 / 082

B.8 深圳快递业劳动用工情况研究
………………………………… 吴丽莎　周　晶　逢海鹏 / 091

B.9 深圳劳动者工作时间调查与研究………………… 倪志聪 / 105

## Ⅲ 工会组织篇

B.10 工会不是市场经济的旁观者
　　——"宝万之争"中的工会维权 ………………… 王同信 / 118

B.11 从对话开始培育集体协商
　　——深圳市总工会"聚力计划"
　　………………………………… 王同信　李　莹　李长江 / 128

B.12 对德国等三国维护职工权益工作的研究
　　………………………………………… 黄金玲　李　莹 / 139

B.13 工会工作顶层设计有关问题的思考 …………… 冯　力 / 150

B.14 创新企业民主管理机制的研究与思考 ………… 潘　洋 / 161

## Ⅳ 劳动关系和谐度测评篇

B.15 深圳迈瑞生物医疗电子股份有限公司劳动关系
　　和谐度测评报告
　　………………… 汤庭芬　艾宏扬　张克锋　高光明 / 173

B.16 克丽缇娜梅林店劳动关系和谐度测评报告
　　………………………………………… 古　迹　周　捷 / 181

B.17 爱享叁陆伍网络技术（深圳）有限公司劳动
　　关系和谐度测评报告
　　………………………………………… 汤庭芬　艾宏扬 / 186

B.18 深圳市共进电子股份有限公司劳动关系和谐度测评报告
　　………………………………… 古　迹　张克锋　陈　坤 / 194

## Ⅴ 专题研究篇

B.19 深圳社会组织参与构建和谐劳动关系的探索与思考
　　……………………深圳社会组织参与构建和谐劳动关系课题组 / 203

B.20 意思自治原则在劳动争议案件中的适用 …………… 邢蓓华 / 215

B.21 职业病人身损害赔偿法律问题研究 ………………… 彭小坤 / 226

B.22 坪山区小微企业劳动关系事务托管服务探索实践
　　……………………………………………… 杨洲杰　张翠红 / 249

B.23 劳动者过错赔偿研究 ………………………………… 廖名宗 / 260

B.24 探索社会组织参与和谐劳动关系建设新路径
　　——和谐劳动关系促进协会实践探索与思考 ……… 曾虹文 / 272

B.25 深圳家庭服务业发展现状问题及对策
　　………………………………… 冯　力　张智荣　张国燕 / 282

# CONTENTS

## I General Report

**B**.1 Labor Relations in Shenzhen: Review and Forecast of 2017
*Research Group of Shenzhen's Labor Relationship Annual Report* / 001

## II Human Resources and Social Security

**B**.2 Research on New Employment Forms under the Internet Economy
*Research Group of New Employment Forms under the New Economic Background* / 021

**B**.3 Thinking and Prospect of Implementing Shenzhen's Quality Related Analysis in the New Period of Social Security in Shenzhen
*Wu Dengji, Zhou Xiaozhen* / 032

**B**.4 Focus Points\Takeover Difficulties\Highlight Spots
—*Practice and Thinking of Innovating Labor Dispute Arbitration Mechanism*
*Lin Li* / 048

**B**.5 Labor Supervision in Shenzhen: Review of 2017 and the Trend of 2018
*Wu Jiehong* / 059

**B**.6 Research on the Wage Income Gap in Guangdong  *Zeng Xiaohui* / 070

**B**.7 Practice and Reflection on the Management of Labor Relations in Yantian Port Area  *Liu Dingquan* / 082

**B**.8 Reseach on Labor Employment in Shenzhen Express Industry

*Wu Lisha, Zhou Jing and Pang Haipeng /* 091

**B**.9 Investigation and Research on Working Hours of Workers in Shenzhen

*Ni Zhicong /* 105

## Ⅲ  Union Organizations

**B**.10 The Labor Union is not a Spectator of the Market economy

—*Safeguard the Rights in the Dispute between Vanke and Baoneng*

*Wang Tongxin /* 118

**B**.11 Cultivating Collective Consultation from the Beginning of Dialogue

—*The "Cohesive Plan" of Shenzhen Federation of Trade Union*

*Wang Tongxin, Li Ying and Li Changjiang /* 128

**B**.12 Research on Safeguarding Workers' Rights and Interests in Germany and Other Two Countries *Huang Jinling, Li Ying /* 139

**B**.13 Thinking about the Top Floor Design of Labor Union Working Mechanism

*Feng Li /* 150

**B**.14 Research and Thinking on the Democratic Management Mechanism of Innovative Enterprises *Pan Yang /* 161

## Ⅳ  Evaluation of Labor Relations Harmony Index

**B**.15 Survey and Evaluation of Harmonious Degree of Labor Relations in Shenzhen Mindray Bio Medical Electronic Limited by Share Ltd.

*Tang Tingfen, Ai Hongyang, Zhang Kefeng and Gao Guangming /* 173

**B**.16 Survey and Evaluation of Harmonious Degree of Labor Relations in Keri Tina Merlinbeauty House *Gu Ji, Zhou Jie /* 181

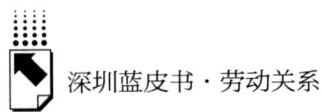

B.17 Survey and Evaluation of Harmonious Degree of Labor Relations in Ai Xiang San Lu Wu Network Technology (Shenzhen) Co., Ltd.
*Tang Tingfen, Ai Hongyang* / 186

B.18 Survey and Evaluation of Harmonious Degree of Labor Relations in Shenzhen Gongjin Electronics Co., Ltd. *Gu Ji, Zhang Kefeng and Chen Kun* / 194

# V Topical Reports

B.19 Exploration and Reflection on the Participation of Social Organizations in Shenzhen in Building Harmonious Labor Relations
*Research Group of Shenzhen's Social Organizations Participates in the Construction of Harmonious Labor Relations* / 203

B.20 Application of the Principle of Autonomy of Will in Labor Dispute Cases
*Xing Peihua* / 215

B.21 Research on Legal Problems of Personal Injury Compensation for Occupational Patients *Peng Xiaokun* / 226

B.22 The Exploration and Practice of Labor Relations Affairs Trusteeship Service in Small and Micro Enterprises in Pingshan
*Yang Zhoujie, Zhang Cuihong* / 249

B.23 Research on the Compensation for the Workers' Fault
*Liao Mingzong* / 260

B.24 Exploring New Ways for Social Organizations to Participate in Building Harmonious Labor Relations
—*Practice and Exploration of Barmonious Labor Relations Promotion Association*
*Zeng Hongwen* / 272

B.25 Current Situation, Problems and Countermeasures of Family Service Industry in Shenzhen *Feng Li, Zhang Zhirong and Zhang Guoyan* / 282

# 总 报 告

## General Report

## B.1
## 2017年深圳劳动关系发展状况及展望

深圳劳动关系发展报告课题组*

摘　要：2017年，深圳大力践行新发展理念，以人民为中心，把构建和谐劳动关系作为保障和改善民生的一项重要工作，取得突破性进展。本报告介绍深圳2017年推进和谐劳动关系工作采取的创新举措，展示劳动关系工作取得的显著成效；分析当前劳动关系领域新情况、新问题与历史问题交织，构建和谐劳动关系工作面临的两难选择增多、处理难度加大的现状；提出按照党的十九大确立的目标，把人民对美好生活的向往作为奋斗目标，抓住主要矛盾和矛盾的主要方面，建机制、补短板，大力构建和谐劳动关系的思路与展望。

---

\* 深圳劳动关系发展报告课题组包括：深圳市人力资源和社会保障局、深圳市社会科学院。

**关键词：** 劳动关系　互联网社保　工资增幅　就业效应

2017年是党的十九大胜利召开之年，具有重要里程碑意义。深圳市委、市政府大力践行新发展理念，以人民为中心，把构建和谐劳动关系作为保障和改善民生的一项重要工作，取得突破性进展。

## 一　2017年深圳劳动关系状况

2017年，深圳市人力资源和社会保障系统、各级工会及相关部门按照党中央、国务院，广东省委、省政府，深圳市委、市政府决策部署，以创建盐田、坪山和谐劳动关系综合试验区为抓手加快健全劳动关系协调机制，扎实推进企业收入分配制度改革，不断加强劳动关系矛盾源头治理，建立劳资纠纷分类处置机制，健全劳动争议调解网络，持续推进劳动争议仲裁"质效"双提升，保持劳动关系总体和谐稳定。从工资分配、社会保障、民主管理、劳动争议几方面考察，主要表现为以下四个方面。

### （一）企业职工工资收入稳步增长

2014年、2015年和2016年（2017年工资数据须在2018下半年薪酬调查结束后获得）深圳企业职工年均工资收入分别为56532元、61364元和67332元，基本坚持与经济发展同步增长的原则，为实现"十三五"时期"到2020年实现城乡居民人均收入比2010年翻一番"的目标打下良好基础。从增幅看，2014年、2015年和2016年深圳企业职工年均工资收入的同比增幅不断提高，分别为8.05%、8.55%和9.73%。在经济新常态、企业生产经营压力较大的情况下，深圳企业劳动者年均工资收入仍保持8%以上的增幅，接近GDP增幅，高于人均GDP增幅。

### （二）社会保障水平进一步提高

一是参保扩面稳步推进。深圳社保五险总参保5881万人次，同比增长

6.5%，占广东省的 20.49%。其中，养老、医疗、工伤、失业、生育保险参保人数分别为 1134.32 万人、1396.11 万人、1100.68 万人、1089.49 万人和 1160.57 万人，各个险种参保人数均突破千万大关。二是保障水平持续提升。2017 年深圳企业退休人员调待后月人均基本养老金为 3803 元，居全国同等城市首位。医保参保人目录范围内住院费用平均记账比例为 90%，居国内大中城市前列。

### （三）企业民主管理进一步加强

一是工会组织覆盖率持续提高。2017 年深圳工会组织有 33098 家，共覆盖企事业单位 14.18 万家；全市工会会员有 572.01 万人，农民工会员有 408.80 万人。二是集体协商机制继续深化。搭建劳资对话、沟通、协商、合作平台，在部分重点企业开展"聚力计划"，对 54 家企业进行 27 次集中培训研讨、139 次入企培训，让企业高层管理者、工会干部和员工代表共 5194 人次掌握有效的劳资对话沟通方法，有力推动集体协商、企业民主管理等制度的建立完善。三是厂务公开民主管理机制化建设有力推进。推动大企业民主建会、中小微企业成立工会小组，2017 年推动 2561 家基层工会进行民主换届，树立 74 家民主建会典型示范单位，让更多基层工会组织成为职工群众信赖的"职工之家"。

### （四）劳动争议案件、30 人以上劳资纠纷及欠薪垫付案件呈现"三下降"

一是劳动争议案件同比下降。2017 年深圳各级劳动人事争议仲裁机构立案 30916 件、涉及 56227 人，同比分别下降 4% 和 24%，这是自 2014 年以来首次出现下降。二是 30 人以上劳资纠纷同比下降。2017 年全市劳动监察部门参与处置 30 人以上劳资纠纷 101 件，同比下降 16.5%。三是垫付欠薪案件数量及金额同比下降。2017 年全市运用欠薪保障基金垫付欠薪案件 93 宗共 1524 万元，同比分别下降 22.5% 和 21.3%。

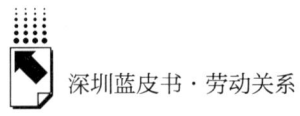

## 二 2017年深圳劳动关系工作主要做法与成效

### (一) 劳动关系协调取得新成效

1. 推进省市共建盐田、坪山两个和谐劳动关系综合试验区建设

盐田区按照创建方案,在工作理念、体制机制和方式方法等方面进行探索,推进试验区建设不断前行。坪山区于2017年1月成为深圳第二个省市共建综合试验区,力争用四年时间完成综合试验的工作任务。深圳试验区工作特色鲜活、氛围浓厚,得到了人力资源和社会保障部、广东省人力资源和社会保障厅的高度关注和充分肯定。全国性的、高规格的、以构建和谐劳动关系为主题的"构建和谐劳动关系综合试验区经验交流会"和"社会力量参与构建和谐劳动关系综合试验研讨会"分别于2017年6月和12月在深圳召开。

2. 推进劳动关系业务工作标准化

一是推行劳动合同示范文本,提高劳动合同签订率和履行质量。截至2017年底,企业劳动合同签订率为95.1%。二是在广东省率先制定《劳务派遣服务规范》和《劳务派遣单位等级划分与评定》两项地方技术标准,2017年3月1日发布实施,对提升整个行业的专业化服务水平、推动行业健康有序发展具有里程碑意义。三是推进许可服务事项标准化。制定了劳务派遣经营许可、不定时工作制和综合计算工时工作制审批、集体合同审查、员工申请欠薪保障金垫付审核四个事项的办事指南和业务手册,规范办理流程、文书表格和申请材料,推进深圳劳动关系业务的规范化、制度化和整体化建设。

3. 加强劳动关系问题研究

深圳市人力资源和社会保障局(以下简称市人社局)联合深圳市邮政管理局开展快递业劳动用工情况调查,深入了解新业态代表行业之一的快递业劳动关系状况,形成《深圳市快递从业人员劳动权益保障情况报告》报深圳市委、市政府，相关工作建议得到了市领导的肯定；盐田区人力资源局着力研究和谐劳动关系企业评价指标体系，探索建立科学系统的量化评价体系；坪山区人力资源局聚集社会力量参与构建和谐劳动关系研究，其在全国性研讨会上的专题发言获得了与会代表的好评。

4. 筹备成立"深圳劳动关系研究院"

这是全国第一家由人社部门主导成立的、服务于构建和谐劳动关系的专业性社会公益组织，将有效整合深圳劳动关系理论与实践工作的人才优势，推进高校、智库与人社部门在劳动关系发展领域的合作，共同推动和谐劳动关系建设工作。

### （二）企业工资宏观管理取得新进展

1. 稳慎调整最低工资标准

开展最低工资标准实施评估，准确把握最低工资标准调整的增幅与频率，综合平衡好维护劳动者工资权益和促进企业发展的关系，在经济发展基础上合理调整最低工资标准，保障和改善民生，促进社会和谐发展。2017年6月1日深圳最低工资标准调整为2130元/月，涨幅为4.93%。

2. 圆满完成企业薪酬调查工作

按照人力资源和社会保障部、广东省要求，企业薪酬调查已成为常态化工作，每年开展一次。2017年完成人力资源和社会保障部下达的959家企业和广东省下达的1100家企业的薪酬调查和数据上报、分析任务，为科学制定发布人力资源市场指导价位和合理调整最低工资标准奠定了坚实的数据基础。

3. 人力资源市场工资指导价位实现新突破

2017年人力资源市场工资指导价位职业涵盖6个大类、59个中类、252个小类、508个细类，在全国首次制定发布社会组织工资指导价位，将工资指导价位范围由经济领域延伸到社会领域；在深圳首次发布企业人工成本信息，为企业合理确定人力资源配置和员工工资水平提供参考，增强市场竞争力；行业工资指导价位由2016年的3家增加到5家，增强

可比性、指导性和实用性,为企业和员工合理定位和调整工资提供客观的参考依据。

**4. 着力研究人力资源成本对经济发展的影响**

通过分析研究深圳企业薪酬调查数据,梳理近年来深圳人力资源成本总体情况、人力资源成本结构及效益情况,引用深圳近年来GDP数据、重点产业数据、就业数据、进出口数据进行比较分析,深入探究人力资源成本与经济发展、产业发展、企业生产经营、就业、人才发展环境、贸易等方面的关系,2017年1月形成了《深圳地区(市)人力资源成本对经济发展影响分析报告》,为决策提供参考。

### (三)就业创业得到新发展

**1. 就业渠道不断拓展**

2017年城镇新增就业人数10.1万人,城镇登记失业率为2.2%,"零就业家庭"动态归零。深圳经济实现高质量发展,创造就业能力增强,华为、中兴等行业领军企业就业渠道作用明显;发放职业技能培训补贴,支持富士康、比亚迪等制造业企业稳定就业基本面;适应新经济、新业态条件下的劳动用工特点,有效支持腾讯等"互联网+"企业、共享经济企业拓展就业新领域;第三产业、中小微企业就业吸纳能力进一步增强。

**2. 创业带动就业效应明显**

聚焦深圳产业发展规划,制定《深圳市创业孵化基地管理办法》,放宽市创业孵化基地的认定条件,优化认定程序,强化孵化基地日常管理,实施示范性创业孵化基地评选。持续增强创业带动就业能力,举办2017年深圳"逐梦杯"大学生创新创业大赛、珠三角自主创业项目推介会。开展创业导师进基层活动,为2000余名创业者提供"一对一"创业指导服务。全市共有市级创业孵化基地50家,累计进驻企业10000余家,带动6万余人就业。

**3. 重点群体就业保障有力**

印发《关于做好本市高校毕业生职能技能培训补贴工作的通知》,规定深圳高校毕业生在校期间参加职业培训、考取职业资格证书的可在毕业学年内申请一次性职业培训（含鉴定）补贴。实施高校毕业生就业促进计划，举办校园推介会、高校毕业生双选会。开展"南粤春暖""春风行动"活动，举办500余场免费招聘会，提供近14万个工作岗位。

4. 人力资源服务业快速发展

已形成以深圳人才园为核心园区，以龙岗区天安云谷智慧广场、南山区深圳湾科技生态园、宝安区空港新城为分园区，全市近13万平方米的"一园多区"人力资源服务产业园，80多家知名机构相继落户，引进中国最大的人力资源在线交易服务平台"何马网"总部、专注于金融行业高端人才寻猎的香港万盛国际内地总部、首家在国内A股上市的猎头机构科锐国际、专注于职业白领和精英人士职业服务的"猎聘网"等多家国（境）内外知名机构。人才园人力资源产业园发展模式荣获第五届南都街坊口碑榜十大金奖。

## （四）技能人才培养取得新突破

1. 技能人才队伍不断壮大

截至2017年底，深圳技能人才总量发展到331万人，其中高技能人才96万人，高技能人才占技能人才比例提升至29%。全年新增"全国技术能手"7名、"鹏城工匠"9名、"技能菁英"30名、"深圳市技术能手"251名，新评审认定大师工作室6个、技师工作站14个、高技能人才培训基地25个。全市各类主体开展职业技能培训210万人次，发放培训补贴1.05亿元，核发"培训券"额度5000万元，惠及28万人。

2. 弘扬劳模精神

推动恢复深圳劳模评选工作，2017年评选表彰80名深圳市劳动模范、40个市先进集体，150个先进集体和个人获深圳市五一劳动奖。劳模创新工作室建设取得新成效，已挂牌成立260家深圳市劳模创新工作室、20个深圳市示范性劳模创新工作室，创新成果1056项，361项获得国家专利。

3. 技工院校着力"双元制"改革

积极推进深圳工匠学院（暂定名）筹建工作，引入德国职业教育模式和优质职教资源，高标准打造双元制职业教育模板工程。深化国际合作，抓好中德智造学院、费斯托工匠学院等特色学院建设，全面落实课程体系、师资培训、评价认证和共建实训中心等国际合作实体项目。深化校企合作、产教融合，加强与华大基因、银宝山新等行业龙头企业的合作，重点推进"企业新型学徒制"试点，健全完善"招工即招生、入企即入校"的联合培养模式。开展"非全日制"教学试点，招收首批200名非全日制学生，推动教学制度改革创新，构建适应"中国制造2025"时代的终身职业教育体系。技师学院3名学生在第44届世界技能大赛中荣获1银2铜，实现深圳选手奖牌"零"突破，奖牌数占全国奖牌总数的1/10。

### （五）社会保障建设取得新成果

**1. 深化改革持续发力**

贯彻落实企业职工基本养老保险省级统筹，确保省统筹方案在深圳平稳实施。出台机关事业单位工作人员养老保险制度改革意见及相关配套文件，确保改革平稳过渡实施。取消企业退休人员社会化管理费，2017年起改由各区财政承担，进一步优化深圳营商环境。

**2. 医疗保障水平稳步提升**

大力推进异地就医直接结算，截至2017年底，深圳实现省内异地就医直接结算的医疗机构达到80家。制定提高深圳市困难群体居民重特大疾病补充医疗保险待遇等政策，推进医保移动支付试点和跨省异地直接结算工作，推进"与分级诊疗相结合的医疗保险总额管理制度"，助力"罗湖模式"成为全国医改样板。按照国家部署，积极推动按疾病诊断相关分组收付费（DRG）改革试点工作，探索引领医保支付制度改革新方向。

**3. 降费政策持续实施**

持续执行失业保险、生育保险降费政策，落实失业保险支持稳岗补贴及生育津贴发放，持续执行工伤保险八档费率政策。经过持续降费，深圳社保缴费（含五险）最低比例为23.64%（其中医保三档及工伤缴费以0.14%缴费比例计算），企业负担15.04%、个人负担8.6%，远低于中国同等城市缴费水平。2017年社保降费减负94.02亿元（含生育津贴13.97亿元），发放稳岗补贴15.06亿元。取消企业退休人员社会化管理费，降低实体经济成本负担。

4. 智慧社保建设扎实推进

丰富"互联网+社保经办"，通过门户网页、官方微信、社保自助服务终端三位一体模式，拓宽网上服务路径，33项自助服务功能延伸至社区、医院、银行等服务端点，部分终端开通24小时自助服务。"医保移动支付"与支付宝、微信、平安集团、建设银行、银联云闪付5家支付平台建立合作关系，36家就诊量较大的市区公立医院已开通移动支付。通过与互联网企业合作完成养老金领取资格在线认证。借助其人脸识别"实人核身"能力及风控体系，通过技术手段疏通服务"堵点"，让退休人员不受人身所在地限制轻松完成养老金领取资格认证。

## （六）劳资纠纷预警处置工作上新台阶

1. 着力做好信访维稳工作

畅通人力资源和社会保障信访渠道，优化12333电话咨询平台，上线人社业务咨询机器人，方便群众咨询，依法分类处理群众诉求。加大劳资领域风险隐患排查化解工作力度，加快构建覆盖全市的劳资纠纷预警平台，提前研判风险隐患，建立风险隐患台账，最大限度减少不稳定因素，2017年无发生规模性到京上访事件，无发生进京滋事闹事事件，顺利完成春节、全国"两会"、"一带一路"国际合作高峰论坛、广东省党代会、党的十九大等特别防护期间的维权维稳工作任务。

2. 加大劳动监察执法力度

深化劳动监察"两网化"管理，组织开展多项专项执法检查，2017年深圳各级劳动监察机构共检查用人单位29740家次，涉及劳动者318.76万人。针对工程建设领域用工管理和工资支付行为不规范问题，配合住房建设部门大力推进工程建设领域人员实名制、工人工资分账管理等制度的建设和落实，与住房建设部门联合召开全市工程建设领域劳务工实名制和分账制管

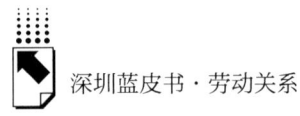

理现场交流会,并联合组织开展专项执法检查,共检查项目工地522个,发出责令文书94份。实施劳动保障违法信息公布制度,强化信用约束。2017年全市各级劳动监察机构通过自有平台公布用人单位劳动保障违法信息270家(次)。

**3. 稳妥处置劳资纠纷群体性事件**

认真落实《深圳市人民政府办公厅关于加强我市劳资纠纷分类处置工作的意见》及相关配套制度,强化应急处置工作,加大劳资纠纷分类处置力度。发生重大劳资纠纷群体性事件时,综治、维稳、人力资源保障、住房建设、公安等部门,各司其职,加强合作,上下协同,快速反应,及时介入,使新一佳、沃特玛、城市厨子、昱科环球等劳资纠纷群体性事件均得到妥善处置,确保社会稳定。

**4. 全面治理欠薪问题**

2017年1月深圳市人社局印发《关于全面治理拖欠劳务工工资问题的实施方案》,从实操性角度出发,重点从完善制度、健全机制、落实责任等方面,进一步健全和巩固深圳预防和解决拖欠工资问题的长效机制。强化与公安机关执法协作,重拳打击拒不支付劳动报酬犯罪。对涉嫌拒不支付劳动报酬犯罪案件,依法做好调查及证据收集工作,及时移送公安机关。2017年全市人力资源保障部门向公安机关移送涉嫌拒不支付劳动报酬犯罪案件79宗,其中公安机关立案64宗,刑事拘留36人。每季度公布垫付欠薪企业名单,将查处的企业拖欠工资等违法信息纳入人民银行征信系统及深圳公共信用信息管理系统,实现对企业信用信息互认共享。

## (七)劳动争议调解仲裁效能得到新提升

**1. 建立健全覆盖全市的"区—街道—社区—大中型企业"劳动争议调解网络**

进一步发挥调解在化解劳资纠纷中的基础性作用。2017年深圳各类劳动争议调解组织共调解案件25572件,其中达成调解、和解案件22065件,通过调解努力将劳动争议化解在萌芽状态。

2. 规范劳动争议处理标准

一是深圳市人社局联合法院等相关部门不定期召开疑难问题研讨会,对劳动争议处理中的疑难热点问题深入研讨,统一法律适用标准。截至 2017 年,共形成 7 个会议纪要,就劳动报酬等 76 个问题达成一致意见。二是召开全市立案工作会议,通过研讨新法实施过程中出现的受理、管辖、送达等新问题,进一步规范立案工作标准。三是明确新型送达渠道,通过健全仲裁专邮制度、在局门户网站刊登公告、完善送达公告文书模板、规范现场送达方式等举措,切实解决因送达难而制约办案效率的难题。

3. 推进仲裁队伍专业化建设

一是深圳市人社局联合市编办、市财委出台《关于加强劳动争议专职仲裁人员队伍建设的通知》,建立以案配人、以事定费的仲裁人员长效管理机制。二是落实《广东省劳动人事争议仲裁员分级管理试行办法》精神,建立深圳市仲裁员等级评定机制,为仲裁员职业发展提供晋升通道。三是建立多元化培训机制。自 2017 年起深圳将仲裁员业务培训拓展为聘前、注册、岗前和研修四大类培训,提高培训的专业性和针对性。注册培训改变了原集中授课的方式,首创积分制形式,便于兼顾仲裁员办案和参加培训的时间调配。

4. 促进办案智能化

一是与"深圳市标准技术研究院"签订合作协议,为仲裁信息系统引入深圳各类机构(企业、个体工商户、非企业机构)基本信息的基准数据库,提高案件信息精准性。二是完善深圳市劳动争议裁审信息共享平台功能,实现裁审衔接的常态化、精准化对接。三是启动"深圳市劳动人事争议 E 仲裁服务平台"建设工作,创新仲裁服务模式,为当事人提供便利的网上立案、查询、送达等服务。

## 二 新时代构建和谐劳动关系面临的形势和挑战

党的十九大报告明确指出,新时代我国社会主要矛盾是人民日益增长的美好生活需要和不平衡不充分的发展之间的矛盾。人民群众的需要日益多层次、多方面、多样化，他们期盼更稳定的工作、更满意的收入、更可靠的社会保障、更高水平的医疗卫生服务、更优美的环境、更丰富的精神文明生活，直接或间接给劳动关系工作提出了新的要求。

深圳作为改革开放先行地，市场经济发达，用工形式多样，劳动者人数超千万，庞大的就业人群、高度的流动性，给劳动关系建设带来了极大压力。而且深圳正经历增长速度换档期、结构调整阵痛期和前期刺激政策消化期的"三期叠加"，劳动关系的复杂性、不稳定性增加，劳资矛盾易发、多发，在各类社会矛盾中占比仍较高。当前劳动关系领域新情况新问题与历史问题交织，构建和谐劳动关系工作面临的两难选择增多、处理难度加大。在这一重要时期，构建和谐劳动关系对经济社会稳定发展的作用愈加凸显。与人民群众日益增长的美好生活需要相比，深圳在构建和谐劳动关系方面仍然存在不平衡、不充分的问题，主要表现在以下三个方面。

### （一）企业工资分配宏观调控仍须进一步完善

近年来，深圳建立健全人工成本监测、企业薪酬调查和人力资源市场工资指导价位发布制度，但由于缺乏法规支撑和激励政策，企业参与积极性不高，调查数据质量受到一定影响，薪酬调查和信息发布公信力和指导性有待进一步增强。工资收入分配格局有待调整优化，因深圳制造业发达，民营企业和外资企业集中，在劳动力市场中一线职工占比较大且工资收入水平较低，出现劳动者工资报酬高位值与中位值，特别是低位值相差较大的情况。2014年，深圳劳动者工资报酬高位值、中位值和低位值分别为288288元/年、45168元/年、26436元/年，2015年分别为316220元/年、48608元/年、28604元/年，2016年分别为303288元/年、52980元/年、31980元/年。

另外，深圳最低工资标准实际上已低于北京和上海，增幅也落后于国内一些城市。虽然从数字上看，仅低于上海（2300元/月），高于北京（2000元/月），但由于北京、上海的最低工资标准不含劳动者个人依法缴纳的社会保险费和住房公积金，统一口径后计算得到北京、上海最低工资标准实际分别为2588元/月和2851元/月,分别高出深圳458元/月和721元/月。从调整幅度看,进入"十三五"以来,深圳在2016年没有调整最低工资标准,2017年调整幅度也仅为4.93%,低于北京(5.82%)、上海(5.02%)、天津(5.13%),更明显低于杭州(8.06%)、南京(6.78%)、福州(22.22%)、厦门(13.33%)、武汉(12.90%)、郑州(7.50%)、西安(13.51%)(见表1)。

表1 深圳最低工资标准与其他城市对比

单位:元/月,%

| 城市 | 最低工资标准 | | 调整幅度 |
| --- | --- | --- | --- |
| | 2016年 | 2017年 | |
| 北京 | 1890 | 2000 | 5.82 |
| 上海 | 2190 | 2300 | 5.02 |
| 广州 | 1895 | 1895 | 0.00 |
| 深圳 | 2030 | 2130 | 4.93 |
| 天津 | 1950 | 2050 | 5.13 |
| 杭州 | 1860 | 2010 | 8.06 |
| 南京 | 1770 | 1890 | 6.78 |
| 福州 | 1350 | 1650 | 22.22 |
| 厦门 | 1500 | 1700 | 13.33 |
| 武汉 | 1550 | 1750 | 12.90 |
| 郑州 | 1600 | 1720 | 7.50 |
| 成都 | 1500 | 1500 | 0.00 |
| 重庆 | 1500 | 1500 | 0.00 |
| 西安 | 1480 | 1680 | 13.51 |

### (二)劳动报酬权益仍难得到有力保障

从劳动争议案件情况看,2015～2017年深圳劳动人事争议仲裁机构受理以劳动报酬类为主诉类型的案件38630件,占同期立案总量的41%(见图1),是引发争议的焦点因素,与上海、广州的同期占比41%和40%基本相当。劳动报酬也是集体劳动争议的核心导火索,2015～2017年深圳市集体争议案件中单纯主张劳动报酬的有 1437 件，占集体争议案件总量的 43.8%；涉及劳动报酬的案件占比超过 95%。

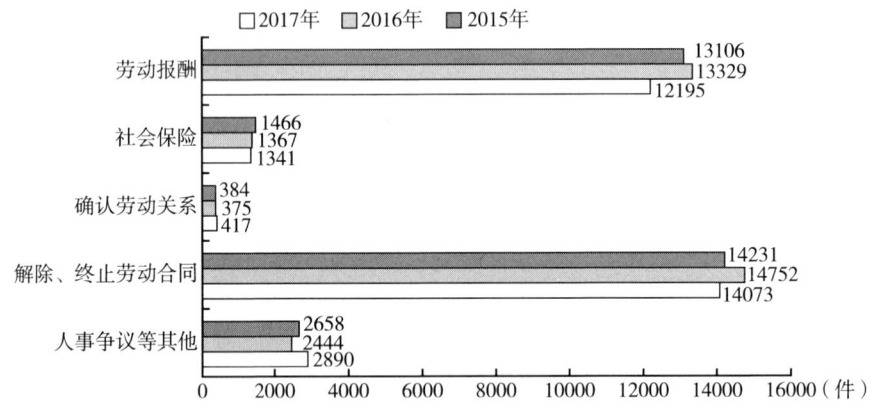

图 1　2015~2017 年深圳劳动人事争议案件诉求类型

从劳动监察案件情况看，工资支付类案件仍然较多，2015~2017 年合计 1815 件，占三年案件总量的 44.4%。其中制造业三年来合计案件数 1023 件，占三年来工资支付类案件总数的 56.4%。一是夹杂经济补偿金问题的欠薪案件多发且处理难度大。深圳设有欠薪保障基金，各区均设有应急专项资金，单一诉求欠薪的纠纷，通常能够较快得到化解。但近年来实践中的大量劳资纠纷最终诉求都会归结到经济补偿金问题，员工对获得经济补偿金的期望值很高，比如企业同城搬迁、可能搬迁、变更名称、更换股东、股权转让等在劳动合同并未解除或终止时也会提出。现实中企业又往往无力支付或因于法无据而不愿支付。这类纠纷涉及金额大、人员多、影响面广，且容易形成示范效应，处置起来难度很大。二是"不逃不匿类"拒不支付劳动报酬案件增多且处置难。近年来，在深圳对以直接逃匿方式逃避支付劳动者劳动报酬予以高压打击和刑法修正案将恶意欠薪入罪后，出现了欠薪者"不逃不匿"（欠薪者能联系得上，也能约见得到）或"逃而不匿"（欠薪者虽不现身但通过电话等方式能联系得上），却以转移财产方法逃避支付或者有能力支付而不支付劳动报酬的新问题。由于行政执法措施有限,很难取得欠薪者"转移财产或者具备支付能力"的证据,且欠薪保障制度只能解决特定条件下的欠薪问题,劳动者的劳动报酬权益仍难以得到有力保障。

### (三)新产业、新业态发展带来新型劳动关系问题

伴随移动互联网、大数据、云计算等信息技术的广泛运用,新技术、新产业、新业态在我国迅猛发展,出现了各类不同于标准雇佣模式及传统非正规就业模式的新就业形态。有的新就业形态已经相对成熟稳定,如淘宝等电商平台巨头,已经形成稳定的生态系统,就业模式不断由核心层向外扩展;有的新就业形态蕴含巨大发展动力和发展潜力,如Uber、滴滴、58到家等各类分享经济平台中的就业,正在改变该服务领域的就业模式。随着新技术、新业态、新产业、新商业模式快速发展,小微企业大量涌现,多元化用工形式发展较快,外包用工、小时工、临时用工等方式纷纷出现,就业的灵活性和不稳定性特征明显。除少量明确建立劳动关系外,普遍存在劳动关系与经济关系不明确、平台组织与小微用户关系难界定的问题,且小微企业风险承受能力弱,容易停摆甚至倒闭,劳资纠纷风险增加。相应的法规政策、监管办法、处理手段尚未能跟上,以现行的劳动法律法规处置难度较大,对基于传统劳动关系框架下的劳动权益保障机制提出了新挑战。

## 三 2018年推进劳动关系工作的思路及对策建议

2018年是贯彻党的十九大精神的开局之年,是改革开放40周年,是决胜全面建成小康社会、实施"十三五"规划承上启下的关键一年。党的十九大报告提出,要完善政府、工会、企业共同参与的协商协调机制,构建和谐劳动关系。党的十九大报告对收入分配和构建和谐劳动关系提出了新的更高的要求,要实现党的十九大确立的目标,必须坚持以人民为中心,把人民对美好生活的向往作为奋斗目标,抓住主要矛盾和矛盾的主要

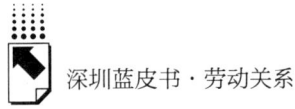

方面,找准目标定位,建机制、补短板,全力维护劳动者的核心利益,构建和谐劳动关系。

## (一)思路

坚持以习近平新时代中国特色社会主义思想为引领,坚持新发展理念,坚持共建共享,坚持运用法治思维和法治方式加强劳动关系调整制度建设,注重从源头预防和化解劳资纠纷,健全工资正常增长机制和支付保障机制,完善劳资纠纷分类处置机制和企业劳动保障守法诚信体系建设,提升劳动关系构建法治化、社会化、智能化水平,有效预防和化解劳动关系矛盾,最大限度减少不和谐因素,提升人民群众的安全感、获得感。

## (二)对策建议

1. 健全共建共享的劳动关系协调机制

劳动关系是社会和谐稳定的重要基础。一是深入开展综合试验区改革。充分发挥盐田、坪山两个综合试验区的试验田作用,大胆探索、综合试验、改革创新,不断总结创造新经验,并进一步对试验区的经验做法进行梳理总结。继续扩大范围,选取条件相对成熟的区开展第三个试验区建设,促进劳动关系共建共享共治。在此基础上开展部省、省市、市区多层次构建,推动盐田创建国家级和谐劳动关系综合试验区。二是大力实施劳动合同制度。进一步加大劳动合同法等法律法规宣传力度,提高劳动合同签订率和履约质量。计划至2018年底,企业劳动合同签订率达到95%以上。开展劳务派遣单位等级评价工作,树立行业标杆,推进市场规范有序发展。三是更加注重劳动关系政策研究储备。新经济、新产业、新业态的迅猛发展,一方面增强了劳动力市场的活力和就业灵活性;另一方面也对当前劳动关系政策制度和调整机制提出了巨大的挑战。要高度关注新业态的发展趋势,深入研究新业态中不同法律关系,精准定位,从劳动合同、权益维护等方面进行精细化分析,厘清政策适用,提出政策建议。

2. 完善宏观调控的企业工资分配指导体系

收入分配是民生之源。一是促进建立与经济发展水平相适应的最低工资标准调整机制，稳慎把握最低工资标准的调整频率和幅度，引导形成合理预期。二是健全优化企业薪酬调查制度，保质保量完成人力资源和社会保障部、广东省部署的企业薪酬调查工作。三是完善人力资源市场工资指导价位制定发布机制，继续增加发布指导价位的行业，进一步增强工资指导价位的权威性和指导性。四是探索建立公职人员和企业相当人员工资调查比较制度，为确定和调整公职人员工资提供更加科学、更加客观的依据。五是加强企业工资收入分配制度研究，深入研究最低工资与企业成本、劳动者生活及就业，人力资源流动、经济增长等方面的关系，研究企业人工成本的影响因素和对经济发展的影响，促进形成合理有序的工资分配收入格局，促进居民收入与经济同步增长、劳动报酬与劳动生产率同步提高。

3. 着力实现更高质量更充分的就业

就业是民生之本和发展之基。一是完善创业带动就业政策体系。注重与产业政策、财政政策、金融政策联动，制定就业创业实施意见的配套办法，不断完善积极的就业政策。二是统筹做好重点群体就业。突出抓好高校毕业生、异地务工人员、就业困难人员等重点群体就业，健全高校毕业生就业见习机制，强化就业困难人员分类帮扶和实名制动态管理，加强失业人员适应性培训。三是提供全方位的公共就业服务。适应劳动者多层次就业需求，健全公共就业创业服务体系。加强对创业孵化基地的规划和管理，提高示范性孵化基地资助标准，提升创业担保贷款放款量。四是推行终身职业技能培训。加强对在深异地务工人员的职业技能培训，以及对有创业愿望的异地务工人员的创业指导和创业技能培训。五是弘扬"工匠精神"，建设知识型、技能型、创新型劳动者大军。推进技能人才培养国际合作，实施"双元制"职业教育模式，强化产教深度融合和校企紧密合作。落实高技能人才与工程技术人才职业发展贯通政策，拓宽技能人才发展通道。实施高技能人才振兴计划，开展"鹏城工匠""技能菁英"评选活动，规范职业技能竞赛管理，举办和参与国际性、全国性技能大赛。扶持支柱产业、战略新兴产业和传统优势产业提升技能技艺，造就一批鹏城工匠和技能大师。

**4. 促进形成更加公平更可持续的社会保障体系**

社保是民生安全网和社会稳定器。一是完善社保体系建设。梳理深圳养老保险相关政策，适时启动深圳养老保险条例及实施细则的修订工作。积极配合《深圳市社会医疗保险办法》《深圳市重特大疾病补充医疗保险办法》修订工作，进一步完善深圳市医保体系。按照国家及广东省的要求，提前研究深圳失业保险、职业年金转移经办模式等。二是继续推进全民参保。重点推进法定人群覆盖，积极稳妥做好中小企业从业人群、新业态从业人群、户籍灵活就业人员等重点人群的参保工作，推进应保尽保。三是构建多层次养老保险体系。稳妥推进机关事业单位养老保险制度改革，做好新老制度平稳衔接过渡。做好养老金调整工作，确保把好事办好。四是建立健全预防、补偿、康复"三位一体"的现代工伤保险体系。实施工伤保险费率浮动机制，完善工伤预防长效机制，扩大工伤康复受益面，降低工伤发生率。五是强化社保经办服务能力建设。实现社保同城通办，构建标准统一、规范高效、便民利企的经办服务格局。通过信息化手段增强社保服务供给，进一步扩大网上服务、掌上服务。加大社保自助终端设备铺设力度，开展自助服务推广培训。促进"社会服务平台+社保经办平台"的有机结合，进一步便民利民。

**5. 强化全面治理欠薪的劳资纠纷处置长效机制**

劳动报酬权是劳动者最重要的基本权益。一是切实加强劳资纠纷风险预警防范，对制造业、建筑业、住宿餐饮等行业企业及其他劳动密集型中小微企业进行重点排查，整合隐患信息，提前研判风险隐患。二是进一步完善欠薪治理责任体系。坚持属地管理、分级负责、谁主管谁负责的原则，区政府和街道办对本辖区保障农民工工资支付工作负总责，切实把拖欠农民工工资问题解决在属地范围内。各部门各司其职，分别落实各自的日常监管、源头治理和纠纷处置责任，形成齐抓共管治理欠薪的工作格局。三是加大对拒不支付劳动报酬犯罪行为的打击力度。进一步推动各区（新区）建立打击拒不支付劳动报酬犯罪行为联席会议制度；确保移送案件全面录入检察院两法衔接电子政务平台，实现实时督办；加大对以"不逃不匿"方式拒不支付劳动报酬犯罪行为的打击力度，强化证据收集意识，探索创新调查取证方式，将线索证据及时提交维稳、公安部门，形成对"不逃不匿类"拒不支付劳动报酬犯罪的打击合力。四是推进企业工资支付诚信体系建设。将存在拒不支付劳动报酬犯罪行为或因欠薪违法行为引发群体性事件、极端事件造成严重不良社会影响的用人单位，列入"黑名单"，并向社会公布，加强全社会对欠薪单位的监督。同时，将拖欠工资"黑名单"纳入中国人民银行征信系统及深圳公共信用信息管理系统，联合相关部门对进入"黑名单"的单位实施信用惩戒，使其"一处违法、处处受限"。五是进一步完善欠薪保障制度，探索扩大有限垫付范围，保障"不逃不匿类"拒不支付劳动报酬案件职工的劳动报酬权益，加强欠薪保障制度研究推广。深圳欠薪保障实践证明，欠薪保障制度在构建和谐劳动关系方面发挥了重大作用，下一步要开展总结评估，形成可复制、可推广的经验，适时向国家有关部门建言献策，推动从法律层面出台欠薪保障法。

6.加强专业化的劳动争议调解机制建设

调解是化解纠纷的"绿色"处理机制。一是推动深圳市委、市政府出台关于进一步加强专业性劳动争议调解工作意见，从制度层面推进全市劳动争议调解工作规范化建设。二是完善调解组织制度建设，研究制定基层调解工作规范标准，建立健全调解员队伍选聘、业务培训、工作考评等管理制度，统一规范调解组织标识、名称、工作职责、工作程序和调解员行为，提高调解组织的能力建设和调解员队伍专业化水平。三是完善调解与行政执法、仲裁、司法的衔接机制，建立"以案定补"激励机制，推动部、省劳动争议调解综合示范单位建设。

7.推进建立标准化、智能化的劳动争议仲裁体系

充分发挥仲裁劳动争议处理中的主渠道作用。一是推进案件处理、裁决文书的繁简分流机制改革，实现"简案快审，繁案精审"；规范终局裁决案件处理办法，提高仲裁阶段的案件终结比例；健全要素式办案模式，建立争议要素说理文库，促进仲裁案件处理尺度的统一。二是夯实队伍建设。健全仲裁人员分类管理及专业化、等级制的发展机制，探索与广东省人力资源和

社会保障厅共建仲裁培训深圳基地,为构建和谐劳动关系提供高品质的队伍保障。三是探索建立劳动人事争议仲裁深圳标准体系。健全疑难问题多部门联合研讨机制,统一相关部门应对同类问题的处理尺度;发挥仲裁"以案说法、定分止争"的制度优势,将仲裁服务触角从争议兜底处理延伸至争议源头预防,通过公布典型案例、举行公开观摩庭、完善仲裁建议书制度等方式,提高劳资双方依法履行劳动义务的能力与水平,提升仲裁权威与社会效应。四是推进智能仲裁建设。建立"深圳市劳动人事争议 E 仲裁信息化体系",对标智慧法院建设标准,推进仲裁共享数据库建设、完善裁审衔接平台与网上服务平台,健全仲裁办案系统、管理系统与培训系统的建设,实现业务网上办理、流程全面覆盖、数据互通共享、系统辅助办案的"智能仲裁"。

# 人力资源与社会保障篇

Human Resources and Social Security

## B.2
## 互联网经济下新就业形态研究

新经济背景下新就业形态研究课题组*

**摘　要：** 伴随互联网经济的蓬勃发展，不同于传统经济主体和经济运营模式的新型就业形态也逐步显现。本文围绕互联网经济下新就业形态的类型、特征及其对传统雇佣关系的影响等问题，选取网约车、网络送餐、快递物流及淘宝电商等重要的互联网行业开展专题研究，提出存在的主要问题，并从国家法律、互联网认识、政策扶持、监督规范等方面保障互联网经济下新就业形态健康发展提出可行的政策建议。

**关键词：** 互联网经济　新就业形态　政策扶持

---

\* 新经济背景下新就业形态研究课题组包括：广东省人力资源和社会保障厅、广州市南方人力资源评价中心有限公司、华南理工大学、中山大学。

互联网是当前经济形势下最具开放性的信息交流平台，具有使用方便、获得信息快捷全面、成本低廉等特点。近十年来，互联网产业在全球特别是在中国得到了迅猛发展。根据最新发布的《2017互联网趋势报告》和第41次《中国互联网络发展状况统计报告》①，截至2016年底，全球互联网用户数已超34亿，互联网全球渗透率达到46%；截至2017年12月，中国网民规模达7.72亿，普及率达到55.8%，其中手机网民规模已达7.53亿。移动互联网服务场景不断丰富、移动终端规模加速提升、移动数据量持续扩大，为移动互联网产业创造了更多价值的挖掘空间。截至2017年12月，中国境内外上市互联网企业数量达到102家，总市值达8.97万亿元人民币。伴随互联网经济的蓬勃发展，不同于传统经济主体和经济运营模式的新型就业形态也逐步显现。

在2016年《政府工作报告》中，李克强总理首次提出"新经济"的概念，指出"当前我国发展正处于这样一个关键时期，必须培育壮大新动能，加快发展新经济"。"新经济"是以移动互联网、大数据和云计算为标志，以新基础设施、新生产要素、新结构为动力，体现为"平台经济"、"分享经济"和"微经济"三位一体。"新经济"特别是互联网平台经济的迅速发展，带动越来越多不同于标准雇佣模式及传统非正规就业模式的就业形态出现，我们称之为"新就业形态"。

为研究分析新经济，特别是互联网经济下的新就业形态及其影响，2017年，广东省人力资源和社会保障厅联合华南理工大学、中山大学、广州市南方人力资源评价中心有限公司等单位，围绕互联网经济下新就业形态的类型、特征及其对传统雇佣关系的影响等问题开展课题研究。课题组选取网约车、网络送餐、快递物流及淘宝电商等重要的互联网行业，运用访谈法、问卷法、焦点小组访谈法和文献分析法等在广州、深圳、东莞、佛山等城市开展调研，得出调研报告。

---

① 2017年6月1日，华尔街证券分析师玛丽·米克尔（Mary Meeker）在美国发布《2017年互联网趋势报告》。2018年1月31日，中国互联网络信息中心（CNNIC）在中国北京发布第41次《中国互联网络发展状况统计报告》，http：//cnnic.cn/gywm/xwzx/rdxw/201801/t20180131_70188.htm。

## 一 互联网经济下新就业形态的总体情况

### （一）新就业形态的定义及内涵

《中共十八届五中全会公报》① 和 2016 年《政府工作报告》② 中均提到"加强对灵活就业、新就业形态的支持"，首次提出"新就业形态"的概念，引起社会各界的广泛关注。这一政策性概念概括了新一轮技术革命所导致的就业模式、工作模式的巨大变化，也概括了中国劳动力市场以世界其他先进国家劳动力市场中出现的新趋势。"新就业形态"③ 是指伴随互联网技术进步与大众消费升级出现的去雇主化、平台化的就业模式，以及偏离传统正规就业并借助信息技术升级的灵活就业模式。通过数字化平台，商品市场与劳动力市场被整合在一个虚拟空间中，传统雇主与劳动者的契约关系变得更加隐性化、模糊化，甚至出现多元化的类雇佣关系，或称之为"合作关系"。传统的资本与劳动结合的空间与方式发生转变，服务与消费的距离更加拉近，劳动者付出劳动的评价机制也呈现数字化的特征，各种因素的变化，催生新的就业模式。例如，近十年来，各类淘宝电商、微商、滴滴出行、58 同城、百度外卖等 O2O 平台大范围兴起，而中国政府大力推动的"大众创业、万众创新"和各类商事制度改革，不断激发市场创新活力，也为新就业形态的发展提供了制度性保障。

---

① 《中共十八届五中全会公报》（全文），财新网，http://www.caixin.com/2015-10-29/100867990.html，最后访问日期：2018 年 1 月 17 日。
② 《政府工作报告——2016 年 3 月 5 日在第十二届全国人民代表大会第四次会议上》（全文），新华网，http://www.xinhuanet.com/fortune/2016-03/05/c_128775704.htm，最后访问日期：2018 年 1 月 17 日。
③ 张成刚：《就业发展的未来趋势、新就业形态的概念及影响分析》，《中国人力资源开发》2016 年第 19 期，第 86~91 页。

## （二）新就业形态的主要类型

目前，中国市场上已经出现的新就业形态，按照其资本与劳动结合的方式，概括起来主要有以下几种类型。

### 1. 创业式就业

创业式就业指个人通过自找项目、自筹资金、自主经营、自担风险的方式实现就业，互联网平台为自主投资与自行劳动的紧密结合提供了空间，主要包括电商平台就业和创新式就业两种类型。其中，电商平台就业是以阿里巴巴集团的淘宝平台为代表，借助互联网平台将线下的实体店铺或传统零售模式搬到线上，实现商业模式升级的一种就业形式。经过近十年的发展，电商平台在我国已经形成稳定的生态系统，其就业模式不断由核心层向外扩展，除了直接创造就业，还间接带动了近1000万人就业，例如，依托微信空间成长起来的"代理微商"群体。创新式就业是指以机会型创业为就业方式，主要目的是追求创意和创新，创业群体所创事业大多处于酝酿、孵化、未进行工商注册登记的情形，其代表人群是"创客"。

### 2. 自主式就业

也可以理解为传统雇佣关系在数字化过程之后，派生出的多样且变异的就业方式，常见于服务行业。根据工作机会来源不同可将自主式就业者分为三类。第一类是依托分享经济平台的自由职业者，典型的如交通出行领域的滴滴和Uber平台上注册的部分司机、住宿领域的Airbnb经营商等，此类型就业目前已经广泛出现在生活性服务业、生产性服务业等多个领域，且正在改变该服务领域的传统就业模式。第二类是依托某个专业领域、细分市场的自由职业者，较为常见的有自由撰稿人、计算机网络SOHO一族等。第三类是依托社群经济的自由职业者，即在依兴趣、职业等组成的交流分享圈子中，利用社群成员的信任与分享来获得收益。时下较火的网红也已经形成密切分工的产业链，带动了影视投放、动漫设计、营销策划等方面的就业。

### 3. 多重就业

这种类型的就业者主要是依托互联网或市场化资源来从事多重职业,主要依靠自身人力资本的自我开发与中介平台进行整合。第一种情形是兼职者,多指拥有一份主职工作的同时,利用线上供求对接平台或信息渠道而拥有第二份工作或者在工作周期内从事第二次劳动的人。在西方,通常将这种第二或第三职业形成的经济发展方式称为"零工经济"。第二种情形是选择一种能够拥有多重职业和多重身份的多元生活,在自我介绍中一人多能,依据其人力资本积累的状况区分不同职业的人员,如"斜杠青年"。

## (三)新就业形态的劳动关系要素出现新变化

传统雇佣模式下劳动关系的要素包括劳动者、企业、市场、契约、政府等。互联网经济下新就业形态的劳动关系要素逐步出现新变化。

### 1. 劳动者

互联网平台中的就业使越来越多劳动者将工作与闲暇一体化、工作时间碎片化、工作空间任意化。从劳动者身份的转变来看,劳动者兼具员工和客户双重身份,如"滴滴出行"的专车司机。"滴滴出行"平台本身是一个经营信息服务的企业,它利用互联网将有闲置租车资源的专车司机和有用车需求的个人点对点联系起来,在互联网平台下,专车司机首先必须是专用手机 App 的注册用户,成为其客户,缴纳平台使用费,然后才成为其员工,与平台企业就收入进行分成。传统的雇佣关系以隶属性为特征,而互联网平台就业的雇佣关系隶属性和平等性共存,劳动者对其雇员身份的主观感受和满意度得到改善。

### 2. 企业

互联网企业与其雇佣的劳动者建立的雇佣关系与传统企业相比,已经表现出明显的差异,互联网企业与劳动者趋于建立一种合作、共赢的新型雇佣关系。传统企业通过劳动合同、工资报酬、职业发展、组织文化等途径留住员工,而互联网企业发展的核心动力是掌握信息技术的知识劳动者,企业强调的是知识劳动者的职业忠诚和专业忠诚,因此,"不求所有,但求所用"

已成为互联网时代企业人才管理的新理念。同时，互联网平台上经营主体的小微化和个体化，也加剧了用人单位的非正规化和雇佣关系的非正式化。但是，对在互联网平台上寻找就业机会的劳动者来说，互联网公司是否能够成为其服务的企业，则存在争议。这主要是因为通过互联网平台提供服务的劳动者的工作空间更加不稳定，但是其提供服务期间的规则约束空间则完全由可移动的互联网体系所承载。互联网平台是否也能界定为企业或企业的一部分，还需要进一步研究。

3. 市场

互联网平台就业的发展，丰富了劳动力市场形式。互联网平台劳动力市场的出现使就业岗位更加多样、就业形式更加灵活，有效弥补了传统劳动力市场在工作场所、工作时间、劳动报酬等方面的限制，减弱了劳动力市场的信息不对称性，降低了供求双方在工作搜寻与人才招聘方面的成本。

4. 契约（劳动合同）

互联网经济下的新就业形态，其工作岗位和雇佣形式复杂多变，用人单位没有与劳动者签订书面契约（劳动合同）的情况越来越多。互联网平台就业的发展，降低了劳动合同的签订率，双方仅靠信任来维持雇佣关系，这在提高雇佣关系灵活性的同时，也大大降低了其稳定性。例如，某些互联网公司的专业技术人员在劳动力市场上逐步成为"稀缺资源"，跳槽率较其他行业一直处于高位，由此造成的劳动争议数量也大幅上升。因此，互联网经济下的就业形态，需要在雇佣关系的灵活性和稳定性之间找到一个平衡点。

5. 政府

从国家治理的角度来看，互联网经济的发展对传统雇佣关系运行的规则提出了新的要求。互联网经济下的新就业形态，其雇佣关系的认定、雇佣关系的监管等，均给政府治理带来了新的挑战，如著名的"美国 Uber 司机案"。政府如若处理不好平台企业与挂靠平台企业的个人之间的关系，不能较好地平衡劳资双方的利益关系，也会造成不利的社会影响。因此，政府治理的目标应当适时转变为联合多部门在法治化监管和市场化创新之间、鼓励经济创新和规范劳动力市场之间寻求平衡。

## 二 互联网经济下新就业形态的主要特征

### （一）互联网经济下新就业形态首先表现为自我雇佣与模糊雇佣的增加

互联网经济在设计、生产、交易和物流各个环节重塑价值链的同时，也改变了传统劳动力市场的雇佣关系。在传统就业中，个体主要通过服务于某个组织来获得稳定的工资性收入。而在互联网经济下，除直接被互联网雇佣的劳动者外，大量个体不再受雇于组织，而是在某一个网络平台上开展经营性创业，是一种自我雇佣行为；劳动者依托在数字平台上形成的消费市场来提供服务，又是一种模糊雇佣的方式。因此，互联网经济使经济组织平台化、共享化、微型化，也使劳动者变得更加个别化、个性化与自主化。

### （二）互联网经济下新就业形态增加了劳动力市场的弹性

互联网经济就像一个巨大的劳动力蓄水池，吸收了大量新兴就业人口，同时也培育出一批通过分享经验、技术、资源和服务的新型就业者。目前滴滴出行平台已经汇集超过1750万名司机就业，"58到家"平台已经汇集超过3000万名劳动者就业。而互联网经济下，新就业形态具备就业方式灵活、就业弹性大、门槛低、不受地域限制等特点，这也增加了妇女、残疾人、大龄失业人员等弱势群体和非正规就业人群的就业机会。据初步统计，截至2016年6月底，淘宝网上共有残疾人卖家32.6万人，在淘宝上完成销售额达105亿元。

### （三）互联网经济下新就业形态的劳动者收入普遍高于传统行业

互联网经济下的新就业形态工作灵活性大，其收入水平也相对较高。调研结果显示,超过60%的快递员平均每月收入为4000元以上;外卖人员收入总体高于快递员,超50%的外卖人员每月收入为5000元以上;大部分平台专职司机每天工作时间超过8小时,每月收入约为7500元。而目前广东省制造业企业平均工资一般为3000元左右,相对而言,新就业形态下劳动者的收入普遍偏高。也正因如此,大量年轻劳动力放弃在传统制造工厂的工作,转而选择从事电商、快递、平台司机、外卖等工作。

### (四)互联网经济下新就业形态降低了整体经济社会发展的运行成本

互联网经济下的新就业形态,相比传统销售或服务行业,更加具备灵活性,能够最大限度地利用信息和数据,实现消费和服务的精准对接,有效降低服务和产品供给的成本。同时,与同等厂商相比,其人工成本也大幅下降。此外,互联网经济的发展,在创造大量就业机会的同时,也给居民生活带来了便利,节约了人们在交通、出行、购物、消费等方面的时间成本。因此可以说,新经济新就业形态降低了整体经济社会发展的交易成本。

## 三 当前互联网经济下新就业形态存在的主要问题

### (一)劳动者身份关系的法律界定依然模糊不清

互联网经济下新就业形态劳动者面临的一个主要问题,就是劳动者与互联网平台之间的关系究竟如何界定。例如,网约车的雇佣关系属性一直存在争议,无论是平台公司还是租赁公司均不承认司机的劳动者地位,因此,网约车司机的劳动合同一直没有受到法律的保护。而按照中国现有劳动保障法律法规,网约车司机无法缴纳社会保险,也承担了更大的市场风险,劳动者权益难以得到维护。这是新就业形态普遍遇到的法律难题。

### (二)新就业形态进一步加剧了传统产业的用工短缺

互联网经济下的新就业形态,由于其工作时间灵活、自由活动空间大、收入水平较高,吸引了大量年轻劳动力。调研结果显示,绝大多数快递或者外卖从业人员原来都曾经在传统制造业工厂工作。同时,调研也发现,尽管工厂相对稳定,但新生代农民工不喜欢在强调规则和纪律的工厂工作,他们希望能够成为自由职业者,能够自由支配时间和空间。互联网经济下新就业形态的发展进一步加剧了传统行业,尤其是制造业和建筑业的用工短缺问题。

### (三)新就业形态增加了个体所面临的市场风险

与传统就业模式相比,互联网经济下新就业形态的直接雇佣员工减少,平台企业不必对参与者承担太多的雇主责任,这样也减少了雇佣关系双方的冲突和矛盾。但新就业形态同时也增加了个体就业者所面临的市场风险,其中包括收入不稳定的冲击、岗位需求可能变动的冲击、市场价格变动的冲击及无就业保护等。而这部分个体就业者抵御市场冲击的能力是有限的,因此极容易引发群体性的不满或抗议。

### (四)新就业形态下劳动者社会保险覆盖率相对偏低

雇佣关系的法律界定隶属不清,因此新就业形态下的劳动者多数未与企业平台签订劳动合同或者劳务合同,企业也未为劳动者缴纳社会保险费,导致了新就业形态下劳动者社会保险覆盖率偏低。以快递业为例,调研发现,快递工作人员中,50%以上的人员年龄在30岁以下,60%以上的人员每天工作时间超过10个小时,超过50%的快递员月收入超过4000元,同时有近三成的劳动者表示没有签订劳动合同,因此也无法缴纳社会保险。

## 四 保障互联网经济下新就业形态健康发展的政策建议

### (一)从国家层面对新就业形态的法律属性进行顶层设计

2006年国际劳工组织提出,"在劳动者与自雇劳动者之间存在一类经济依赖性的工人,这些工人在表面上看起来是自雇性工人,实质上经济来源依赖于一个或极少数客户"。西方发达国家比中国更先面临共享经济灵活用工认定的困境,为此,西方学者进行了大量有益的探索,如意大利将此类新型自治性从业者划分为"准从属性劳动者",并在劳动法中开辟新的篇章对其施以专门的保护措施;加拿大和美国的学者也认为应当以"依赖型承揽人"来回应共享经济下新型用工的问题。借鉴西方发达国家的经验,我们认为,应当在传统的劳动者和用人主体之间设立一个中间类型的劳动法保护主体,在法律层面加强顶层设计,明确互联网平台与新就业形态劳动者之间的法律关系,解决新就业形态法律属性不明确的问题。

### (二)以"互联网+"思维正确认识平台就业的积极作用

互联网经济下出现的网约车、外卖众包、蜂鸟配送、美团外卖等许多新型职业都是兼职工作,他们的雇佣关系属性冲击了传统认知。例如,神州专车要求其司机每天必须有12小时的在线服务,快递和外卖小哥低底薪无加班费劳动等都严重挑战了传统的劳动规制。以网约车为例,互联网预约租车平台的发展是中国目前大力提倡的"互联网+"主题下的新型商业模式,对我国经济发展具有非常显著的促进作用。而如果将租车平台与司机之间的关系简单认定为劳动关系,要求租车平台严格执行现行劳动保障法律法规,那么可以预计,租车平台现有轻资产模式必须进行变革,平台上的私家车驾驶员会被迫离开,而全职驾驶员也必须要经过正规的招聘和培训并获得相应的职业资格证书才能上岗。同时,平台必须承担劳动者的基本工资、加班费用、社会保险等一系列的成本,而这些资金成本最终将转嫁到消费者身上,这样就有违专车运营改善城市居民出行费用昂贵现状的初衷,也不符合分享经济下对闲置物品使用权进行交易来获得报酬的目的。

### (三)鼓励和支持互联网经济下的新就业形态

互联网经济下的新就业形态为弱势群体和底层劳动者提供了大量就业机会。这种就业形式突破了传统招聘在性别、籍贯、身高、相貌、文化程度等方面的限制，有效地促进了就业的公平性。同时，新就业形态的灵活性为弱势群体和底层劳动者提供了更加多元的就业选择，这也在一定程度上缩小了劳动者之间的收入差距。因此，应当鼓励和支持互联网经济下新就业形态的发展，进一步加大政策扶持力度，促进其健康持续发展。应当加强平台就业岗位职业培训，将新就业形态劳动者纳入就业创业扶持体系，加大技能培训创业指导力度，开展新业态综合型人才培养，进一步扩大岗位补贴范围。应当引导社会舆论对互联网平台从业人员的生存状态和工作内容给予更多关心和宽容，引导平台进一步加大人文关怀力度，减少平台工作者与从业者之间的误解和纠纷，增强从业者的社会归属感和职业满意度。

### （四）监督和规范互联网平台用工行为，保障劳动者合法权益

针对互联网平台就业的灵活性和不稳定性特征，建议商务、工信、统计、工商、人社等部门协同联动，完善平台行业就业认定标准，统一统计口径，科学核算平台就业总量，搭建大数据共享平台，建立互联网平台就业情况通报、信息沟通、数据共享制度，及时掌握劳动力的流动趋向和行业发展动态。针对互联网平台企业的用工特点，积极探索、适时修订，建立健全既保护互联网平台就业灵活性又保护就业者劳动权益的劳动保障法律法规体系，把维护劳动者合法权益与对平台企业的支持和监管统一起来。同时，还应完善现有社会保险管理办法，创新社会保险政策，健全社会保障制度，使互联网平台就业人员能够实现"体面劳动"。

# B.3
# 深圳社保新时期践行深圳质量相关分析思考及展望

吴登记 周晓真[*]

**摘　要：** 2017年，深圳市社会保险基金管理局全面贯彻落实国家、广东省、深圳市决策部署，以习近平新时代中国特色社会主义思想为指导，坚持质量导向，积极践行深圳质量、深圳标准推动新时期社保工作进入新阶段。深圳社保在立足民生保障、筑牢民生底线方面持续发力，以扩大参保覆盖、提升保障水平、强化经办服务为主线，同城通办社保经办模式改革进入全速推进期，倒计时攻坚工作扎实开展，社保基金稳健运行，全市社保工作进入新阶段。

**关键词：** 质量导向　社保经办　模式改革

## 一　2017年深圳社会保险发展概况

### （一）参保规模持续扩大，待遇保障稳步提升，基金运行总体稳健，社保经办工作实现新跃升

参保覆盖持续扩大，实现连续增长。2017年，深圳社保五险参保总人数达5881.17万人次，同比增幅为6.5%，参保规模占广东省参保总量

---

[*] 吴登记、周晓真，深圳市社会保险基金管理局。

20.49%（广东省五险参保2.87亿人次）①，位居全国大中城市前列。各项社保待遇依法按时足额发放，待遇调整政策执行到位。保障水平稳步提高，在全国大中城市名列前茅。基金收入稳定攀升，总体运行稳健。全年社保基金收入1518.94亿元，同比增长37.09%；社保基金总支出541.47亿元，同比增长31.76%。2017年底社保基金当年结余977.47亿元，历年滚存结余5409.48亿元。五险具体情况如下。

养老保险参保1134.32万人，同比增长10.2%，非深户参保占比为75.2%。全年审核退休人员15223人。2017年调待后全市企业退休人员月人均基本养老金达3803元，调待到位，足额发放。全市享受养老保险离退休待遇30.96万人，其中企业退休人员29.72万人。全年养老保险偿付180.45亿元，同比增长15.0%。

医疗保险参保1396.11万人，同比增长8.1%，非深户参保占比为74.3%。其中一档432.84万人、二档579.00万人、三档384.27万人。共有定点医药机构3155家，新增定点医药机构616家。完成门诊大病认定9118人次。医保待遇偿付137.89亿元，同比增长15.3%。

工伤保险参保1100.68万人，同比增长1.6%，非深户参保占比为84.2%。按规定提高1~4级工伤伤残职工工伤待遇。工伤医疗联网结算医院49家，较2016年增加37家。工伤认定26335人次，同比下降4.0%，工伤事故率0.21‰，同比明显下降。工伤待遇偿付13.77亿元，同比增长13.4%。

失业保险参保1089.49万人，同比增长6.2%，非深户参保占比为85.0%。失业金申领28.42万人次，发放4.75亿元，同比增加10.2%；为失业人员缴纳基本医疗保险保险费（二档）1593.52万元、生育医疗保险费397.56万元。

生育保险（含生育医疗）参保1160.57万人，同比增长6.4%，非深户参保占比为79.8%。偿付生育保险待遇27.05亿元，同比增加57.0%。其

---

① 参见广东省社会保险基金管理局局长阙广长在2018年全省社会保险局长会议上的讲话。

中，生育津贴申领10.79万人次，发放生育津贴13.97亿元；职工生育医疗支出12.04亿元；居民生育医疗费支出1.04亿元。

社保关系转移接续有效推进。全年共办理社保转移接续业务31.18万人次。其中，转出21.21万人次，转入9.97万人次。重视跨地区协同联动，建立有效的互通机制，着力解决深圳社保关系转移业务量大、跨地区协同不够顺畅所致的业务积压问题。

**（二）积极落实社保减负清单，助推供给侧结构性改革，助力优化营商环境**

2017以来，按照国家、广东省工作部署，深圳持续执行失业保险、生育保险降费政策，落实失业保险支持稳岗补贴及生育津贴发放，持续执行工伤保险八档费率政策。经过持续降费，深圳社保缴费（含五险）最低比例为23.64%（其中医保三档及工伤缴费以0.14%缴费比例计算），企业负担15.04%、个人负担8.6%，远低于我国同等城市缴费水平。按要求发放失业保险稳岗补贴，发挥失业保险稳定就业功能。全年共为符合条件的17.99万家企业（其中含前两年度补申报企业）发放稳岗补贴共计15.06亿元。全年落实社保减负94.02亿元，2016年、2017年两年共减负达190.23亿元，助力优化营商环境，提升实体经济竞争力。

**（三）着眼法定人群覆盖，多途径开展参保扩面**

一是顺利完成深圳全民参保登记工作。在一期登记工作基础上，联合深圳网格办开展52万深圳市户籍人口信息数据登记采集，并导入广东省全民参保登记库。同时，对未参保企业寄送《关于进行社保登记相关事项的告知书》，针对性扩大参保覆盖。二是深入实施"同舟计划"补齐工伤高风险保障短板。按照《深圳市建筑施工企业参加工伤保险管理办法》要求，全力推进建筑施工企业参保。联合深圳住建、安监等部门开展专项检查行动。通过集中攻坚，396个未参保在建项目办理参保，缴纳工伤保险费2457万元，覆盖成效显著。

## （四）坚持需求导向，创新思路、主动而为，积极推进经办服务模式改革

1. 全速推进深圳社保同城通办改革，合力攻坚推动业务上线

同城通办改革以构建服务型政府、提升社保经办服务能力为目标，以社保业务信息系统重构为契机，推进业务标准化建设，打破原属地办理、分业务条块办理的经办模式。2017年以来进入全速推进阶段。一是完成流程标准化梳理，开展全员培训。面向1500多名工作人员开展全局性通办培训，结合社保信息系统重构，按照标准化要求落实专业分工培训，有计划、分步骤全力推进。二是充分借鉴试点经验，推进改革进程。各分局结合人才园社保窗口、宝安分局、大鹏分局通办试点经验积极配合：福田分局复制人才园通办模式设立南园街道经办点；南山分局率先试点养老保险视同缴费年限提前审档，福田、罗湖分局随之跟进，共完成26548宗审档业务；罗湖分局试点工伤认定新模式；宝安分局各管理站通过轮岗交叉学习，提升通办能力；龙华分局整合优化内部流程，变"多头受理"为"一口受理"，为通办做好准备。试点工作为通办的全面推广提供有益借鉴，各基层经办机构结合实际全力推进。

2. 积极配合"一门式一网式"政务服务改革，结合业务标准化建设，推动社保业务入网入厅

按照深圳市政府关于推广"互联网+政务服务"服务模式改革的工作部署，坚持服务便民利民、办事依法依规的原则，以服务对象为中心，建立了全市统一的社保业务标准体系，根据标准化要求，完成权责清单梳理和录入更新工作；根据市政改办、市编办、市人社局的工作要求，积极推动服务下沉，配合各区政务管理机构，逐步推进社保业务进驻政务服务大厅。

## （五）大力推进异地就医直接结算，积极增点扩面取得阶段性成果

积极推动异地就医直接结算增点扩面，通过试点先行、逐步扩面的思

路，积极有序推进，取得阶段性成果。截至2017年底，广东省实现联网结算医疗机构536家，其中深圳实现省内异地就医直接结算的医疗机构达到80家。深圳将广东省平台上线的异地医疗机构全部纳入深圳市外定点医疗机构范围，实现与广东省内456家异地定点医疗机构住院费用直接结算。跨省异地就医方面，已接入国家平台的医疗机构达到77家，实现二级以上定点医疗机构和异地就医量大的一级定点医院全覆盖，提前超额完成人社部中心和省社保局交付的任务。此外，委托具备资质的第三方机构在10个省外试点城市开通现金报销省外受理渠道，作为2017年度深圳市政府社保民生实事顺利落地，进一步免除群众异地就医现金报销奔波之苦。

### （六）充分借助社会平台，力促社保公共服务便捷可及

扩大简易业务委托代办试点，通过委托邮政办理67项社保业务，委托部分银行为前海新注册企业提供"一站式"办理社保登记及银行开户事项。与共青团深圳市委联合试点志愿服务，福田分局作为首个试点已于2017年底正式运行。与教育部门联合优化少儿及大学生医保参保模式，实现学校统一归集缴费，提升整体效能；调整少儿及大学生医保参保享受补贴的政策，将符合条件的参保少儿及大学生全部纳入财政补贴保障范围，补贴总额达8.95亿元。少儿和大学生医保缴费198.87万人，同比增长34.99%。多渠道推动社保公共服务信息共享，已向深圳发改、财政、法院、公安、卫计、民政等32个单位开放社保信息共享，让数据多跑路、群众少奔波。

### （七）多途径强化风控及监管，健全社保欺诈违法犯罪联合打击工作机制

#### 1. 优化风控模式强化稽核监察

稳步推进风险管理体系重构工作，促进风险管理工作智能化，梳理社保经办领域业务风险点，重点完成风险评估、风险预警、风险应对、内控监督检查及大数据运用的标准化；引进第三方风险管理专业机构协助开展社保业务合规体系建设。按照人社部及广东省社保经办风险管理三年专项

行动工作要求，严抓任务达标。开展风险管理培训48场次。推动建立对社保欠费的查、划、扣等工作制度，为追缴社保欠费强化执行保障。完善双随机工作机制，梳理随机抽查事项清单，创建被抽查对象名录库和执法人员名录库，建立"双随机一抽查"机制。高度重视"十九大"期间特殊防护期信访维稳工作，注重源头预防，强化隐患排查，确保党的十九大会议期间安全稳定。检查用人单位3068家次，涉及32.63万人次，共追缴社保费5732.43万元；受理稽核监察类投诉举报1878件；申请强制执行案件78宗；处罚用人单位2家。

2. 多角度充实医保监管途径

在参保规模日渐扩大、两定机构不断增长的基础上，通过信息化手段进一步强化两定机构及参保人就医行为的监督管理，多角度充实监管途径。通过引入第三方开展定点医疗机构参保人核卡及满意度调查工作，效果显著；大力配合智能审核系统建设，以实现"事前提醒、事中控制、事后审核"全流程监控为目标。全市定点医药机构已全面实现事后监控全覆盖；965家两定机构已上线智能审核系统，实现事前、事中、事后监控。

3. 加强司法联动共同打击社保欺诈犯罪行为

完善联合打击社会保险欺诈犯罪行为的长效机制，加强与公安部门执法协作，维护社保基金安全，保障参保人合法权益。制定《社保欺诈涉嫌犯罪案件移送操作指引》，进一步规范案件移送工作。全年向公安部门移送5宗涉嫌社保欺诈案件，遏制社保欺诈违法行为，保障基金安全。

## （八）践行责任担当，积极配合社保领域改革，顺畅衔接政策落地

1. 积极配合中国社会科学院完成对深圳社保征收体制专题调研

2017年初，国务院委托中国社科院调研组赴深圳调研，深圳人社局积极配合全面梳理深圳自建立社保制度以来，社保机构全责征收社保费的沿革、现状及取得的社会效应，为顶层制度设计提供充分的实证材料及数据支持，赢得调研组肯定。

### 2. 积极配合养老保险改革任务落实

一是积极配合开展企业职工养老保险基金省级统筹改革。按要求落实基金管理衔接，实现平稳过渡。按照《广东省完善企业职工基本养老保险省级统筹实施方案》要求，清缴2009～2017年省级养老保险调剂金45亿元；于2017年7月开始上解省级养老保险统筹调拨金，共上解54.3亿元。二是积极配合机关事业单位养老保险制度改革。创新深圳机关事业单位养老保险经办模式，采用人事、社保、财政三方业务交互方式，统一市、区两级机关养老保险经办流程；完成中央驻深、省属机关事业单位情况摸底调查。截至2017年底，全市机关事业单位养老保险缴费单位2505个，缴费人员14.75万人。直属分局组织各驻区分局持续配合推进，初步完成待遇计发需求，与相关部门紧密配合，启动退休"老人"信息录入工作。

### 3. 发挥医保基础性作用，推动"三医联动"

强化医保在医改中的基础性作用，积极配合罗湖区试点医疗保险"总额管理、结余留用"医保基金管理方式改革，推广医保总额管理制度；配合推进医疗服务价格改革；积极配合按疾病诊断相关分组（DRG）收付费、日间手术等改革任务的推进。基本完成5个医保年度的年终清算工作，平稳承接深圳人社局下放的协议偿付标准制定工作。医保结算、审核报销、用户权限管理等进一步规范及优化。

## （九）科学管理社保基金，稳健开展基金运营

抓好社保基金财务管理，落实全口径预决算工作要求，科学编制2018年社保基金预算、完成2016年社保基金决算编制、做好基金财务的对内管理及对外协作，确保社保基金政策落实到位。跟踪深圳社保基金委托全国社保基金理事会投资运营情况，严格按照国家和广东省相关要求开展投资运营工作，尽量提高基金收益水平。与深圳市财委共同推进社保基金定期存款分存改革，更好地实现社保基金保值增值。与深圳市财委共同制定社保基金定期存款参存银行管理办法、评价激励办法、基金存款利率报价及评分规则，

力促社保基金保值增值。积极做好审计部门对社保基金的专项审计检查，根据审计情况，制定相应整改方案，明确责任部门及整改要求，较好地完成审计整改任务。积极开展内控自查，接受内外监督，加强基金监管，确保基金安全。

### （十）丰富"互联网＋社保经办"内涵，智慧社保建设正在进行时

**1. 通过"互联网＋"持续拓宽网上服务路径，拓展便民"端点"**

通过门户网页、官方微信、社保自助服务终端三位一体模式，丰富"互联网＋社保经办"，有效分流窗口业务，助推智慧社保。33项自助服务功能延伸至社区、医院、银行等服务端点，部分终端开通24小时自助服务。各分局在自助服务布点扩面工作中结合实际、多点发力：南山分局自助终端进驻深大、华为等参保集中的机构；宝安、龙华、大鹏分局积极推动自助终端进驻辖区政务大厅；龙岗、光明分局结合辖区社保服务需求积极推进，推动力度大。此外，微信平台同步自助服务功能，开通掌上社保便民服务。全年官网个人服务网页办理业务500万单，微信平台查询办理640万单，自助终端办理15.6万单、查询140万单、打印120万单、养老指纹认证2万人次。

**2. 医保移动支付实现掌上医保亲民便民，解决耗时"痛点"**

深圳"医保移动支付"与支付宝、微信、平安集团、建设银行、银联云闪付5家支付平台建立合作关系，36家就诊量较大的市区公立医院已开通移动支付。截至2017年底，全市医保移动支付绑定参保人数超过231万人，累计交易基金超9700万元，有效解决就医长耗时的"痛点"。

**3. "刷脸"认证养老金领取资格为社保经办带来新突破，疏导服务"堵点"**

深圳通过与互联网企业合作完成养老金领取资格在线认证。借助其人脸识别"实人核身"能力及风控体系，通过技术手段疏通服务"堵点"，让退休人员不受人身所在地限制轻松完成养老金领取资格认证，无须现场办理。业务上线半年间，已有11302名退休老人完成在线认证。

## （十一）拓展综合宣传路径，为精准施策营造良好外部环境

通过线上线下综合宣传，聚焦民生热点，回应民生关切，营造良好的外部施策环境。一是立足政务信息平台，拓展宣传深度。依托《社保工作信息》宣传平台，力促为决策提供有质量的信息参考。编印政务信息400余篇，25篇被人社部，广东省人社厅，深圳市委、市府办等刊用，超额完成宣传任务，总积分在深圳人社系统32个计分单位中位居第一。二是立足媒体互动平台，对接公众关切。积极搭建宣传阵地对接媒体，取得良好社会效应。经主流媒体推送报道176次，官方微信推文48期共计209篇，关注量超160万人。妥善处理"福永事件""医保套现""少儿医保更改征收模式"等重大舆情，超额完成对外宣传积分任务。三是立足网络线上平台，拓展宣传广度。对官方网站进行"自适应"升级改版，对接线上服务需求。完成个人服务网页、微信平台功能二期建设；门户网站主动公开政府信息831条，答复政府在线网上来件901件。四是立足政策培训平台，聚焦社保需求。积极开展常态化培训，充分发挥基层优势实施对外宣传，形成特色鲜明的宣传生态：福田、宝安、龙岗分局以志愿讲师团方式打造社保流动讲堂；南山分局打造"社保蓝雨伞"宣传品牌收效显著；盐田、坪山分局强化服务主动性，对辖区企业进行常态化培训。全局各部门举办培训宣传超百场次，覆盖企业近2万家。

## （十二）巩固基础内外兼修，提升综合管理质量

### 1. 围绕党建工作，聚焦思想建设和组织建设

以深圳党委理论中心组学习和党支部"三会一课"为主要抓手，扎实开展专题学习教育，带领全局党员干部筑牢信仰之基、补足精神之"钙"、把稳思想之舵。注重提升基层党支部的组织力和政治引领作用，部署开展2017年度基层党建工作述职评议工作，开展"从古田再出发，走好新长征路"党性教育活动，严格规范党内政治生活，提升党组织和党员管理信息化水平。

2. 围绕作风建设，聚焦窗口一线服务质量

按照上级部署，开展工作作风整顿百日专项行动。建立健全窗口服务标准体系，出台全局窗口服务规范、窗口工作文明用语规范、服务大厅公共秩序管理规定，规范服务行为。严格规范落实人事管理制度，积极开展干部人事档案认定、领导干部个人事项报告、执法类公务员职级晋升等干部管理及群团工作。

3. 围绕队伍建设，聚焦纪律教育正风肃纪

加强纪律教育和警示教育，严格落实党风廉政主体责任。充分运用监督执纪"四种形态"，坚持抓早抓小抓苗头。谈话提醒6人次，对涉及"福永事件"的有关工作人员给予行政警告处分。不断巩固落实中央八项规定精神成果，营造风清气正政治生态。

4. 围绕依法行政，聚焦规范经办严格执法

严格贯彻执行社保法律法规，依法行政。着力推进按法定途径分类处理各类涉社保诉求，规范接访、严格执法。实施《深圳市社会保险基金管理局行政复议、行政应诉暂行管理办法》，印发《工伤认定办案指引》进一步规范工伤认定行政行为。依法配合人民法院审判活动，行政机关负责人出庭应诉13宗，提高行政机关公信力。处理行政复议和诉讼案件1177宗。其中复议310宗，维持率为91%；一审674宗，维持率为97%；二审193宗，维持率为94%。

## （十三）坚持以民为本，基层窗口凝神聚力，积极对接社保公众服务需求

2017年，各社保分局（含管理站）立足基层、服务民生，在全市社保经办服务网络中发挥重要作用，在属地充分履行社保作为保障网、减压器、稳定器的职能。基层社保机构攻坚克难，全面支持同城通办试点、承接放管服改革重任、推进社保任务落地实施、配合民生保障改革。各管理站作为社保经办前沿，勇担当、讲奉献、有作为，充分发挥"桥头堡"作用。人才园社保窗口作为首个同城通办试点窗口，积极配合深圳人社系统市级专业分厅建设工作，在社保经办先行先试方面积累了重要的实践经验。

## 二 深圳社保新时期面临的挑战及分析

党的十九大报告指出"保障和改善民生要抓住人民最关心最直接最现实的利益问题",将"按照兜底线、织密网、建机制的要求,全面建成覆盖全民、城乡统筹、权责清晰、保障适度、可持续的多层次社会保障体系"。未来一个阶段,是社保事业面临新挑战、把握新机遇、担当新任务的关键时期。

一是社保公共服务需求更趋多元化。随着社保事业的快速发展,深圳参保规模逐年扩大,社保服务需求更趋多元、复杂。在配合推进养老保险国家和省级统筹等社保领域重大改革任务落地的过程中,须稳妥研究配合落实。在经济新常态、产业新业态背景下,实际经办服务中,更为复杂、更深层次的问题日渐显现。社保体系公平性建设和可持续发展的内在驱动,向社保经办提出更高的要求。

二是信息化支撑有待进一步加强。群众的社保服务需求日益增长,智慧社保建设需求更为凸显,社保公共服务的供给模式须以信息化手段为重要支撑。深圳社保经办管理服务在可持续、健康发展方面有待建立更为科学、适配的保障机制,决定性因素在于信息化技术手段的应用及拓展。深度推进智慧社保建设,有待于强化信息化手段在社保经办工作中的广泛、深度运用,推动经办效能进一步提升。

三是社保扩面面临新变化。深圳以年轻群体为主、整体参保率高、缴费人数众多、基金征缴量大。随着经济产业结构优化调整,深圳人口总量在相当一段时间内趋于稳定,参保规模也将趋于稳定,因此社保大幅扩面的空间不大,将向精准扩面转变。此外,电商、家政行业等新业态从业人群逐渐增多,该类群体的参保覆盖,对实施全民参保计划具有重要意义,也是参保覆盖的难点。

四是经办服务模式改革下,须有效实现工作重心从量到质的转移。社保经办在精细化管理、高质量高水平经办方面持续发力。作为经办模式的全新改革,同城通办模式下的社保经办服务将面临一系列新的挑战,须在实践中妥善解决。

五是社保监管执法面临新的挑战，须统筹应对。随着社保事业快速发展和社保参保记录在社会领域中的广泛应用（购房、购车、入学等），基金安全风险防控责任重大，在虚构劳动关系参保查处等领域的相应法律法规支撑有待健全。医药机构社保定点资格申请进一步放宽，医药两定机构增量显著，给监管工作带来巨大挑战。执法力量相对薄弱、联合执法机制尚不够健全，客观上须完善法规政策，创新监管手段、提高执法效能。

此外，在粤港澳大湾区、深汕特别合作区、前海自贸区建设及发展过程中，深圳社保经办面临新时期的新任务，客观发展趋势对深圳社保经办服务提出新的工作要求。

## 三 深圳社保2018年工作思路及展望

2018年，是贯彻落实党的十九大精神的开局之年，是改革开放40周年，是决胜全面建成小康社会、实施"十三五"规划承上启下的关键一年。深圳社保局将全面贯彻落实党的十九大报告工作部署，按照国家、广东省、深圳市工作要求，坚持以人民为中心，以推进参保扩面、强化保障水平、提升经办质量为三大工作主线，积极推动各项社保民生改革任务落实，促进社保体系更加公平更可持续，推进社保公共服务均等化，力促社保经办整体质量跃升。

### （一）把党的建设和队伍建设摆在首位，深入贯彻全面从严治党

牢固树立党建主业意识，坚持全面从严治党。切实提高政治站位，不折不扣贯彻落实好党中央，深圳市委、市政府、市人社局党组各项决策部署。结合全市社保经办工作实际，认真部署开展全局学习宣传贯彻习近平新时代中国特色社会主义思想和党的十九大精神活动，坚持学懂弄懂、学深悟透、学以致用。扎实推进"两学一做"学习教育常态化制度化，坚持"三会一课"制度。加强党风廉政、纪检、窗口作风建设，队伍建设长抓不懈。进

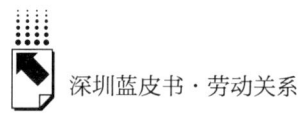

一步健全制度和标准,扎实开展党风廉政建设专项行动,建台账促整改抓落实。完善窗口服务质量评价体系。加大工作纪律检查督查力度。加强干部队伍建设,筑牢拒腐防变思想防线和制度防线。注重提升队伍综合素质和专业化水平,增强履职能力。

### (二)积极配合社保领域重点改革,完善社保体系建设

按照上级工作部署,积极配合养老保险全国及广东省统筹改革在深圳平稳实施。积极配合深圳机关事业单位养老保险、职业年金制度改革。按照国家及广东省的要求,提前研究深圳失业保险、机关事业单位养老保险及职业年金转移经办模式。进一步配合"三医联动",配合深化医保制度改革,配合推进与分级诊疗制度相结合的医保基金管理方式改革。积极配合《深圳市社会医疗保险办法》《深圳市重特大疾病补充医疗保险办法》修订工作,进一步完善医保体系。配合做好医疗保险和工伤保险省级统筹经办、生育保险与医疗保险合并实施经办准备工作。积极配合完善工伤预防长效机制,降低工伤发生率。

### (三)持续推进简政放权、放管结合、优化服务改革,积极助推社保供给侧结构性改革,降低企业用工成本

按照广东省、深圳市工作要求,积极创新经办管理方式,优化业务流程,简化申办材料,减少中间流转环节,提高业务办理效率。做好省级业务下放移交衔接工作,积极推动深圳社保经办权限下放、服务前移。继续落实社保减负政策,继续开展失业保险支持企业稳定岗位工作。配合实施工伤保险费率浮动机制,继续实施生育保险降低费率政策,依法依规执行失业保险浮动费率。

### (四)在全民参保登记基础上,积极实施全民参保计划

党的十九大报告明确全面实施全民参保计划。积极实施全民参保计划,通过全民参保登记数据信息支撑及运用,助力提升经办能力及水平。在制度

全覆盖基础上重点推进法定人群覆盖，积极稳妥做好中小企业从业人群、新业态从业人群、户籍灵活就业人员等重点人群的参保工作，推进应保尽保。

### （五）适应同城通办社保经办模式改革需要，强化社保经办服务能力建设，打造新的经办服务格局

实现社保同城通办，构建标准统一、规范高效、便民利企的经办服务格局。完善权责明晰、高质量、高效率的经办管理制度。稳步推进同城通办试运行，全面部署系统上线工作，统筹推进各项配套工作落实。结合同城通办改革实际，梳理整合经办架构设置及职能，优化人事管理体制机制。结合深圳社保工作不同发展阶段的特点和要求，围绕内设机构职能分工，科学建立动态调整机制。进一步强化以信息化建设作为质量提升及效能驱动的工作思路。通过信息化手段增强社保服务供给，打造智慧社保。通过"互联网＋社保经办"，进一步扩大网上服务、掌上服务。加大社保自助终端设备铺设力度，开展自助服务推广培训。促进"社会服务平台＋社保经办平台"的有机结合，进一步便民利民。积极配合推进一门式、一网式、一窗式政务服务改革，优化业务大厅建设，高效整合窗口资源。进一步推动公共服务信息跨部门共享，提升办事效率。配合社会信用体系建设，在更广领域推动数据多跑路，让群众少奔波。

### （六）坚持依法行政，有效提升社保监察执法水平

坚持依法行政，推进落实按法定途径分类处理群众投诉请求工作，强化信访数据的收集及运用。依法开展稽核监察执法，完善社保稽核双随机抽查机制，逐步扩大运用范围。建立对社保欠费的查询、划拨工作制度，推进用人单位社保欠费追缴工作。加强司法联动，大力打击社保欺诈犯罪行为，完善移送衔接。进一步规范行政复议、应诉行为，严格落实责任分工。

### （七）积极推进智能审核系统运用，强化医疗监督信息化建设

在医药定点机构备案量快速增长背景下，提升医疗监管信息化建设水

平，积极推进智能审核系统运用。探索异地就医直接结算、按疾病诊断相关分组收付费改革及日间手术试点背景下的医疗监督模式。合理运用第三方协助核卡、医保专家参与医疗监督等监管辅助手段，多途径维护基金安全。

### （八）完善社保经办风险体系建设，探索制度化、系统化、智能化推进风险防控工作

进一步规范风险管理操作标准及实施细则，夯实完善内控制度基础。持续开展风险管理专业培训，提升风险管理工作质量。推动社保经办风险管理系统上线。落实社保经办三年专项行动方案，做好迎检达标工作。积极健全经办服务模式改革下社保经办风险管理监督机制，提升风控管理能力及水平。

### （九）依法管理社保基金，重视内外监督，贯彻落实新的社保基金财会制度

依法管理社保基金，重视内外监督。积极配合各级审计及社会监督，强化自查，严格整改，压实责任，落实到位。按照2018年1月新实施《社保基金财务制度》《社保基金会计制度》，结合深圳实际情况，修订社保基金财务管理制度。主要包括：修改社保基金预算管理相关内容；新增城乡居民养老保险及城乡居民医疗保险内容；新增企业基本养老保险基金委托投资运营及委托投资经济业务采用权责发生制会计核算的内容等。

### （十）建立常态化综合研判机制，深化研判分析成果运用

通过内设机构职能整合，强化调研及统计分析，建立及完善常态调研工作机制、社保统计分析机制，强化综合研判为决策提供有益支持。充分借助经办职能优势，强化社保政策执行角度研究。鼓励通过与专业研究机构合作，加强调研能力，实现优质服务。结合社保经办发展需求，完善社保领域统计分析机制，深化统计分析成果运用，提升社保经办服务水平。

### (十一)围绕质量导向、需求导向，开展社保领域大调研

结合社保经办工作实际，在全市社保系统开展"围绕质量导向强化社保服务能力建设"主题深调研活动。结合深圳社保经办工作实际，以调研为重要抓手，认真梳理存在的短板，研究解决对策，立足调整服务需求与社保经办之间的平衡关系，研究完善与公众服务需求更为适配、更可持续的保障机制，推动工作有力开展。

### (十二)主动适应区域发展新形势，积极担当新任务

统筹研究新时期新任务，做好基础性工作。在粤港澳大湾区建设及前海自贸区快速发展过程中，做好社保经办方面的配合及准备；按照深圳市委、市政府关于深汕特别合作区公共服务对接方面的工作部署，积极按照深圳人社部门的安排，做好社保领域对接及配合。进一步落实好国家、省、市各项政策，发挥社保方面的辐射作用和服务功能。

# B.4
# 围绕重点　攻克难点　突出亮点
## ——创新劳动争议仲裁工作机制的实践与思考

林　莉[*]

**摘　要：** 依法高效处理劳动争议，事关广大劳动者和用人单位的切身利益，事关社会公平正义和社会和谐稳定。2017年，深圳劳动争议形势有所回缓，但构建和谐劳动关系的任务和责任仍很艰巨。本文对深圳各级劳动人事争议仲裁在维护劳动关系稳定方面所做出的努力及取得的成效进行总结，分析了工作中需要研究的问题与困难，并对2018年深圳劳动人事争议仲裁面临的形势，及如何不忘初心，砥砺前行，进一步提高仲裁效能，更好地推进劳动人事仲裁工作新发展做出思考。

**关键词：** 劳动争议　仲裁现状　分析思考

2017年，是党的十九大胜利召开之年。这一年里，深圳劳动人事争议仲裁机构紧紧抓住劳动关系和谐、社会稳定这条主线，提高政治站位，增强大局意识，继续秉承"改革创新、高效务实"的发展理念，充分发挥仲裁准司法特性，夯实仲裁的"行政兜底"和"裁审衔接"职能，最大限度发挥仲裁依法、快速、灵活化解劳动争议的制度优势和作用，切实维护劳动关系的和谐。

---

[*] 林莉，深圳市劳动人事争议仲裁院。

# 一 深圳劳动争议仲裁案件现状分析

## （一）案件总量增长势头有所减缓

2017年，深圳各级劳动人事争议仲裁机构立案案件30916件，涉及56227人，同比分别下降4%和24%。这是自2014年以来首次出现下降趋势，但相较于2015年以前，总量仍处于高位。其主要原因有以下三个方面。一是为保证党的十九大顺利召开，在2017年特别防护期内，各相关部门加大工作力度，联调联动，深入排查，及时处理，大量劳资纠纷在萌芽阶段即得到解决。二是全市产业转型升级政策效果显现，劳动密集型落后产业逐步被淘汰，企业关停并转高峰期已过，2017年未发生涉及数千人的特大型集体争议案件。三是劳动争议调解网络发挥积极作用。如盐田、龙岗、龙华、坪山等区不断强化调解组织建设工作，切实发挥行业（协会）调解组织、社会化调解组织实效，加强调裁衔接，大量劳资纠纷得以成功调解。2017年全市各类调解组织调解成功率达78.7%，有效分流了仲裁压力。

同时，与全市案件量下降趋势不同，市仲裁机构和南山区仲裁机构却呈现案件未减反增的现象，2017年立案数同比分别大幅上升10.2%和12.6%。其主要原因在于前海蛇口自贸区商事登记主体数的持续增加和自主创业小型科技公司的兴起，相关的劳动争议案件持续频发。

## （二）集体争议案件呈现双减态势

一是集体争议发生频率降低。2017年，全市共受理10人以上集体争议案件916件，涉及劳动者25763人，同比分别下降21%和39%。其中，集体争议涉案人数占同期立案涉及人数的45.8%，较2016年下降了11个百分点。二是集体争议案件规模缩小。2017年，全市10人以上集体争议案均涉及人数28人，同比下降24.3%。特别是50人以上重大集体劳动争议案件降幅更加明显，全市共69件，涉及7789人，案均涉案人数113人，同比分别下降61%、66.8%和14.7%。

### （三）劳动争议高发行业和诉求焦点相对集中

1. 劳动争议案件行业分布情况

从总量上看，制造业、批发零售业和租赁商务服务业是劳动争议案件高发行业。2017年上述行业的争议案件分别为9785件、4681件和2977件，各占全市仲裁立案总量的31.6%、15.1%和9.6%。从增幅上看，交通运输仓储物流业、住宿餐饮业劳动争议发生频率增高，案件量同比分别增长了128.3%和68%。

2. 劳动争议案件的诉求分布情况

引发劳动争议最常见诉求主要为正常工作时间工资、解除劳动合同经济补偿、违法解除或终止劳动合同的赔偿金和未依法签订劳动合同二倍工资差额，全市涉及上述诉求的案件分别有18892件（占立案总量的61.1%）、8737件（占28.3%）、7258件（占23.5%）、6378件（占20.6%）。2017年增幅较大的诉求为产假工资、竞业限制经济补偿和确认劳动关系，全市涉及上述诉求的案件同比增幅分别为73.3%、71.5%和41.7%。

### （四）仲裁办案效率切实提升

2017年，深圳各级劳动人事争议仲裁机构共办结案件31622件。其中，以调解（含撤诉）方式结案的15305件，调撤率为48.3%，同比增加近2个百分点；以终局裁决方式结案5167件，占裁决总量的31.8%，同比增加1个百分点。期末未结案件2457件，同比下降22%，全市累计结案率为92.79%，同比增加2个百分点。全市全年仲裁受理案件平均结案时间为26.34天（未含中止时间），须庭审处理案件平均结案时间为33.47天（未含中止时间），同比分别减少了15%和5%。

### （五）当事人仲裁诉求支持比例处于较低水平

一方面，2017年全市裁决案件中，劳动者完全胜诉3908件、用人单位完全胜诉2607件、双方部分胜诉9722件，占裁决总量比重分别为24%、16%和60%。上述比例自2015年以来处于相对稳定状态。用人单位完全胜诉比例长期较低，与近几年外部经济压力持续影响、用人单位整体经营环境不佳导致劳动关系不稳定、用工行为不规范等因素有关。另一方面，2017年仲裁结案案件（未含不予受理和撤诉案件）的诉求支持比例为32.5%，其中调解案件的支持比例为42.8%、裁决案件的支持比例为30.8%。这说明，劳动者诉求虚高的现象仍存在，依法理性维权意识和能力有待提高。

### （六）仲裁阶段案件终结比例基本持平

2017年，深圳基层人民法院共受理劳动争议案件12702件，占仲裁结案总数（含不予受理）的20.9%，即79.1%的案件在仲裁阶段实现了案结事了，较2016年略降2.5个百分点；同时，市中级人民法院共受理申请撤销仲裁裁决835件，占仲裁终局裁决案件的16.2%，其中依法撤销16件，仲裁终局裁决撤销比例为0.31%，为历史新低。

## 二 坚持问题导向，创新仲裁工作新机制

### （一）以专业化为重心，着重推进队伍建设

2017年，深圳市人力资源和社会保障局联合市编办、市财委出台《关于加强劳动争议专职仲裁人员队伍建设的通知》，实现"三明确"，为缓解办案不足的"老大难"问题和提高仲裁队伍专业性创造了契机、加强了保障，即明确了仲裁人员分类标准，包含仲裁员、仲裁辅助人员和仲裁行政人员，加强仲裁队伍规范化管理；明确了以事定费的经费保障机制，创新性地提出仲裁案件"案均用工成本"概念并进行科学测算，建立"预算管理、以事定费"的编外仲裁队伍经费保障机制；明确了仲裁员等级管理制度和专业培训制度，以加强最为核心的仲裁员队伍建设为目标，为仲裁员队伍专业发展打通通道，为依法化解劳动争议提供专业保障。经过近一年的推进，

深圳市仲裁机构和福田、罗湖、南山、龙岗、大鹏等区仲裁机构逐步落实相关经费保障工作,并建立编外仲裁人员薪酬及考核机制。同时,深圳完成首次仲裁员等级评定工作。全市共104人被评定为"仲裁员",212人被评定为"中级仲裁员",27人拟评定为"高级仲裁员"。组织多次聘前、注册、岗前和研修培训,共103人参加了仲裁员聘前培训,通过率达90.4%;约1600人次参加了仲裁员证注册培训;68名业务骨干赴中国人民大学、武汉大学、上海交通大学进行研修培训,实现了"拓视野、提素质"的目标。

### (二)以规范化为抓手,切实提高办案效能

2017年是劳动领域重要的一年,人力资源和社会保障部通过了《劳动人事争议仲裁办案规则》和《劳动人事争议仲裁组织规则》的修订,广东省出台了《广东省劳动人事争议处理办法》,对深圳现行劳动人事争议处理产生了一定影响。为准确贯彻新法规定,深圳市仲裁机构通过邀请专家解读、集中宣传学习、联合举办研讨会等方式,促进新法适用标准的统一。全年全市共开展业务研讨会6次,对立案、送达、终局裁决等问题进行深入研讨。一是推进送达工作改革,畅通仲裁专邮、网站公告等新送达方式和渠道,统一送达程序规范。目前,深圳市仲裁专邮覆盖面达90%,各仲裁机构均已在局门户网站开通仲裁公告渠道,此前因送达难而制约办案效率的难题逐步得到解决。二是完善多元化劳动争议处理机制,加强调解与仲裁有机衔接。新法对劳动争议调解和调裁衔接增设了许多新内容。为此,深圳重点推进全市调解与仲裁衔接机制建设,先后出台了《关于完善劳动人事争议仲裁与劳动保障监察执法协调衔接机制的指导意见》《深圳市人力资源和社会保障局深圳市劳动人事争议仲裁委员会关于加强劳动人事争议调解仲裁衔接机制的通知》,为理顺调裁衔接机制奠定基础。龙岗区、坪山区通过以案定补、购买服务的方式,委托社会组织参加仲裁案件调解工作。宝安区出台《关于进一步推进调裁诉衔接工作的若干意见》,建立行业(协会)调解组织与仲裁立案窗口协调联络机制。三是坚持以高效为方向,推进派出庭改革与建设工作。龙岗区在街道改革过程中,对区、街

道的仲裁职能权限进行了全面梳理，分步向派出庭下放案件审批权限，使更多争议在基层得到解决。该区作为全国劳动人事争议处理效能建设示范区的各项工作被人社部给予了充分肯定。光明新区抓住增设街道的机遇，大力推动派出庭庭审设施建设，加大案件分流和督办力度，效果显著。目前，全市共有1个市级仲裁机构、10个区级仲裁机构和42个街道派出庭，全年处理案件分别占比为20.99%、33.26%和45.75%，近一半的案件在街道派出庭得到解决。

### （三）以信息化为依托，服务方式更加便民

2017年，深圳市劳动人事争议仲裁院与深圳市标准技术研究院签订合作协议，将仲裁管理信息系统与全市机构法人基准数据库对接，实现案件受理与机构信息校验的同步进行，确保案件信息的精准性。同时，启动"深圳市劳动人事争议E仲裁服务平台"建设工作，依托"互联网+"技术，对标法院智能诉讼服务，创新仲裁服务模式，为当事人提供网上立案、查询、送达等便利服务。

### （四）以仲裁公信力目标，延伸外部衔接

一方面，劳动人事争议仲裁具有准司法性，但同时又不具有既判力。因此，加强仲裁与诉讼的衔接，提高裁审法律理解、法律适用、处理原则的一致性，有助于提升仲裁裁决的质量，提高仲裁的实效性。2009年以来，深圳市劳动人事争议仲裁机构与法院已经建立起"三个制度"（联席会议制度、联合培训制度、专人联络制度）裁审衔接机制，并逐步畅顺市、区多层级衔接通道，裁审衔接规范化不断增强。2015年起，深圳市着力提高裁审衔接的信息化水平，于2016年3月建成深圳市劳动争议裁审信息共享平台并投入使用。经过一年多来的功能完善，该平台已可以实现裁审信息衔接的常态化、信息化，并在此基础上，开展"深圳市劳动争议裁审衔接课题"研究工作，在全国率先对进入诉讼环节的仲裁案件进行实例分析，为深圳市裁审衔接情况精准把脉、对症下药。另一方面，劳动争议具有强烈的连锁和

示范效应，新形势下的仲裁工作要求，并非仅限于传统的争议处理，还包含对劳动关系主体依法履行劳动义务的正确指引。2017年，福田区、盐田区通过在行业协会或企业现场开移动仲裁庭的方式，吸引了622家企业代表和712名员工代表观摩庭审活动，效果显著。仲裁建议书成为大部分仲裁机构引导企业规范劳动管理的有效方式，其中盐田区向区劳动监察发出了向3家案件频发企业实施劳动监察的仲裁建议，既促进仲裁与监察联动机制的有效发挥，又促进仲裁办案效果外溢，不断扩大仲裁社会影响力。

## 三 深圳市劳动人事仲裁面临的形势和存在的问题

### （一）争议案件高发态势仍将持续

一方面，考虑到大经济环境背景下，企业生产成本总体上升、利润下滑的现实与劳动者要求增加收入提高生活水平的愿望并存，劳动人事争议隐患仍然大量存在，预计2018年仲裁案件总量出现大幅下降的可能性不大。另一方面，随着内外部经济政策的调整，在某些领域可能出现新的案件增长。例如，美国减税法案可能刺激外资回流或撤离，由此带来的企业关停问题极易引发群体性劳动争议，类似昱科环球、海量储存及新美亚科技等因外方撤资引发的重大劳资纠纷在2018年可能增加。又如，随着治水提质、安全生产等重点工作的推进，相关行业或企业仍存在搬迁或暂时停产整顿等问题，由此也极易引发员工要求解除劳动关系并主张经济补偿金等纠纷。

### （二）新法理解和实施不到位可能带来新的争议

新修订的《劳动人事争议仲裁办案规则》和《广东省劳动人事争议处理办法》既为仲裁工作提供了更为全面、权威的程序依据，也带来了许多新问题和新争议。上述两个新法在送达、调裁衔接、简易案件处理等内容上存在不一致，增加了办案难度。同时，因新法处于实施初期，法律适用易出现分歧，如某区基层法院不认可该区仲裁机构依据《广东省劳动人事争议处理办法》第五十八条进行的网站公告送达效力，不认定仲裁裁决文书已发生法律效力，导致劳动者无法及时申请强制执行。此外，新法还带来一些新的现象，如《劳动人事争议仲裁办案规则》取消仲裁机构对仲裁时效主动审查的权限，一方面可能导致仲裁立案量增加，另一方面，用人单位往往习惯在诉讼阶段才提出时效抗辩，由此可能出现因时效审查问题导致裁审处理结果不一致的现象。又如，因《广东省劳动人事争议处理办法》第六十八条确定了仲裁机构自我纠错机制，当事人要求撤销生效仲裁文书的申请相应增加。

### （三）特定类型劳动争议案件须特别关注

一是深圳产业转型升级政策效果显现，劳动密集型落后产业逐步被淘汰。虽然企业关停并转高峰期已过，但随着治水提质、安全生产等中心工作推进，相关行业或单位仍存在搬迁或暂时停业停产整顿等问题，由此引发的停工工资争议明显增多，全年涉及农民工停工工资争议同比增长194.7%。由此还带来新的办案难点，如停工时间的合理性审查问题，又如因停工时间过长，劳动者以用人单位未提供劳动条件为由提出解除合同，主张经济补偿的争议是否支持等问题有待进一步统一认识。二是随着国家关于"僵尸企业"处置和亏损企业治理工作的深入推进，相关历史遗留问题带来的劳动争议逐渐出现。僵尸企业与劳动者"长期两不找"所引发的劳动关系认定、劳动合同解除等争议将给仲裁办案带来新的难题。三是劳动关系的多元化带来新的劳资隐患。如随着"互联网+"业态快速兴起、用工方式的多元化及工作时间的灵活化，传统的劳动法律思维已不能满足新型争议处理的需求，而相应的法规政策又尚未健全，势必给规范办案、同案同裁带来新挑战。

### （四）争议案情复杂，处理难度加大

争议案件日趋复杂，往往一个案件涉及多项诉求，有的甚至达数十项。

案件呈现诉求金额大、涉及面广、时间跨度长、反诉案件多等特点。存在如下现象：当事人双方缺乏沟通和信任，对立情绪加剧；有的提供虚假证据，增加庭审难度；个别当事人对裁决结果不服，不走法律救济渠道，滞留、"缠访"、扰乱办公秩序，甚至恐吓仲裁员。

### （五）人员流动频率过高，影响办案质效

人员流动快、任职年龄低是深圳仲裁员队伍的一大特点。数据显示，2017年深圳仲裁人员队伍流动率近30%。一方面，人员流动率大意味着短期内仲裁机构案多人少矛盾更加突出；另一方面，因人员更迭频繁，案件处理衔接易脱节。摸查显示，截至2017年11月底，全市有约10%的案件因人员离职导致系统操作严重滞后于实际办案进度，部分案件因新入职人员操作失误，误录或少录相关信息，导致系统数据失真。如新一佳重劳案件，经核实部分区实际结案金额与系统记录金额相差上百万元。如何尽快填补离职人员的办案力量空缺，培养、储蓄仲裁员后备人才，成为困扰仲裁机构的一大难题。

虽然《关于加强劳动争议专职仲裁人员队伍建设的通知》为保障深圳劳动争议仲裁工作的有序推进奠定了扎实基础，但调研发现，部分区现行工作距离文件精神及要求仍存在较大差距，如对以事定费改革理念持保留态度、编外人员统一管理模式阻碍改革措施落地、招人难导致以案配人改革要求难落实等。特别是部分区编外人员统一以学历或职称为标准实行分级、定岗和定薪，仲裁人员等级则以其办案经验和专业水平作为划分标准，两者难以匹配，导致宝安、龙华、坪山、光明等区仲裁机构相关改革进程受阻。

## 四　进一步提升劳动人事争议仲裁工作效能的思考

2018年是全面贯彻落实党的十九大精神的开局之年。党的十九大报告提出"努力促进社会公平正义，形成有效的社会治理、良好的社会秩序，构建和谐劳动关系"，这不仅为人力资源保障事业发展指明了方向，也对今后一个时期劳动人事争议仲裁工作提出了更高的要求。2018年，深圳将以

党的十九大精神为指导,牢记依法快速化解劳动争议的仲裁工作使命和职责,坚持改革创新不停滞,狠抓办案质效双提升,以实现"专业仲裁、高效仲裁、智能仲裁、权威仲裁"为目标,更好地发挥仲裁制度优势,为构建和谐劳动关系提供高效有力的法治保障,为深圳加快建设社会主义现代化先行区做出应有贡献。

### (一)夯实队伍建设基础工作,保障"专业仲裁"

一是进一步推进《关于加强劳动争议专职仲裁人员队伍建设的通知》的贯彻落实,并综合考虑经济发展情况、物价变动和劳动力市场供需情况等因素,适时提高编外专职仲裁人员用工成本标准,提高队伍稳定性和职业吸引力。二是完善仲裁员等级评定管理制度,制定《深圳市劳动人事争议仲裁员等级评定实施办法》和《深圳市劳动人事争议仲裁员管理办法》,为加强仲裁员队伍的科学管理提供制度保障。三是进一步健全仲裁专业化培训体系,建立全市劳动人事争议仲裁考试题库,探索实行"集中培训+闭卷考试"的仲裁员年度注册模式,切实提高仲裁培训的实质效果。

### (二)深化办案规范化建设,推进"高效仲裁"

一是进一步完善仲裁办案与管理机制,全面梳理仲裁流程、仲裁文书、仲裁员管理、仲裁庭建设等,探索建立劳动人事争议仲裁深圳标准体系。二是加强办案规范指引,更新整合近十年来相关疑难问题研讨会会议纪要;加强终局裁决案件认定和处理指引,深化仲裁员业务研讨机制,提升专研能力,促进相关法律适用标准的统一。三是加强仲裁文书质量监督,梳理、优化仲裁文书模板,建立健全仲裁文书体系,通过优秀裁决书的评选活动,促进仲裁文书规范化与同案同裁。

### (三)推进信息系统重建工程,建设"智能仲裁"

一是进一步提升仲裁自助功能,完善"深圳市劳动人事争议 E 仲裁服务平台",逐步在全市仲裁机构推广使用,实现"足不出户申请、文书智能生成、随时随地查询、网上一键送达"等智能仲裁服务。二是结合"互联网+"和"大数据"的思维理念,以当事人便利仲裁、仲裁员高效办案和领导科学管理为需求导向,对标智慧法院建设标准,推进仲裁共享数据库建设,完善裁审衔接平台与网上服务平台,健全仲裁办案系统、管理系统与培训系统,建立"深圳市劳动人事争议 E 仲裁信息化体系",实现业务网上办理、流程全面覆盖、数据互通共享、系统辅助办案的"智能仲裁"。

### (四)完善外部衔接工作机制,实现"权威仲裁"

一是贯彻落实人力资源和社会保障部、最高人民法院等部门联合出台的《关于加强劳动人事争议仲裁与诉讼衔接机制建设的意见》文件要求,适时与市中级人民法院联合出台深圳加强裁审衔接相关工作意见,推进裁审衔接信息共享平台的规范使用,探索建立劳动人事争议裁审衔接评价指标体系,推进裁审衔接调查工作常态化。二是及时总结调裁衔接工作成功经验,开展"深圳市劳动争议调裁衔接专题研究",通过"建机制、理程序、提水平、促效果",积极探索劳动争议调裁衔接新思路,使更多案件通过调解方式得到妥善解决。三是贯彻落实人社部《关于贯彻"谁执法谁普法"普法责任制的实施意见》要求,推广仲裁建议书、仲裁观摩庭、一案一课一建议等经验做法,通过适时公布劳动争议仲裁典型案例,引导劳资双方合法维护自身权益,不断扩大劳动人事争议仲裁的社会辐射面。

# B.5
# 深圳劳动监察2017年发展状况与2018年趋势展望

吴洁红*

**摘　要：** 2017年，深圳各级劳动监察机构积极践行新发展理念，创新执法方式，提高执法效能，切实加大维权维稳工作力度，充分发挥劳动监察在保障劳动法律法规的贯彻实施、维护劳动者合法权益和社会稳定中的重要作用。本文从加大日常执法力度、强化劳资纠纷预防化解处置、全面治理欠薪问题、推进业务规范和依法行政、强化"两网化"建设、加强大要案查处督导等方面总结了深圳劳动监察2017年取得的工作成绩，并分析了面临的主要问题和挑战，提出了2018年的工作思路。

**关键词：** 劳动监察　依法行政　维权

## 一　2017年深圳劳动监察工作取得的主要成绩

2017年，是党的十九大胜利召开之年，也是香港回归20周年、中国人民解放军建军90周年等全国性重大活动之年。深圳各级劳动监察机构积极落实国家、广东省的统一部署安排，并结合深圳实际，践行新发展理念，创

---

\* 吴洁红，深圳市人力资源和社会保障局。

新执法方式，提高执法效能，不断加大劳动监察执法工作力度，严厉打击非法用工行为，切实维护劳动者合法权益，加大劳资风险隐患排查化解工作力度，稳妥处置群体性事件，全力促进劳动关系和谐稳定，为国家各项重大活动顺利开展创造了和谐稳定的社会环境。

## （一）加大日常巡视检查、专项检查执法力度，及时处理举报投诉案件，有力维护劳动者合法权益

一是加强日常巡视检查。加大日常巡视检查力度，以易发、频发欠薪和非法用工等违法犯罪行为的行业企业为检查重点，有计划地开展日常巡查和网络监察工作。2017年，全市各级劳动监察机构共检查用人单位29740家次，涉及劳动者318.76万人。

二是组织专项执法检查。针对劳动保障法律法规贯彻实施中的突出问题，抓住重点，开展各项专项检查工作。先后在全市范围内组织开展了用人单位工资发放情况大检查、清理整顿人力资源市场秩序专项行动、用人单位遵守劳动用工和社会保险法律法规专项检查等专项执法检查活动，严厉打击劳动保障违法行为，及时解决群众和社会关注的热点问题。2017年，全市各级劳动监察机构共办结劳动违法案件1280件，其中责令改正498件，做出行政处罚决定252件。

三是及时处理举报投诉案件。依法受理举报投诉案件，认真负责抓好每一宗举报投诉件的查处工作，对各种违反劳动保障法律法规行为进行及时有效的处理，结案率达到96%以上。

## （二）加大劳资纠纷隐患排查化解力度，稳妥处置群体性事件，确保社会稳定

一是及时排查及化解劳资纠纷风险隐患。加大日常排查工作力度，及时发现并化解劳资纠纷风险隐患，并做好劳资纠纷隐患排查台账和报送工作。严格落实重要防护期突发群体性事件信息"零报告"制度，最大限度减少不稳定因素。

二是加快劳资纠纷预警平台建设。切实加强劳资纠纷风险预警防范，加快开发建设全市劳资纠纷风险预警信息系统，构建覆盖全市的劳资纠纷风险预警信息平台，整合公安、信访、住建、市场监管、税务、工会等单位的劳资纠纷隐患信息，提前研判风险隐患。

三是制定专项治理方案。制定《2017年全市涉劳资领域社会矛盾治理工作方案》，并成立由分管副市长牵头的2017年全市涉劳资领域社会矛盾治理工作领导小组，对工程建设领域、劳动密集型加工制造、餐饮服务等行业拖欠工资和社保费、企业关停并转引发劳资纠纷实施重点治理。

四是稳妥处置群体性事件。认真落实《深圳市人民政府办公厅关于加强我市劳资纠纷分类处置工作的意见》及相关配套制度，强化应急处置工作，加大劳资纠纷分类处置力度，主动加强部门合作，上下协同，快速反应，及时介入，使新一佳、运创租赁、城市厨子及昱科环球等劳资纠纷群体性事件均得到妥善处置，确保社会稳定。

### （三）积极推动欠薪治理制度建设及创新，全面治理欠薪问题，维护劳务工的核心利益

一是出台《关于全面治理拖欠劳务工工资问题的实施方案》。经深圳市政府同意，于2017年1月出台了《关于全面治理拖欠劳务工工资问题的实施方案》，从实操性角度出发，重点从完善制度、健全机制、落实责任等方面，进一步健全和巩固深圳预防和解决拖欠工资问题的长效机制。

二是推行工程建设领域劳务工实名制和工资分账管理。针对工程建设领域用工管理和工资支付行为不规范问题，积极推进工程建设领域人员实名制、工人工资分账管理等制度的建设和落实。与住房建设部门联合召开全市工程建设领域劳务工实名制和分账制管理现场交流会，并联合组织开展劳务工实名制和分账制管理工作专项执法检查，大力推进建筑工地劳务工实名制和分账制工作，准确掌握施工现场用工情况及工资支付情况，从源头上预防和治理工程建设领域欠薪问题。

三是落实联合打击拒不支付劳动报酬犯罪行为长效工作机制。加大司法与行政联动力度，深圳人力资源保障部门和公安机关常态化协作联动，双方在及时防范、依法查处和严厉惩治方面形成部门合力，共同预防和打击拒不支付劳动报酬犯罪行为。完善深圳市委政法委、市中级人民法院、市人民检察院、市公安局、市人力资源保障局、市规划国土委、市住建局、市金融办等各部门联席会议制度，并建立健全联络员制度、疑难问题研讨制度和案件办理进度通报制度等配套制度，推动各方切实强化联动合作，将共同打击拒不支付劳动报酬犯罪行为的各项工作落到实处。

四是加快工资支付保证金制度建设。根据劳务工实名制和工资分账管理的实施情况，草拟工资支付保证金制度草案，并向深圳市各有关部门征求意见。该制度草案明确了工资支付保证金的收缴责任部门、缴存要求及比例、动用的条件及程序、退还的办法等，并明确建立工资支付保证金差异化缴存机制，规定对工资支付规范、三年内未发生拖欠工资问题的用工单位，可适当予以减免，对存在拖欠工资行为的企业则相应提高其缴存比例。同时为确保工资支付保证金专款专用，严格规范工资支付保证金动用的条件、程序及退还办法，对违法违规动用工资支付保证金的，要严肃追究有关责任人法律责任。

### （四）认真落实劳动监察工作要点及重点制度，推动劳动监察业务规范化，全面推进依法行政

一是制定实施劳动监察年度工作要点。制定实施《2017年深圳市劳动监察工作要点》，对全年工作制定总体规划，明确重点做好劳资纠纷风险预警、打击拒不支付劳动报酬犯罪行为、推进劳资纠纷分类处置和劳动保障违法信息公布制度等工作。

二是组织劳动监察业务考评工作。组织开展全市劳动监察业务考评工作，对照《2017年度劳动监察重要工作暨两网化建设考评评分标准》，通过网上考评、现场考评、案卷评查等方式，对各区完成劳动监察重要工作及两网化建设的情况进行综合性评价，重点对欠薪治理、劳资纠纷

隐患排查化解、劳资纠纷风险预警信息化平台应用、30人以上劳资纠纷信息报送、网上办案网格化管理、劳资纠纷应急指挥（处置）中心建设、违法信息公布、双随机抽查等工作进行考评，进一步促进深圳劳动监察业务建设。

三是落实劳动监察双随机抽查制度。根据国家、广东省、深圳市关于推广随机抽查规范事中事后监管的相关要求，结合实际，认真落实《深圳市劳动保障监察执法双随机抽查工作办法（试行）》，建立随机抽取检查对象、随机选派执法检查人员的劳动监察双随机抽查机制，进一步完善劳动监察内部监督机制、规范劳动监察执法行为、提升办案质量和水平。

四是落实劳资纠纷群体性事件协同处置制度。为强化全市劳动监察力量的统筹协调，根据《关于建立劳资纠纷群体性事件协同处置制度的通知》要求，落实由事发地区劳动监察机构主办、其他区劳动监察机构提供支援的协同处置机制，确保快速、妥善化解群体性事件。

### （五）继续强化劳动监察"两网化"建设，推进网上办案，进一步提升监察执法效能

一是完善网格管理体系。按照"属地管理"原则，以街道或社区为基本单位划分网格，建立起"横向到边、纵向到底、人员落实、责任明确"的网格管理体系。全市共有10个区（新区）、57个街道、710个社区基础网格，每个网格均指定了网格责任监察员，并按要求安排了办公场所，配备了计算机等办公设备。

二是推进全市劳动保障监察信息系统使用。全市各级劳动监察机构按要求使用劳动监察信息系统录入各类违法案件，实现案件网上流转，实现案件全程跟踪和预警催办。同时，依托信息系统，进一步规范用工摸排、案件处理、分类监控和统计分析等工作，提高依法行政水平。

三是督促用人单位上网自主申报用工信息。结合《深圳经济特区和谐劳动关系促进条例》，印发宣传册，要求各区在辖区范围内发放宣传册并督促用人单位上网自主申报用工信息。

### （六）加强督查指导，坚持"五个到位"，狠抓大要案查处

高度重视大要案查处，切实加强案件督查和业务指导，对重点劳资纠纷案件和劳资纠纷群体性事件，市、区及各相关部门协同配合，坚持做到"五个到位"。

一是领导重视，组织得力，处置部署到位。按照处置工作总预案和各专项预案的要求，分析研判事态发展，迅速调配力量，及时做出部署。

二是企业履行主体责任，政府总体导向，方向把握到位。政府督促企业履行处置事件的主体责任，协助指导企业制定相关员工补偿和安置、员工沟通、企业资产处置、债权债务处置等各项工作预案。

三是部门分工合作，强化沟通，工作措施到位。各职能部门按照突发事件应急预案管理办法、劳资纠纷分类处置工作意见等有关要求，积极履行部门职责，切实做好部门协作分工，并强化信息互动和沟通协调，充分发挥部门合力处置事件。

四是上下一体，一线处置，现场指挥到位。相关部门及时摸清劳资双方底数，掌握员工动态，关注关键少数，做好现场处置。

五是整体推进，重点突破，处置策略到位。在准确掌握员工思想动态和企业情况的基础上，充分分析研判，及时制定整体推进、重点突破的处置策略。加大法律法规宣传和员工沟通对话力度，引导和帮助员工做出理智选择。对舆论关注的案件，及时与媒体沟通，正确引导舆论，消除不良影响。

## 二 劳动监察工作面临的困难和挑战

当前深圳经济社会"三期叠加"阶段性特征明显，新经济业态涌现，部分企业生产经营压力加大，用工不规范甚至侵犯员工合法权益现象依然存在，员工维权意识强，维权组织性强，利益诉求往往超出法律基准，使劳动监察工作面临新的困难和挑战。

### （一）"三期叠加"阶段劳资纠纷风险加大

当前深圳经济社会增长速度换档期、结构调整阵痛期、前期刺激政策消化期"三期叠加"阶段性特征明显，部分企业生产经营面临的困难增多，经济领域的风险可能进一步向劳动关系领域传导，部分企业可能存在欠薪断保、规模裁员等风险，从而引起群体性劳资纠纷风险。

### （二）新业态劳动用工管理不规范

深圳创新意识强，市场反应灵敏，近年新经济业态不断出现，产业结构业态丰富，新业态劳动用工为适应经济多元化、需求多元化，表现出多元化、多层次、多样性的特点，但新业态劳动用工管理规范化水平亟待提高，加班工资计发、社保缴纳等权益保障方面劳资纠纷不断出现，处置难度加大。

### （三）群体性劳资纠纷调处难度增大

近年来深圳群体性劳资纠纷的总量有所下降，但调处的难度比较大，难点主要集中于经济补偿金问题。例如，按照市中院的判例指引，企业市内搬迁无须支付经济补偿金，一些企业选择通过多次市内搬迁来规避经济补偿金，员工一旦知晓企业有搬迁动向便要求企业支付经济补偿金，此类纠纷调处难度非常大。

### （四）员工非理性维权导致问题复杂化

近年深圳发生的群体性劳资纠纷中，员工诉求超出法律基准的，达半数以上。在劳资双方的利益博弈当中，一旦出现纠纷而员工诉求得不到满足，员工往往抱团维权，甚至采取跳楼、堵路和越级上访等非理性的过激行为，或利用社会、媒体舆论影响，向用人单位、政府部门施加压力，大大挤压了劳动监察部门依法调处劳资纠纷的时间和空间，打乱了劳动监察部门依法办案的节奏，导致问题复杂难以快速有效解决。

## 三 当前劳动监察工作主要存在问题

### (一) 劳动监察现有力量薄弱

随着新商事登记制度的实施,近年来新登记的企业越来越多,截至2017年底,深圳全市登记商事主体近300万家,而全市专职劳动监察编制只有161名,劳动监察执法力量有限,任务繁重,劳动监察范围大、维权维稳任务重与执法力量不足的矛盾仍然十分突出。

### (二) 劳动监察维权维稳压力大

尽管近几年来深圳劳资纠纷总体呈下降趋势,但劳资纠纷总量仍然较大,重大纠纷事件时有发生,且事件的复杂性及处置难度不断加大,如2017年发生的新一佳、沃特玛、城市厨子、昱科环球等劳资纠纷群体性事件,涉及多个区、员工众多、影响面广、处置难度大。与此同时,上级部门对维权维稳工作要求越来越高,劳动监察部门面临着依法行政与维护社会稳定的双重压力。

### (三) 劳动监察业务规范化水平有待进一步提高

深圳十个区(新区)除盐田区外,其他各区(新区)尚未按要求开展劳动保障监察指挥(处置)中心建设工作,有些区(新区)仍然未能按要求将案件处理信息及时录入全市劳动保障监察信息系统,导致系统数据与报表数据存在较大差距,劳动监察信息化有待进一步加强。个别区在跨区、重大劳资纠纷事件处置中未能及时落实全市统一处置方案和相关工作部署,还存在处置反应滞后、信息报送不及时不规范等问题。

### (四) 部门沟通协调机制有待进一步加强

劳资纠纷群体性事件预防化解处置、工程建设领域欠薪纠纷处置、打击拒不支付劳动报酬犯罪等工作，涉及部门较多。深圳市、区两级劳动监察机构重视部门沟通协调，与维稳、公安、住房建设等部门已建立了常态化的合作机制，但与其他部门在信息互通、联合执法等方面的沟通协调机制还不够完善，有待在今后的工作中进一步加强。

### （五）工资保证金制度的建立仍存在一定困难

国家和广东省多次要求各地市尽快建立建筑行业工资保证金制度，并将建立工资保证金制度列入近年相关工作考核。深圳近年积极推进工资保证金制度的建立，但是，由于法律法规还未对缴交工资保证金标准、程序及相应的法律责任做出规定，如强制要求企业必须缴交工资保证金及设定相应的法律责任，否则将面临行政风险，相关制度的建立仍面临一定困难。

## 四　2018年工作思路

### （一）保持工作力度不减继续做好欠薪治理工作

贯彻落实《国务院办公厅关于全面治理拖欠农民工工资问题的意见》精神，全面施行新修订的《广东省工资支付条例》，进一步落实建设领域工人工资分账管理和用工实名制，深化治理建筑领域拖欠农民工工资问题。加强两法衔接工作机制，加强行政执法与刑事司法联动，联合公安机关加大对拒不支付劳动报酬犯罪案件打击力度，对移送司法机关的案件，一律纳入"两法衔接"工作信息共享平台，从速做好调查、移送、侦办、审查批捕、审查起诉和审判等工作。健全"黑名单"制度，加大恶意欠薪违法典型曝光力度。

### （二）加强劳动保障监察日常执法监管

坚持以预防为先，进一步加大日常巡视检查力度，突出对重点地区、重点行业、重点企业的执法检查，实现劳资纠纷风险高发行业、企业全覆盖，

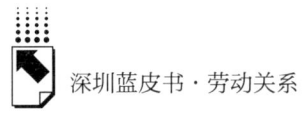

及时发现和预防劳资隐患，依法规范企业用工行为，营造企业依法劳动用工良好氛围。定期组织开展以整治欠薪、打击非法用工、禁止使用童工等为主要内容的专项执法大检查，坚决查处用人单位违法用工行为。建立健全企业劳动保障守法诚信制度，落实重大违法行为社会公布制度。进一步畅通举报投诉渠道，做到快受理、快立案、快查处、快结案。坚持依法分类快速介入稳妥处置的原则，确保群体性事件平稳可控。

### （三）完善隐患排查风险预警和分类处置并重的劳资纠纷预防化解机制

一是抓好劳资纠纷预防排查。坚持以预防为先，以日常检查和专项检查为抓手，及时发现和消除劳资隐患；依法查处企业违法行为，营造企业依法劳动用工良好氛围，从源头上降低劳资纠纷发生率。二是抓好群体性劳资纠纷应急处置。进一步建立健全群体性劳资纠纷应急处置工作机制，优化督查指导、部门联动、信息报送等工作机制，提高劳资纠纷群体性事件处置效率，确保快速、妥善化解群体性事件。

### （四）全面推进劳动监察"两网化"管理

积极推进劳动监察指挥处置中心建设，实现应急指挥、研判、会商及日常监控、管理功能。对现有劳动保障监察信息系统进行升级改造，着重规范办案流程、建立权责清单数据库、梳理执法文书、加强执法证件管理，增设执法"双随机"工作信息化功能等。全面推进劳动监察信息系统使用，完善用人单位信息互联网申报平台，加快信息数据入库；日常巡查、专项检查、案件办理、群体性事件等信息全部实行系统网上运行，提升劳动保障监察"两网化"管理水平。

### （五）进一步强化各部门联动机制

一是人力资源保障、公安、综治维稳、信访、住房建设、工会、市场监管、税务等部门要互通信息，积极联动，发现有企业异动，及时通报，合力将劳资纠纷化解在萌芽状态。二是与住房建设部门加强合作，大力推行建筑施工单位工资分账管理制度，监督企业按时足额发放工资，力争有效解决建设领域拖欠工人工资现象。三是加强与公安机关的执法联动，共同加大对拒不支付劳动报酬犯罪行为的打击力度。

### （六）加大行政执法业务培训力度

在目前劳动者维权意识不断提高、和谐劳动关系构建工作难度不断加大的情况下，大力开展行政执法业务培训，采取集中学习、座谈交流等方式，加强对劳动法律法规、典型案例及热点难点问题的研究和学习，提高执法人员的业务能力，确保劳动监察执法工作的合法性和准确性，促进行政执法规范化和信息化建设，提升行政执法效能。

# B.6
# 广东地区工资收入差距研究

曾晓慧*

**摘　要：** 2017年，是广东提出率先全面建成小康社会的目标年。习近平总书记强调，全面建成小康社会，更难做到的是"全面"，突出的短板主要在民生领域。工资性收入作为居民收入的主要来源，是全面建成小康社会中民生领域的重要内容。本文从广东区域间工资收入的现状、存在问题及原因着手进行分析，研究提出衡量区域间工资差距的标准体系，为实现区域协调发展、全面建成小康社会提出对策建议。

**关键词：** 工资收入　差距研究　标准体系

近年来，中国经济发展进入新常态，面对复杂多变的经济环境和经济下行压力的挑战，广东积极推动经济转型升级，采取稳增长、调结构、惠民生、促就业等措施保持居民收入持续稳定增长，在"十二五"期间基本实现城乡居民收入增长与经济增长基本同步的预期目标。2018年是广东提出率先全面建成小康社会的目标年，习近平总书记强调，全面建成小康社会，更难做到的是"全面"，突出的短板主要在民生领域。工资性收入作为居民收入的主要来源，是全面建成小康社会中民生领域的重要内容。

---

\* 曾晓慧，广东省人力资源和社会保障厅。

## 一 工资收入差距基本情况

2017年广东城镇常住居民人均可支配收入40975元，增长8.7%，呈现稳步增长态势。工资性收入仍是居民收入的主要来源，如2016年广东城镇居民人均工资性收入占可支配收入比重为74.21%，相比2013年的77.97%略有下降，但仍是居民收入增长的主要力量。近年来，广东一直实施就业优先战略，认真落实和完善积极的就业政策，促进就业和自主创业，就业保持稳定，为工资性收入增长提供了有力保障。目前，广东城镇单位平均工资统计分为两个口径，分别为城镇非私营单位和城镇私营单位就业人员平均工资，具体情况如下。

### （一）城镇非私营单位平均工资差距

2016年，广东城镇非私营单位就业人员年平均工资为72326元，与2015年的65788元相比，增加6538元，同比名义增长9.9%。其中，在岗职工平均工资为72848元，同比名义增长9.9%。分区域看，2016年城镇非私营单位就业人员年平均工资由高到低依次是珠三角地区、粤北地区、粤西地区、粤东地区，分别为76288元、59630元、54789元和52576元，增长率从高到低依次为粤北地区10.6%、珠三角地区10.2%、粤西地区8.6%和粤东地区8.0%。珠三角地区工资名义增长率比粤东西北地区高1.1个百分点，最高和最低区域平均工资之比上升至1.45，比上年增加0.03（见表1）。分城市来看，地区间就业人员工资水平差距显著。广东省21个地级以上城市中，城镇非私营单位就业人员平均工资水平比广东省平均水平（72326元）高的地市仅有广州、深圳、珠海等3个市，其余18个地市均比广东省平均水平低。年平均工资最高的深圳（89481元）是最低的揭阳（48209元）的1.9倍。与往年相比，1990年平均工资最高的深圳（4304元）是最低的河源（1747元）的2.46倍，2006年平均工资最高的广州（36770元）是最低的揭阳（12342元）的

3倍,显示近20年来地区间工资的相对差距呈现逐步上升后缩小态势,即"倒U"字形走势,但绝对差距仍在扩大。与江苏等经济发展水平相近的省份相比,广东所属21个地市城镇单位就业人员平均工资中最高的要比江苏高一些,最低的要比江苏低一些,表明地区工资差距比江苏大一些。如江苏13个地市城镇单位就业人员年平均工资,最高的是南京,为78946元;最低的是宿迁,为51796元,最高为最低的1.52倍,低于广东的1.9倍。

表1 2016年广东城镇非私营单位分区域就业人员年平均工资

单位:元,%

| 地 区 | 2015年 | 2016年 | 名义增长率 |
| --- | --- | --- | --- |
| 珠三角 | 69201 | 76288 | 10.2 |
| 粤 东 | 48691 | 52576 | 8.0 |
| 粤 西 | 50450 | 54789 | 8.6 |
| 粤 北 | 53902 | 59630 | 10.6 |
| 合 计 | 65788 | 72326 | 9.9 |

说明:珠三角地区指广州、深圳、珠海、佛山、惠州、东莞、中山、江门和肇庆;粤东地区指汕头、汕尾、潮州和揭阳四个市;粤西地区指阳江、湛江和茂名三个市;粤北地区指韶关、河源、梅州、清远和云浮五个市。

## (二)城镇私营单位平均工资差距

2016年,广东城镇私营单位就业人员年平均工资为48236元,与2015年的44838元相比,增加了3398元,同比名义增长7.6%,增速比2015年回落1个百分点。分区域看,2016年城镇私营单位就业人员年平均工资由高到低分别为珠三角、粤东、粤西和粤北,分别为50386元、41632元、37107元和35380元;同比名义增长率从高到低依次为珠三角8.0%、粤东6.9%、粤西5.5%和粤北3.1%。最高和最低区域的年平均工资之比为1.42,比上年增加0.06(见表2)。

表2　2016年广东城镇私营单位分区域就业人员年平均工资

单位：元，%

| 地　区 | 2015年 | 2016年 | 名义增长率 |
|---|---|---|---|
| 珠三角 | 46638 | 50386 | 8.0 |
| 粤　东 | 38948 | 41632 | 6.9 |
| 粤　西 | 35183 | 37107 | 5.5 |
| 粤　北 | 34321 | 35380 | 3.1 |
| 合　计 | 44838 | 48236 | 7.6 |

## 二　地区间差异总体情况

粤东西北在地理位置、经济发展、公共服务、人才集聚等方面都与珠三角存在很大差异，主要体现在以下几个方面。

一是区位的差异。珠三角地区所处地理位置独特、优越，处于珠江下游及出海口，邻近香港、澳门，海陆交通都极为便利，有利于其吸引外来经济投资、社会资源。在改革开放初期，珠三角地区受港澳台的投资带动影响较大，借助港澳地区和其他国家产业中的"三来一补"，以及广东省内的优惠政策倾斜支持，通过承接相对低端的加工业转移，实现了整个区域经济的快速增长，并积累了雄厚的资金基础。而粤东西北地区相对来说交通基础较为薄弱，地理位置相对较差，其中粤东地区为邻近福建的沿海地区，并与珠三角地区的惠州、东莞相邻，区位相对较好；粤西地区具备临海型重化工业基础，也有较好的区位条件；粤北地区为山区，山地丘陵较多，对外交通较为不便，在广东省各区域中区位条件最差。

二是人力资源的差异。珠三角地区经济发达，具有良好的经济发展前景，经过长期外向型经济发展积累了更加宽广、丰富的发展平台和发展资源，为各类人才提供了更多的个人发展机会。经过多年高速发展的积累，珠三角地区在工资等各方面待遇水平具有较高的竞争力，并拥有更加完善的生活、教育、医疗、科技等公共基础服务环境，有利于吸引全国各地乃至海外的各类人才。而由于经济基础较差，薪酬待遇缺乏竞争力，发展环境较为狭小，粤东西北特别是粤北山区难以吸引和留住人才。广州、深圳、东莞、中山等珠三角城市在教科文卫方面的投入比例明显大于其他大部分城市。

三是产业结构的差异。珠三角地区、粤东西地区、粤北山区的经济结构中三大产业构成比例差异明显，形成产出水平差距较大的现状。经过多年实施的改革发展和产业转移战略，珠三角地区的产业结构已较为优化，第一产业比重逐步降低，第二、第三产业比重逐步提升，初步形成以高科技产业为先导，以第三产业的服务业带动发展的产业结构。粤东地区则形成以轻工业为主导，以劳动密集型企业为轻工业主体的产业结构。粤西地区的地理环境中具备较为丰富的油气资源，重化工业成为粤西地区产业的主要支柱。从发展初期，珠三角地区就具有较高的经济、收入水平，形成该地区比粤东西北地区更高层次的需求结构，形成资源的优化配置，并进一步带动产业结构转变升级。

四是区域环境质量差异。珠三角成为全国经济总量最大、覆盖面积最广、受惠人数最多的国家环境保护模范城市群。近年来，广东大力促进粤东西北地区加快发展，通过加强产业园区扩能增效、加大交通基础设施建设力度、扩容提质中心城区等三大举措，促进粤东西北地区主要经济指标发展，该区域经济发展增速持续高于全省和珠三角地区平均水平，发展质量效益进一步提升。地区差距有所缩小，但仍然较大。据统计，2000～2013年广东地级市之间的变异系数、基尼系数、相对平均离差和泰尔指数等，均呈现比较明显的"倒U"形态。2005年、2006年是区域经济差异演变的一个拐点。在此之前，区域差异呈上升态势；在此之后，区域差异出现下降的趋势。区域经济发展差异系数从2010年的0.680降至2016年的0.660。

## 三 地区间工资差距的原因分析

广东地区间的经济发展不平衡，经济结构差距大，产业发展不协调，是形成地区工资收入差距的主要原因。主要体现在以下四个方面。

### （一）珠三角与粤东西北区域间的绝对差距仍在拉大，发展不均衡问题仍十分突出

统计部门数据显示，2017年，广东实现地区生产总值89879.23亿元，按汇率折算达到13315亿美元左右，在2016年超越位居世界第14位的澳大利亚。但在经济快速发展形势下，地区差距依然显著并仍不断扩大。1990年，珠三角、粤东、粤西、粤北的地区生产总值分别约占全省的63.2%、11%、13%、12.7%。随着广东经济的持续稳定发展，地区差异呈逐步扩大态势，差距更加显著。到2016年，广东地区生产总值达到79512.05亿元，占全国的10.7%，其中珠三角、粤东、粤西、粤北的地区生产总值分别为67841.85亿元、5893.19亿元、6491.93亿元、5328.69亿元，珠三角地区的生产总值占广东地区生产总值的比重达到79.3%，粤东西北地区仅为20.7%，其中粤东、粤西、粤北分别占6.9%、7.6%、6.2%。珠三角地区的经济总量是粤东西北地区的3.83倍，并分别是粤东、粤西、粤北地区的11.47倍、10.38倍、12.74倍。表明在广东的经济发展过程中出现两极分化现象不断加深的状况，即发展较快的区域经济发展越来越快，而相对落后的地区则发展更加缓慢，呈现"马太效应"。

从统计数据来看，2017年广东地区生产总值最高的广州是最低的云浮的25.4倍，地区差距极大。其中广州、深圳地区生产总值接近2万亿元，佛山、东莞超过5000亿元，汕头、韶关、阳江、肇庆、清远、揭阳六个市在1000亿~2000亿元，河源、梅州、汕尾、潮州、云浮五个市的地区生产总值在1000亿元以下。从人均水平来看，人均地区生产总值最高的是深圳157985元，最低的是梅州22155元（见表3），最高与最低之比为7.13∶1。

表3 广东各市地区生产总值及平均工资

| 市别 | 地区生产总值（亿元） | 人均地区生产总值（元） | 城镇单位就业人员平均工资（元） |
|---|---|---|---|
| 广　州 | 18100.41 | 136188 | 79534 |
| 深　圳 | 17502.86 | 157985 | 80839 |
| 珠　海 | 2025.41 | 124706 | 67754 |
| 汕　头 | 1868.03 | 33732 | 52299 |
| 佛　山 | 8003.92 | 108299 | 61572 |
| 顺　德 | 2586.69 | 102538 | 63045 |
| 韶　关 | 1149.98 | 39380 | 54117 |
| 河　源 | 810.08 | 26401 | 51172 |
| 梅　州 | 959.78 | 22155 | 3654 |
| 惠　州 | 3140.03 | 66231 | 58303 |
| 汕　尾 | 762.06 | 25283 | 47880 |
| 东　莞 | 6275.07 | 75616 | 53130 |
| 中　山 | 3010.03 | 94030 | 58649 |
| 江　门 | 2240.02 | 49608 | 53366 |
| 阳　江 | 1250.01 | 49894 | 49560 |
| 湛　江 | 2380.02 | 32933 | 49501 |
| 茂　名 | 2445.63 | 40324 | 52004 |
| 肇　庆 | 1970.01 | 48670 | 53689 |
| 清　远 | 1277.86 | 33392 | 59217 |
| 潮　州 | 910.11 | 33954 | 47887 |
| 揭　阳 | 1890.01 | 31255 | 44869 |
| 云　浮 | 713.14 | 29078 | 49565 |

## （二）区域内产业结构不合理，粤东西北三产发展相对缓慢

2017年广东实现地区生产总值89879.23亿元，同比增长7.5%，三次产业结构从2016年同期的4.6∶43.4∶52.0调整为4.2∶43.0∶52.8，第三产业占比提高0.8个百分点。总体来看，第一产业、第二产业、第三产业对地区生产总值增长的贡献率分别为1.9%、36.8%、61.3%。经济增长理论指出，经济发展的不同阶段，经济结构会出现不同特征，随着经济的发展，农业在整个国民收入中的比重不断下降，工业比重不断上升，服务业比重大体

不变或略有上升，经济的发展会导致产业结构不断优化。从四大区域看，珠三角地区的经济总量大，对地区生产总值的贡献约为80%，经济辐射和聚集力强。从近十年来的变化趋势看，珠三角地区产业结构由2008年的2.4∶50.3∶47.3调整到2016年的1.8∶42.2∶56.1，第二产业比重进一步降低，第三产业比重不断提高，发展变化与发达国家产业结构水准一致。但从珠三角地区的内部看，珠三角地区九市也呈现不均衡状态，第三产业比重达到50%以上的仅有广州、深圳和东莞，其他地市第三产业比重有待上升。

粤东西北地区近年的发展态势显示，区域产业结构均有所优化，但产业层次水平仍然不高，主要集中在第一产业、第二产业占比略有下降，第三产业占比略有提高。其中粤东地区产业结构由2008年的9.8∶54.1∶36.1调整到2016年的8.4∶51.6∶40.0，粤西地区产业结构由2008年的21.2∶43.4∶35.4调整到2016年的17.8∶39.5∶42.7，粤北产业结构由2008年的17.0∶50.4∶32.6调整为2016年的15.9∶38.2∶45.9。从粤东西北地区来看，粤东的工业发展水平较高，工业化阶段明显，第三产业发展相对较慢，占比为四大区域中最低。近年来粤西、粤北地区第三产业占比已提高到43%~46%，但与珠三角地区仍有较大差距。

### （三）粤东西北地区劳动密集型工业迅速增加，珠三角先进制造业加快发展

近年来，广东全省的劳动密集型工业比重总体呈持续下降趋势，全省劳动密集型工业占全部规模以上工业的比重从2007年的35.7%下降到2013年的34.7%，到2016年下降到31.6%。但从珠三角和粤东西北两大区域看，变化截然相反。珠三角劳动密集型工业比重呈持续下降态势，而粤东西北地区劳动密集型工业比重虽然比2011年、2012年略有下降，但仍比2007年略有上升。显示受珠三角地区产业结构调整和产业转移实施的影响，劳动密集型工业企业加快从珠三角地区向粤东西北地区流动。随着劳动密集型产业的陆续向外转移，珠三角地区的制造业逐步从轻型化向高级化和适度重型化转变。

## （四）粤东西北地区中心城市作用不突出，缺乏区域经济增长中心

按照区域经济增长极理论，通过重点推动具有优势的地区和产业发展，以增长中心的辐射扩散效应，带动周边地区和产业的发展，最终推动周边区域的经济发展。从区域经济发展的角度看，中心城市是一定区域内居于社会经济中心地位的城市。中心城市应当能够在一定区域范围内，具备相对有利的发展条件和良好的发展机遇，实现经济迅速增长，聚集各类资源、资金、技术、人才等生产要素，并通过经济成果的不断扩散，带动周边地区发展。

中心城市对区域经济增长的贡献作用，主要表现在经济龙头、极化聚集、扩散辐射、创新示范等方面。但粤东西北地区存在较大的问题，是各自区域内均未能形成具有突出地位的中心城市，未能产生较大的辐射带动作用。其中粤东地区的揭阳正在追赶汕头的原有地位，粤西地区的茂名经济总量已被湛江追近，粤北山区的韶关、清远经济总量接近且差距小。从反映地区差异的泰尔系数来看，在过去的十多年中，广东该指数呈现由低到高再下降的过程。当前广东整体经济差异仍然比较大，而且逐渐分化为珠三角地区的内部差异、珠三角和粤东西北地区间差异，粤东、粤西和粤北山区的内部差异相对较小，这也说明粤东西北地区仍没有形成中心城市突出带动的经济增长极。

广东各区域经济水平差距过大，带来明显的消极作用。一是区域经济发展差距过大，影响社会稳定。据测算，广东21个地级市基尼系数已达0.3463，尽管近年来已经不断缩小，但仍处于较高水平。收入差距过大，导致一系列社会问题，影响社会稳定。二是区域发展不平衡，导致区域之间基本公共服务水平差距较大，社会事业等发展相对滞后。与珠三角地区相比，粤东西北地区的教育、医疗等公共服务质量衡量指标都差距很大。教育方面，珠三角地区推进教育现代化先进县（市、区）35个，覆盖率为71.4%，推进教育现代化先进市6个，覆盖率为66.67%。医疗卫生方面，床位数最高的广州市是最低的潮州市的13.63

倍。粤东西北地区各项指标如人均受教育年限、每万人中大学生、科技人员、卫生人员的比例及文化设施等基本公共服务都明显落后。三是区域经济的较大差异不利于地区间的梯度转移。由于未能形成合理的梯度格局，各地区利益主体之间的利益冲突不断加剧，区域间的资源、市场等方面的竞争也不断增加，降低了区域经济的运行效率，制约整体的经济发展。

## 四　衡量因素分析

从区域协调发展的理论来看，衡量地区间差距的指标主要采用变异系数、基尼系数、相对平均离差和泰尔指数等。从统计部门数据分析来看，2017年广东以上系数均呈现比较明显的"倒U"形态。2005年、2006年是区域经济差异演变的一个拐点，在此之前，区域差异呈现上升态势，在此之后，区域差异出现下降的趋势，说明2006年后广东人均GDP的地区差异逐渐趋向缓和，工资收入差距同样显示差距同步缩小趋势，可见以上系数可作为基础数据用于衡量地区工资收入差距，但仍须进一步完善相关比较指标体系。

衡量地区工资收入差距的合理性及适度性，可在参考变异系数、基尼系数、相对平均离差和泰尔指数等指标的基础上，从不同维度进行比较分析，采用具有多层次、可比性、可测性和整体性的统计指标。从社会发展的经济层面看，可与体现经济发展水平的指标进行比较，如地区生产总值、人均地区生产总值等，体现社会资源配置的适度性。从社会发展的生活层面看，可与物价水平、居民消费支出水平、居民家庭人均可支配收入等指标进行比对，体现与经济发展、生活支出相适应的工资分配水平。从社会发展的效率层面来看，可与地区劳动生产率、人工成本投入产出效益等指标进行比较，体现与劳动贡献及效率的匹配性。从个体层面看，可与劳动者的工作经验、受教育程度、技能水平、专业技术水平等指标进行比对，来看其所获得工资报酬的匹配性。

## 五 对策建议

缓解地区工资收入差距,关键在于提升广东经济发展的协调性。区域经济协调发展是一个持续变化的过程,在不同阶段会产生不同的问题和挑战。因此,需要不断探索促进区域经济协调发展的对策,适应新形势,把握新变化,适时调整并制定与当下发展相适应的新战略,促进区域经济协调发展。

### (一)实施区域协调发展战略,推进粤东西北振兴发展

加快和优化经济发展是提高工资收入的基础。深入推进粤东西北地区振兴发展战略,加快转变经济发展方式,加快改造传统产业,提升存量经济,发展地方特色经济,补齐民生社会发展事业短板,加强粤东西北和珠三角产业共建,推动跨区域产业链对接。进一步加强对区域经济的合理布局,健全区域经济协调发展机制,把产业梯度转移作为产业共建的主攻方向,支持引导产业及企业有序转移。探索形成法规化的区域经济协调发展制度,进一步破除地方保护主义,牢固树立全局意识,突出抓好交通基础设施、产业园区、中心城区三项重点工程建设。通过全省统一规划和政策支持,实现区域间的良性交流互动。制定有针对性的粤东西北地区考核指标,增强区域间的联合协调。科学合理定位产业发展格局,最大限度降低同质竞争,实行区域梯度错位的发展战略。优化公共财政支出结构,向粤东西北地区倾斜。

### (二)推进粤东西北地区产业结构调整优化,促进实体经济持续健康发展

持续推进珠三角地区与粤东西北地区的分类发展战略,珠三角地区经过多年高速发展,当前发展战略以促进产业升级、调整产业结构为主,逐步向产业价值链中、高端发展转变,逐步向高效益、低排放的产业发展模式转变。大力推动粤东西北地区制造业转型升级,加大工业投资投入,加快推进珠江西岸先进装备制造产业带建设。加强对粤东西北地区技术改造的信贷支

持合作。加强粤东西北质量技术基础建设。推动粤东西北地区民营经济大发展和高水平发展，大力培育大型工业骨干企业。围绕先进制造业发展生产性服务业，推动粤东西北地区生产性服务业向专业化和价值链高端延伸，在粤东西北培育生产性服务业骨干企业。支持粤东西北地区积极参与"一带一路"建设，加强与沿线国家和地区基础设施互联互通。建成中心城市经济文化聚集区，强化与省内外经济圈、经济带的联系与对接，增强城市的竞争力和辐射带动能力。

### （三）坚持创新驱动发展，提升人工成本效益

随着资源环境约束不断强化、人口红利逐渐消失，人才是第一资源的重要性更加凸显。要着力培养具有创新思维和创新能力的拔尖人才、领军人才，加快培养掌握共享技术和关键工艺的专业人才，培养更多复合型人才进入新业态、新领域，强化人才激励和成果转化，使人才培养与产业发展需求更加吻合，提升人工成本效益率，从而提升广东企业核心竞争力，促进经济持续健康发展。

### （四）大力提高劳动者素质，增强劳动者提升薪酬能力

劳动者的素质在一定程度上决定了其未来收入的高低。从调查情况来看，技能人才的比例、工资水平仍有待提高。要充分发挥市场在要素配置和初次分配中的决定性作用，推动知识、技术、技能等要素按贡献参与分配。完善多劳多得、技高者多得的技能人才收入分配政策，鼓励企业健全职工凭技能、业绩和贡献确定收入分配和晋升职务的技能人才使用机制，提高高技能人才待遇水平。深入实施全民技能提升储备计划，大力培育发展技能人才，既是适应产业转型升级的需要，也带动广大产业工人增技能、增收入。

# B.7
# 盐田港区劳动关系治理实践与思考

刘定权*

**摘　要：** 如何加强盐田港区劳动关系系统构建和源头治理工作，形成长效治理模式和治理优势，将治理优势转化为港区核心竞争力，为湾区其他港区乃至全国其他港区劳动关系治理提供可复制可推广的新鲜经验，成为省市共建盐田区和谐劳动关系综合试验区的重要任务。本文对盐田港区近年来劳动关系治理的创新做法和成效进行总结回顾，对当前港区劳动关系面临的问题进行分析，并提出对策建议。

**关键词：** 盐田港区　劳动关系治理　和谐劳动关系

深圳盐田港区由于其独特经济社会地位和国际影响力，以及港资控股运营、全封闭的操作管理和"入厂包工式"的承包经营模式，劳动关系最为复杂敏感，一直是劳动关系治理的重点和难点。2007年，盐田港区发生了持续一个多月的大规模劳资纠纷群体性事件，严重影响港区正常生产经营秩序，引起各级党委、政府的高度重视和社会的普遍关注。当前，粤港澳大湾区已上升为国家战略，必将对以深圳港、广州港和香港港为代表的湾区"港口群"的发展带来重大而深远的影响，必将推动各港口间竞争合作格局的调整优化，必将对盐田港的吞吐量、航线、经营模式、劳动用工等带来一定的影响，特定时期可能会对港区劳动关系

---

\* 刘定权，深圳市盐田区人力资源局。

的和谐稳定带来冲击。在新的历史时期,如何加强对盐田港区劳动关系的系统构建和源头治理,形成长效治理模式和治理优势,并将治理优势转化为港区核心竞争力,为湾区其他港区乃至全国其他港区劳动关系治理提供可复制可推广的新鲜经验,成为省市共建盐田区和谐劳动关系综合试验区的重要任务。本文对盐田港区近年来劳动关系治理的创新做法和成效进行总结回顾,对当前港区劳动关系面临的问题进行分析,并提出对策建议。

# 一 盐田港区劳动关系概况

## (一)港区基本情况

1993年,深圳盐田港集团有限公司与香港和黄集团合资建立盐田国际集装箱码头有限公司(以下简称盐田国际),共同建设盐田港,其中香港和黄占73%,为控股公司。盐田港凭借得天独厚的自然条件,2015年吞吐量达到1216万标箱,占深圳港吞吐总量的50.25%,单港吞吐量一度位居全球第一。港区的核心业务由盐田国际直接经营,非核心业务发包给承包商。2016年底,港区内企业包括盐田国际及其19家承包商,共有员工6523人,其中盐田国际2255人,承包商员工4268人。

## (二)港区劳动用工的主要特点

相对国内其他港区而言,盐田港区的市场化程度和员工的组织化程度更高,盐田国际、承包商及员工之间的利益博弈更复杂多元;港区实行全封闭管理,24小时轮班连续作业,工作环境总体较差;盐田国际作为港区的经营管理者,为港区的正常生产经营建立起一整套港区操作的工作规则和流程,盐田国际和承包商的员工都必须严格遵守这些管理制度;盐田国际用工管理水平明显高于承包商,盐田国际员工的劳动条件和工资福利待遇明显优于承包商员工;承包商员工在工作现场要同时接受盐田国际和承包商的双重监督与管理；港区发生劳资纠纷，特别容易快速扩散、引发连锁反应。

### （三）港区劳资纠纷总体状况

2007年以前，盐田港区个别劳资纠纷较多，但很少发生30人以上的群体性劳资纠纷；2007年大规模暴发之后，总体趋于平稳，其间多次出现比较严重的不稳定因素，但因反应迅速、处置得当，事态很快得到有效控制。2008年以来，共发生30人以上群体性劳资纠纷12宗，其中盐田国际发生1宗，参与员工250人；承包商发生11宗，参与员工共1065人。2007年及以前，劳动者的诉求主要是底线型权利诉求，比如要求足额支付加班费、要求缴交社会保险、要求保证基本休息休假权益等。从2008年开始，劳动者的诉求开始转向法律基准之上的增长型利益诉求，比如要求提高工资待遇、要求民主权益等，其中因要求提高工资待遇引发的劳资纠纷有8宗，占78%。

## 二 近年来港区劳动关系治理的主要做法和成效

### （一）推动形成以盐田国际为核心的港区劳动用工管理模式

2007年事件以前，盐田国际认为同承包商之间只存在经济承包关系，对承包商执行劳动法律法规的情况及劳动关系状况不予关注，对政府实施劳动监察不予配合，导致承包商守法意识弱、用工管理水平差，不签订劳动合同、不缴交社会保险、不依法支付加班费、违法收取押金培训费等劳动违法行为普遍存在。2007年事件后，盐田国际开始意识到不只现场操作管理是一体，港区劳动用工也应当整体考虑，对承包商不只要关注承包业务的完成情况，还应当监管其执行劳动法律法规的情况，对政府的劳动监察执法和指导服务不再消极抵制而是积极支持配合。在盐田区人力局的指导推动下，盐田国际在操作部配备了专职人员对承包商的劳动用工进行监管，逐步形成了以盐田国际为核心的港区劳动用工管理模式，承包商遵守劳动法律法规的情况得到明显改善，基本做到了依法用工。

（二）推动建立统一规范的承包商劳动标准

2008～2011年，在盐田区人力资源局和盐田国际的共同努力下，港区承包商遵守劳动法律法规的情况得到明显改善，但承包商各自为政，相同岗位付出相同劳动，但工时制度、工资标准、工资结构、福利待遇等存在明显差异，加上彼此之间恶性竞争，由此引发了不少纠纷。2012年，盐田区人力局印发指导文件，牵头对港区劳动用工管理进行综合整治，帮助港区统一规范实施综合工时制，通过盐田国际要求承包商统一工时制度、统一工资结构、统一工资标准，逐步建立起统一规范的承包商劳动标准，从源头上避免了因相互攀比引发的劳资纠纷。

（三）推动建立港区工资正常增长机制。

港区员工最主要的诉求之一就是要不断提高工资福利待遇。港区工资正常增长机制的建立经历了漫长艰辛的过程。2007年事件发生后，盐田国际迫于压力，成立了工会，历经10年的发展与完善，已形成以"工资增长"为核心议题的比较成熟定型的集体协商制度。通过集体协商制度，盐田国际很快就建立了企业内部工资正常增长机制，每年10月开始收集议题，11～12月进行谈判确定第二年的工资增长方案。盐田国际的工资正常增长机制最初并未考虑到承包商，而承包商自身并没有涨薪的能力，最后导致承包商员工多次通过停工罢工方式要求提高工资福利待遇。在盐田区人力局的指导下，盐田国际从2013年开始将承包商员工的工资增长与盐田国际员工的工资增长一并考虑，每年盐田国际通过集体协商确定自身员工工资增长幅度后，参照该幅度经征求承包商意见后确定承包商员工工资的幅度，承包商员工工资增长的费用纳入盐田国际预算，通过适度统一提高承包费予以保障。港区建立统一的工资正常增长机制后，基本上没有再发生因要求提高工资福利待遇引发的群体性劳资纠纷。

**（四）推动形成多方合作、内外联动、快速反应的预警防范工作机制**

2007年事件的发生，深层次主要原因是政府与盐田国际及其承包商之间没有建立起良性互动的关系。2007年事件后，盐田区人力局主动加强同盐田国际的沟通联系，建立起良好的沟通合作机制。一是建立港区企业重大事项主动报告制度，凡是出现搬迁、大规模裁员、股权变更、业务明显减少等重大事项，盐田国际和承包商都第一时间向盐田区人力局报告，请求指导和支持；二是建立港区劳动关系矛盾分类调处制度，对重大劳资隐患，由盐田区人力局会同盐田国际共同商议确定调处方案后，由盐田国际牵头调处，对群体性纠纷，公安部门会同港区安保部门确保港区正常生产经营不受影响，同时盐田区人力局牵头进行具体调处；三是建立社会组织参与机制，由盐田区人力局委托专业机构，对重大劳资隐患提前介入，指导企业依法协调，引导员工理性表达，适时搭建协商平台，在五华装卸等多宗隐患或纠纷的处置过程中发挥了积极的作用。

## 三 港区劳动关系治理难原因分析

**（一）"入厂包工"用工模式导致港区劳动关系治理难**

盐田国际与承包商的管理模式本质上是"入厂包工"的用工管理模式，港区的用工因此表现为两种集体劳动关系，一种是盐田国际作为发包商，同自身员工形成了发展水平较高的劳动关系，另一种是承包商企业同员工形成了发展水平较低的劳动关系。两种集体劳动关系同在一个封闭区域，工资福利待遇、劳动保障、生存状态和心理感受存在显著差异，导致劳资关系隐患重重，一旦因用工标准的不公平发生纠纷，劳动关系更为复杂多变，调处难度加大。

## （二）集体协商保障机制不健全导致劳动关系治理难

盐田国际集体协商机制的建立对协调港区集体劳动关系起到了积极作用，尤其是近年来通过盐田国际的集体协商形成独特的港区正常工资增长机制，有效减少了因要求涨薪引发的群体性劳资纠纷。这一机制作用的发挥主要依赖盐田国际对"罢工"的恐惧和持续涨薪能力，但由此会带来两个问题：一是陷入谈判僵局怎么办，是否又重回罢工、妥协、再罢工、再妥协的怪圈；二是即使盐田国际有持续的涨薪能力，港区薪酬水平一旦远超其他港区，会不会对其他港区造成冲击。因此，集体协商保障机制的不健全，加深了港区劳动关系治理的复杂性。

## （三）港区封闭式管理和作业方式导致劳动关系治理难

港区员工一旦进入港区上班，基本上一直到下班都在港区内，很难随意进出，加上港区内生产管理严格，工作环境总体较差，大多数都是在露天、高温或高空状态下作业，工作强度大，安全隐患相对较大，自由度小；同时港区24小时连续作业方式会导致白班、中班、晚班经常转换和连续作业，身心容易疲累。港区员工这种工作生活状态，一旦受到唆使鼓动，容易引发群体性事件。

## （四）港区独特的经济社会和国际影响力导致劳动关系治理难

盐田港单港吞吐量早已突破千万标箱，是全球单港吞吐量最大的集装箱码头之一，稳居全国第一。作为经营国际航线的国际性枢纽大港，盐田港对深圳、广东乃至全国的经济发展都至关重要。多年的实践证明，一旦港区正常运转出现问题，大量集装箱运输车辆、货物不能正常进出，国际货轮不能正常靠岸和装卸货，会严重影响经济社会的正常运行，会严重影响盐田港的国际声誉。只要盐田港区出现群体性事件，都会引起各级党委、政府和社会的高度关注。盐田港这种独特的影响力导致港区员工议价能力和"集体行动"威慑力提高，也给港区劳动关系治理和劳动关系矛盾纠纷的调处增加了不少难度。

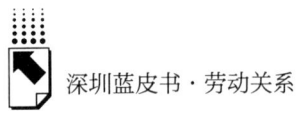

## 四 港区劳动关系治理存在的主要问题

### (一)港区自我调节劳动关系的能力与复杂多变的内外部环境不相适应

港区生产经营模式和用工环境的特殊性,要求港区要有非常强的自我调节劳动关系的意识和能力。近年来,港区整体劳动用工水平显著提升,但相对于复杂多变的港区劳动用工环境,相对于劳动合同法的高标准、严要求,相对于员工维权意识和能力的快速提高,港区自我调节劳动关系的能力明显不足。一是港区承包商劳动用工水平总体偏低、主体双方文化素质普遍较差,管理相对比较简单粗暴;二是盐田国际对承包商劳动用工的监管服务专业性不足;三是港区劳资沟通机制不健全;四是盐田国际特别是承包商发现隐患、协调关系、调处矛盾和应急处置能力偏弱。

### (二)对港区员工人文关怀和教育引导机制与港区员工的工作生活状态不相适应

港区内承包商员工教育程度低,作业环境差,工作任务重,生存压力大,加上各种利益关系交织,境外势力渗透,尤其需要党委和政府加强对港区职工队伍的人文关怀和教育引导,但目前总体情况堪忧。一是港区全封闭和连续作业的生产经营模式,导致各相关部门很难对港区内员工开展各种人文关怀活动;二是按照现有工会管理体制,港区内工会建设由市总工会下属的行业性工会负责指导,区、街道和社区工会很难加强对港区内员工的人文关怀,也因此导致各级基层总工会无法掌握港区员工动态,无法对员工进行正面的教育引导,无法参与港区劳资隐患和劳资纠纷的协调处置。

### (三)对港区和谐劳动关系建设的制度性干预与港区的特殊地位和影响力不相适应

港区的特殊性,需要政府加强对港区和谐劳动关系建设的制度性干预,确保港区劳动关系平稳可控。2016年4月，因海关监管政策调整，导致港区内查验场工人工资收入明显减少，出现比较严重的不稳定因素。这件事一方面表明影响港区劳动关系和谐稳定的因素复杂多元，另一方面也反映出政府的制度性干预机制不健全，有关政策正式实施前，没有提前沟通预警、没有提前做好应对。近年来，政府各相关部门虽然在港区劳动关系治理方面做了大量工作，也取得了显著成效，但总体来讲，对港区的治理还是比较碎片化，不够系统，政府和港区之间没有建立正式的共建机制，没有明确的治理目标、路径和时间安排。

## 五　对策建议

### （一）突出自我调节，强化主体责任，形成以盐田国际为主导的源头治理模式

要更加注重发挥盐田国际在港区和谐劳动关系建设中的主体责任和主导作用。一是明确盐田国际对港区和谐劳动关系整体建设的主体责任，在政府的指导下进行整体规划和系统建设；二是在盐田国际在做好自身和谐劳动关系建设的同时，要指导、监督各承包商加强企业内部和谐劳动关系建设；三是建立盐田国际、承包商、员工三方恳谈制度，定期研究港区劳动用工管理问题，共同促进用工环境的改善和生产效率的提高；四是加强港区特色和谐劳动关系文化建设，促进香港文化和大陆文化的融合，共同营造"和谐发展、合作共赢"的良好氛围。

### （二）突出问题导向，强化风险防控，确保港区劳动关系总体平稳可控

要针对影响港区和谐稳定的主要因素，强化政府的制度性干预，破解劳动关系治理难题。一是理顺工会管理体制，由区、街道总工会代表基层党委加强对港区工会建设的领导，参照盐田港口汽车运输业工会联合会模式，成

立盐田港区工会联合会，加强对港区员工的人文关怀和教育引导；二是推动建立港区劳动关系三方协调机制，一旦港区内集体协商出现僵局和存在群体性劳资隐患时，适时介入，提出倾向性指导意见，促使双方达成共识；三是建立冷静期制度，一旦港区发生严重影响港区正常生产经营的劳资纠纷群体性事件，由政府发布命令，要求用人单位和员工不得再采取任何过激行为。

### （三）突出治理优势，创建示范港区，进一步提升港区核心竞争力

区港联动、多方合作，开展和谐劳动关系示范港区创建活动，打造形成劳动关系治理优势，提升港区劳动生产率、管理效率和资源利用效率，巩固提升盐田港在粤港澳大湾区港口群中的比较优势，并示范引领推动各港口共同提升劳动关系治理水平。一是建立盐田港区和谐劳动关系创建领导协调机制，加强党委、政府对港区创建活动的组织领导和统筹协调工作，建立健全港区创建常态化工作机制；二是研究制定盐田港区和谐劳动关系评价指标体系，建立港区劳动关系常态化监测评估机制，定期发布港区和谐劳动关系指数；三是推动盐田国际建立对承包商企业的和谐劳动关系创建奖励制度，推动承包商常态化开展创建活动；四是建立港区第三方专业机构常态化监管服务机制，通过购买服务加强对承包商构建和谐劳动关系的指导、监督和专业服务，持续提升港区内劳动用工管理水平。

# B.8
# 深圳快递业劳动用工情况研究

吴丽莎 周晶 逢海鹏*

**摘　要：** 近年来，中国快递行业随着互联网和电子商务的发展迅速发展起来，在给人们带来很多便利的同时，也带来了一些问题。深圳快递业以年均30%以上的增幅快速增长，劳动用工方式也突破了传统模式，快递企业与劳动者之间的劳动关系也出现了一些新情况、新问题。本文在对深圳快递行业发展及企业劳动用工情况进行调查的基础上，分析深圳快递业及劳动用工方面存在的主要问题，提出有针对性的对策建议，推动维护快递从业人员劳动保障权益，助力行业健康发展。

**关键词：** 快递业　劳动用工　劳动保障

近年来，随着网络信息技术进步、商业模式创新及国家创新驱动发展战略的实施，"互联网+"平台经济、共享经济等新经济、新业态蓬勃发展。快递业作为新经济、新业态中具有代表性的行业，也是现代服务业的重要组成部分，是推动流通方式转型、促进消费升级的现代化先导性产业，已成为中国国民经济的重要产业和新增长点，在降低流通成本、支撑电子商务、服务生产生活、扩大就业渠道等方面发挥了积极作用，正如李克强总理所说，快递业关系经济民生，是中国经济的"黑马"。

国家高度重视快递业发展。2015年，国务院公布《国务院关于促进快

---

* 吴丽莎、周晶、逢海鹏，深圳市人力资源和社会保障局。

递业发展的若干意见》，2016年国家邮政局制定了《快递业发展"十三五"规划》。地方政府也将快递业发展放在重要位置。北京、上海、浙江、广东等绝大多数省区都出台了快递业发展指导意见，专门制定快递业发展"十三五"规划，部分副省级城市、地级市也出台了快递业发展专项政策。深圳市政府早在2014年就出台了《深圳市发展快递业管理规定》，2016年深圳市邮政管理局制定《深圳市邮政业发展"十三五"规划》，把快递业放在邮政业发展的重要位置。

得益于良好的政策环境、经济环境和市场环境，深圳快递业以年均30%以上的增幅快速增长，快递业劳动用工方式也突破了传统模式，更加灵活多样，用工关系呈现复杂性、多样性，快递企业与劳动者之间的劳动关系也出现了一些新情况、新问题。特别是顺丰速运公司于2017年2月24日上市，引发社会对快递从业人员劳动权益的广泛关注。为掌握深圳快递业劳动用工现状，发现问题和难点，促进快递业健康有序发展，调查组于2017年上半年对深圳40个品牌共计266家获得快递业务经营许可的快递企业展开调查，在此基础上形成此调查报告。

## 一 深圳快递行业发展基本情况

### （一）深圳快递业务收入、业务量呈高速增长趋势，分居全国第二、第三位

随着电子商务的发展、网络购物的兴起，快递行业快速发展。深圳快递市场主体活跃，据统计，截至2017年1月，全市获得快递业务经营许可的法人企业522家，分支机构516家，末端服务网点1468家，从业人员超10万人。深圳快递业以年均30%以上的增幅快速增长，2016年快递业务量累计完成20.45亿件，同比增长45.93%，居全国城市第三位，次于广州、上海（见表1）；快递业务收入累计完成298.34亿元，同比增长33.8%，居全国城市第二位，仅次于上海（见表2）。

表1 2016年快递业务量前十位城市

单位：万件

| 排名 | 城市 | 快递业务量累计 |
| --- | --- | --- |
| 1 | 广州 | 286698.2 |
| 2 | 上海 | 260274.4 |
| 3 | 深圳 | 204503.2 |
| 4 | 北京 | 196029 |
| 5 | 杭州 | 180473.3 |
| 6 | 金华(义乌) | 168962.4 |
| 7 | 东莞 | 106895.6 |
| 8 | 苏州 | 85093.3 |
| 9 | 成都 | 61463.1 |
| 10 | 温州 | 58652.7 |

资料来源：国家邮政局2016年邮政行业运行情况。

表2 2016年快递业务收入前十位城市

单位：万元

| 排名 | 城市 | 快递业务收入累计 |
| --- | --- | --- |
| 1 | 上海 | 7095144 |
| 2 | 深圳 | 2983449 |
| 3 | 广州 | 2754616 |
| 4 | 北京 | 2565681 |
| 5 | 杭州 | 1956944 |
| 6 | 东莞 | 1226029 |
| 7 | 金华(义乌) | 1196523 |
| 8 | 苏州 | 1141461 |
| 9 | 成都 | 692310.4 |
| 10 | 天津 | 634879.9 |

资料来源：国家邮政局2016年邮政行业运行情况。

## （二）民营快递企业在快递市场中逐步占据优势地位

网购需求的爆发式增长，催生巨大的国内快递服务需求，民营快递企业借此高速成长，不断壮大。除了中国邮政，目前国内快递市场上占主导地位的是以顺丰及"三通一达"（申通、中通、圆通、韵达）为主的民营企业。

此外，FedEx、UPS、DHL等国际大型快递企业也纷纷抢滩中国市场。

快递企业总部集聚上海，知名快递品牌"三通一达"总部都设在上海。北京、东莞、杭州、深圳也集中了不少快递企业总部。总部在深圳的知名快递企业有顺丰、跨越、递四方、友和道通等。

### （三）直营和加盟是当前国内快递市场的两种主流经营模式，快递行业边界不断延展

中国邮政、顺丰及大部分外资快递企业采用直营模式，而以"三通一达"为代表的众多民营快递企业则主要采用加盟模式。直营是指快递企业总部掌管所有权和经营权，集中领导、统筹规划，实行统一的核算制度，各直营店实行标准化经营管理。加盟是指快递企业总部通过与加盟商签订合作协议，在品牌使用、网络接入、服务标准和市场指导价等方面对加盟商做出要求；加盟商除了要向总部缴纳加盟费、面单费、中转分拨费、入库费和派件费等费用，其他自担成本、自负盈亏。加盟有一级、二级等多个层级，一级加盟商直接与快递企业总部签订加盟协议，二级加盟商则与一级加盟商签订加盟协议，在二级加盟商下，还有三级甚至更多层级加盟商。加盟模式使快递企业在投入较少的情况下，实现了业务经营的迅速扩张。

此外，在技术进步、商业模式创新及"大众创业、万众创新"政策倡导下，以网络送餐平台、网络众包配送为代表的新业态不断出现，拓展了快递行业边界。

## 二 快递业劳动用工基本情况

### （一）用工形式、数量及结构

**1. 快递业以劳动合同制用工为主**

调查显示，约89.04%的快递企业主要采用劳动合同制用工，辅以劳务派遣、业务外包、员工承揽等方式。在"双十一"等网络购物节期间，快

递企业通常会招聘小时工,解决短期用工缺口问题。5.25%的企业主要采用劳务派遣方式,还有5.81%企业采用业务外包方式。

2.行业流动性较大

调查显示,2016年1月,参加调查的266家快递企业约有员工45000人,2016年全年约有23000人离职,约有21000人新入职,流失率大约为35%。其中,流失率=2016年离职员工人数/(2016年初人员总数+2016年新入职人员数)。

当然,每个企业的员工流失率不同,22.56%的企业员工流失率在10%以内,21.05%的企业员工流失率为10%~20%,20.30%的企业员工流失率为20%~30%,13.53%的企业员工流失率为30%~40%。

3.高中以下学历的新生代农民工成为行业主力军

快递业市场巨大,而且就业门槛低,学历不重要,只要能吃苦就能胜任。调查显示,快递员超七成以上是35岁以下的高中(中专)以下学历人员,且以省外农业户口为主。从年龄看,快递员年龄集中在26~30岁,占53.76%;其次是31~35岁,占22.18%(见图1)。从学历看,快递员学历集中在高中(中专),占74.06%,初中及以下的占24.81%(见图2)。从户籍看,快递员的户籍以省外农业户口类型为主,占77.07%。

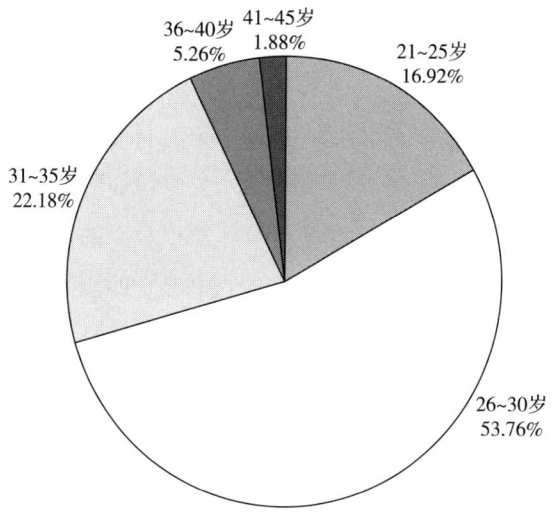

图1 快递员年龄结构

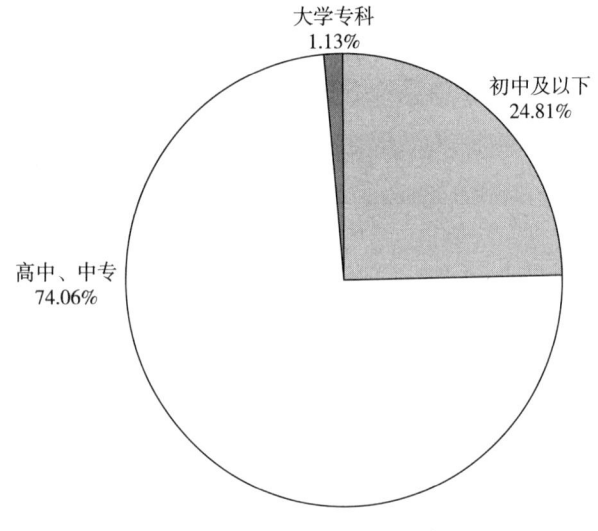

图2 快递员学历结构

## （二）劳动合同、薪酬待遇及休息休假情况

**1. 七成快递企业与员工签订劳动合同，且以短期劳动合同为主**

调查显示，74.44%的快递企业表示与快递员签订劳动合同，以1～3年的短期合同为主。采用直营模式经营的企业，以顺丰速运有限公司为代表，员工全部与企业签订劳动合同；采用加盟方式经营的企业，一级加盟商通常会与员工签订劳动合同，二级及以下加盟商中，具有法人主体的企业通常会与员工签订劳动合同，但以个体工商户或个人身份加盟的经营网点有相当一部分未与员工签订劳动合同，而是签订合作协议。以韵达南山桃花园网点为例，该网点共有员工4名，其中2名为网点老板，2名为快递员，网点老板自己都不清楚是韵达的几级加盟网点，也没有与快递员签订劳动合同。

**2. 快递从业人员月平均工资为4600元**

调查显示，快递从业人员平均工资为4600元/月（实得工资）。其中，收寄人员4776元/月，运输人员5299元/月，分拣人员3807元/月，投递人员4692元/月；客服人员3555元/月，财务人员3811元/月；管理人员6200

元/月（见表3）。

调查发现，快递员（主要是指投递人员）每月工资最高能达到1.5万元，当然这是少数，最低实得3500元/月，平均工资为4692元/月。快递员工资结构以计件方式为主，按收派件数量计算工资。2016年深圳人力资源市场工资指导价位（应发数、未作扣缴）高位值、中位值、低位值和平均值分别为24305元/月、4034元/月、2467元/月、5097元/月，快递员工资指导价位平均值为5259元/月，处于全市人力资源市场工资指导价位的中位值水平，略高于平均值，与本次调查结果基本一致。

表3　快递业不同岗位人员工资收入水平调查统计

单位：元/月

| 岗位层次 | 人员类型 | 全部实得工资收入 |
| --- | --- | --- |
| 一线人员 | 收寄人员 | 4776 |
|  | 运输人员 | 5299 |
|  | 分拣人员 | 3807 |
|  | 投递人员 | 4692 |
| 二线人员 | 客服人员 | 3555 |
|  | 财务人员 | 3811 |
| 三线人员 | 管理人员 | 6200 |
| 全行业平均水平 |  | 4600 |

说明：本次调查是抽样调查，可能与实际略有出入。

3. 快递员工作时间不固定，享有一定的劳保福利待遇

调查显示，快递员每天工作时间不固定，平均每天工作8~10个小时，每月休息4~8天不等，但在"双十一"网络购物节等高峰时期，工作时间会大大超出平常。快递企业通常会根据快递员的工作量来调剂工作时长，避免出现快递员过劳的情况。原因在于快递员的任务过大，会导致收发快件不及时，容易引发顾客投诉，进而对企业声誉和效益产生影响。73.31%的快递企业每年会放5~20天不等的年休假，通常会安排在春节期间。68.42%的快递企业按规定支付了高温津贴，会安排避开中午高温

时段延缓出仓派送时间，部分还提供风扇等纳凉工具及绿豆汤等防暑饮品。此外，68.80%的快递企业购买了补充医疗保险或定期组织职业健康检查。

### （三）企业内部协商机制建设情况

1. 快递企业工会及劳动关系工作机构不健全

调查显示，有3.51%的快递企业设立了工会，11.4%的快递企业设立了职代会，4.39%的企业设立了女工组织，7.02%的快递企业设立了职工权益委员会，15.35%的设立了劳动关系协调委员会，7.46%的企业有劳动争议调解委员会。

由于大多数快递企业没有工会组织，因此大多数快递员也没有加入工会。调查显示，63.16%的快递企业表示自己企业一线快递人员没有参加工会，只有26.69%的快递企业表示一线快递人员参加工会。

2. 集体协商机制缺失

由于没有工会，大多数快递员没有机会通过工会与企业开展集体谈判或签订集体合同以提高工资。目前快递企业提高员工工资主要是考虑单位业绩和经营效益、劳动力市场行情和薪酬水平、当地最低工资标准、企业负责人或董事会决策等因素（见表4）。

表4 快递企业工资增长参考因素调查统计

单位：家，%

| 快递企业提高员工工资参考因素 | 企业数量 | 占比 |
| --- | --- | --- |
| 单位业绩和经营效益 | 195 | 47.91 |
| 企业负责人或董事会决策 | 44 | 10.81 |
| 当地最低工资标准 | 55 | 13.51 |
| 工会与管理方的集体谈判 | 6 | 1.47 |
| 劳动力市场行情和薪酬水平 | 107 | 26.29 |
| 总计 | 407 | 100.00 |

## （四）北京、上海、广州、深圳快递员情况比较分析

调查显示，北上广深一线城市快递员在年龄学历、劳动合同、工资结构、社保缴纳、工作时间、休息休假、劳动保护等方面的情况总体相同，只是薪酬水平略有地区差异：上海快递员工资最高，月工资收入平均在5633元，随后是北京、深圳、广州（见图3）。

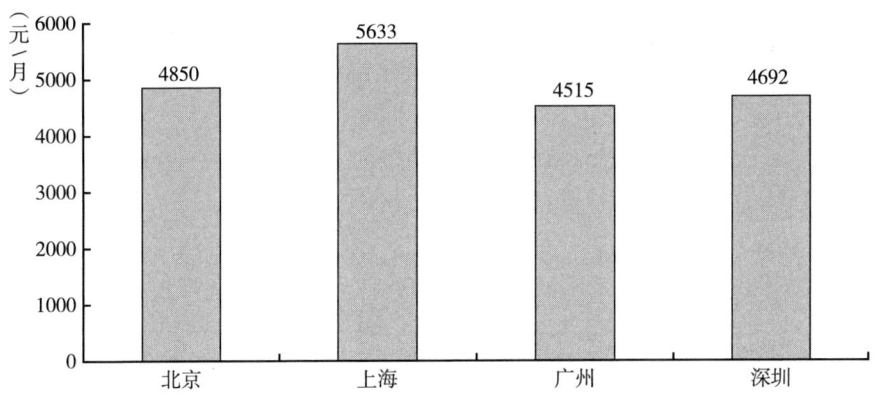

图3　北京、上海、广州、深圳快递员每月实得工资情况

## 三　快递业职工权益保障存在的主要问题和困难

### （一）加盟制的经营模式导致行业用工关系复杂，劳动关系认定难

快递业直营模式下劳动用工比较规范，以顺丰速运为例，该企业全部员工都签订劳动合同、缴纳社保。而加盟模式下，快递企业为快速扩张快递网络覆盖范围，或者为压低成本，采取转包、分包、委托、承包、承揽等多种加盟方式寻找合作伙伴代理快递业务，在促进企业迅速扩张的同时，也对传统用工方式形成挑战，劳动关系与民事关系夹杂，承包合作与劳动用工难以区分。

大多数快递企业对二级以下加盟商没有要求企业法人资格，门槛低，部分经营网点以个体工商户或个人身份加盟。加盟者在加盟时要交一定的押金或加盟费，当其权益受损时，加盟者往往又会以劳动权益受损到劳动行政部门投诉或申请仲裁，处理难度较大。一些网点聘请的快递员大多是亲戚、老乡、朋友，而且多是口头协议，在发生纠纷后，很难认定。

知名品牌快递企业的加盟商、合作伙伴或承包人，都以知名品牌名义从事经营活动，导致快递员在入职时，会误以为自己加入的是知名品牌快递公司，在发生争议时往往又因无法提供劳动合同、社保缴交证明或工资发放凭证等，难以界定与其建立劳动关系的主体。

此外，近年来一些快递企业、互联网公司积极发展网络送餐平台、网络众包配送等新业务，比如，顺丰公司推出的即刻送，还有网络公司设立的蜂鸟配送、达达配送等，平台公司与送餐员或配送员之间到底是劳动关系还是合作关系，在现有法律制度下难以认定。

**（二）行业劳动用工管理粗放**

中国快递业目前还处于发展壮大阶段，行业管理缺乏标准，进而导致劳动用工管理粗放。快递企业总部只是在品牌使用、网络接入、服务标准和市场指导价等方面对加盟商做出要求，在劳动用工等方面对加盟商缺乏控制；加上当前快递业竞争激烈，利润增幅收窄，很多加盟商为节省成本而粗放经营，影响了整个行业健康发展。快递业是典型的劳动密集型企业，农民工尤其是新生代农民工聚集，但在行业飞速发展的同时，用工管理没有同步跟上，水平粗放，滞后于新生代农民工对就业环境的期望。企业工会及劳动关系工作机构不健全，绝大多数从业人员没有参加工会，企业与员工的沟通渠道没有建立或者不健全。集体协商机制缺失，绝大部分快递企业没有开展开展工资集体协商，签订集体合同。提高工资主要是根据业绩和经营效益、劳动力市场行情、当地最低工资标准，由企业负责人或董事会决策，通过工会或职代会与管理方开展集体协商来调整工资的企业很少。

不签劳动合同和不缴社保费是行业潜规则。包括"三通一达"在内的知名快递品牌企业，也没有做到全员签订劳动合同。至于采取加盟、个人承包、委托经营的快递网点，普遍认为与员工是合作关系，更不会主动与员工签订劳动合同、缴纳社会保险。

### （三）快递从业人员劳动保障权益维护难

快递行业性质特殊，工作时间有很强的不确定性，工作场所主要在户外，流动性强，跳槽频繁，这些客观因素使快递员劳动保障权益难以得到有效维护。调查发现，快递员对是否签订劳动合同大多抱着无所谓态度，普遍表示不清楚什么时候会离开，最重要的是这个行业赚钱快，所以相当一部分快递员为获得高报酬，主动放弃休息休假，加班加点。关于快递业普遍存在的超过法定工作时间问题，由于快递企业一般都不考勤，快递员薪酬计算方式通常为计件，很难取到超时加班的证据。而且往往是劳动监察部门接到投诉举报线索到现场后，发现投诉举报者已经离职，很难找到员工调查取证，加上企业的配合度也不高，违法行为难以取证。

调查发现，超半数快递企业以最低工资标准为基数缴纳社保，存在未全员足额缴纳社保的情况，但社保部门受理的投诉企业未缴交社保的案件并不多。据了解，2016～2017年5月，深圳社保部门接到快递企业员工关于社会保险的投诉举报7宗，其中投诉企业未参保2宗，投诉企业未足额缴纳社保费5宗。这说明很多快递员对社保了解和关心不够，对企业不按规定缴纳社保的情况，多数快递员不太清楚也不理会，不会主动维护自身社保权益。究其原因主要有两个方面：一是如按规定缴纳社保，将会影响实得工资收入，减少实际拿到手的工资，导致快递员自身不愿意缴交社会保险；二是快递员大多是外地农村户口，在老家已有农村养老、医疗保险，就不愿意在深圳再次购买。

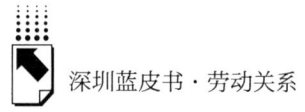

## 四 规范快递行业发展及劳动用工管理的对策建议

此次调查表明,快递企业大多能遵守劳动法律法规,员工的合法权益能得到基本保障,劳动关系保持稳定。但一些中小型快递企业、分支机构、经营网点则存在较多问题,劳动用工不规范。建议积极探索建立审慎监管和社会共治的管理格局,以科学精细的劳动用工管理,保障快递从业人员合法权益,构建和谐劳动关系,促进快递行业健康有序发展。

### (一)支持企业创新集约发展,促进行业转型升级

快递业劳动用工目前存在的问题,主要原因在于行业粗放发展。应着力推动快递行业创新发展,鼓励和支持企业运用新技术新模式改造现有业务流程,改善单纯依赖大量廉价劳动力现状,调整企业内部结构,引进先进的管理系统,提高运营效率,建立现代化的市场制度和企业制度,推动企业向集约化发展,促进行业转型升级。完善快递行业地方标准,按照深圳质量发展要求,研究制定快递业服务规范、快递企业等级评定规范、行业劳动定额定员标准等,推动行业规范有序发展。

### (二)推进科学精细的行业监管

一是对申请快递业务经营许可的企业,严格审查注册资本、经营场所等条件,及时查处无证经营企业,清理资质不符主体,规范市场经营秩序。二是规范快递业加盟模式,制定加盟协议示范文本,增加劳动用工和从业人员权益保障方面的条款,防止经营主体规避劳动法律法规。三是推动国家行业主管部门根据快递业发展情况,尽快制定出台快递员注册管理、快递加盟主体资格等方面的规定。

### (三)实行行业用工分类管理

一是加强快递业劳动用工问题研究,理清分包、转包、承包、业务外包

中的劳动关系与劳务关系。二是适应市场的多样化需求，对不同用工实行分类管理：对按照劳动法、劳动合同法等法律规定应当建立劳动关系的员工，严格按照劳动法律规定执行；对签订合作协议建立劳务关系的从业人员，则按照民法、经济法、合同法等法律规定执行，规范企业用工行为，提高劳动用工管理水平。三是制定快递业劳动合同示范文本，指导企业规范劳动合同、休息休假、工资支付等管理制度，守法用工。

### （四）加大劳动保障监察执法力度

一是畅通投诉举报渠道，提供窗口投诉、网上投诉等移种途径，严肃查处投诉举报案件。二是加强日常巡查，及时发现和纠正快递企业违反劳动保障法律法规的行为。三是开展专项执法检查，将快递企业遵守职工权益保护等法律法规情况作为重点检查内容。四是及时公布违法信息，强化信用约束。通过政府网站依法公布企业的行政处罚信息，将存在重大劳动保障违法行为的企业相关信息移送至中国人民银行深圳中心分行，将其纳入中国人民银行企业信用信息基础数据库，作为审办信贷业务的重要依据，提高违法者的失信成本，切实保障员工合法权益。

### （五）建立共治管理格局

建立快递业发展部门联席会议制度，由行业主管部门牵头，联合交通运输、人力资源、市场监管、公安等相关部门参加，定期召开联席会议，对快递业市场发展、劳动用工、交通管理等方面的问题进行研究，各相关部门各负其责，主动作为、创新监管方式，及时防范风险，形成促进快递业健康发展的合力。

### （六）推动行业自律发展

一是发挥行业工会作用，开展行业性集体协商，对薪酬福利、休息休假、劳动保护等重要内容开展协商，签订行业性集体合同，有效维护员工合法权益。二是推动建立行业性劳动争议调解组织，加强调解员队伍建设,将争议化解在企业、化解在基层、化解在萌芽状态。三是鼓励行业社会团体发挥服务、协调、桥梁纽带作用,在规划制定、政策研究、市场规范、信息统计、技术合作、人才培训、法律咨询等方面为企业提供帮助和服务,树立行业自律典范,以行业自身力量约束行业不正之风,促进行业自律。

中国现在执行这样的工时制度，普通劳动者每天工作时间不能多于8个小时、平均每周的工作时间总和不能多于44个小时。对那些实行计件工作的普通劳动者来说，他们的工作单位应当根据工时制度合理确定他们的劳动定额和计件报酬的标准。而且用人单位应当保证普通劳动者每周至少能休息一天。企业因为生产特点不能实行上述规定的，经当地劳动行政部门批准，可以实行其他工作和休息办法。从调查数据看，深圳84.8%的劳动者所在单位实行标准工时制，6.5%的劳动者所在单位实行综合计算工时制度，5.7%的劳动者所在单位实行不定时工时制度，另有3%的劳动者所在单位实行其他特殊工时制度。76.4%的劳动者每周的工作时间总和在44小时以内，另外还有23.6%的劳动者每周工作时间超过44小时。因此综合来看，深圳劳动者的劳动时间偏长。

## （二）部分城市劳动者的工作时间比较

从全国范围来看，上海劳动者平均每周的工作时间最短，仅为4.98天，汕头劳动者平均每周工作时间最长，达到5.71天。深圳劳动者每周工作时间为5.26天（见图1），在全国处在中游水平，与全国平均水平相近。

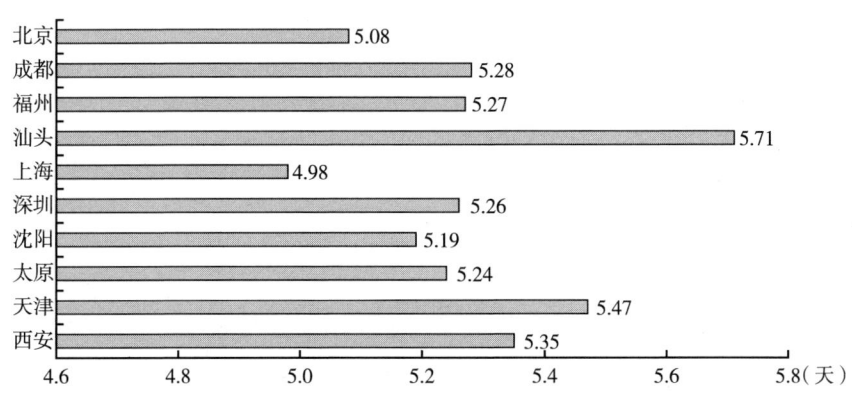

图1 部分城市劳动者每周工作时间

每月工作时间对比中,深圳劳动者工作时间较短,平均为20.17天(见图2),与其他城市相比处于中等水平。

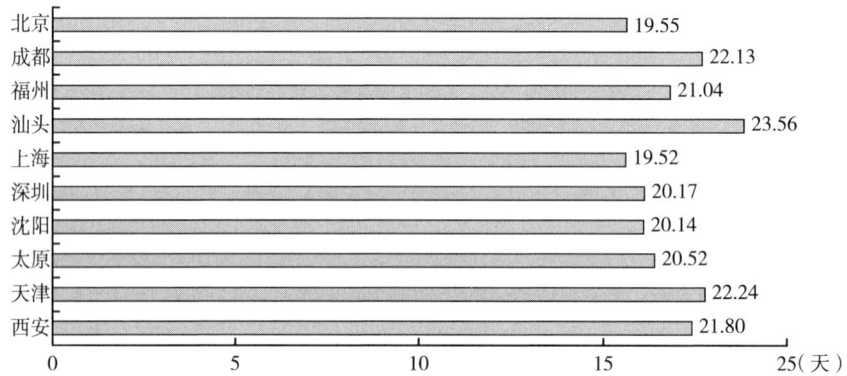

图2 部分城市劳动者每月工作时间

而在每周工作时间和最长一天工作时间的对比中,深圳的劳动者工作时间在全国各城市中并不是最长的。通过对比显示,工作时间长的城市实际上是汕头、天津、西安、成都等城市(见图3、图4)。从贯彻《劳动合同法》方面来说,深圳的工作还是比较到位的。

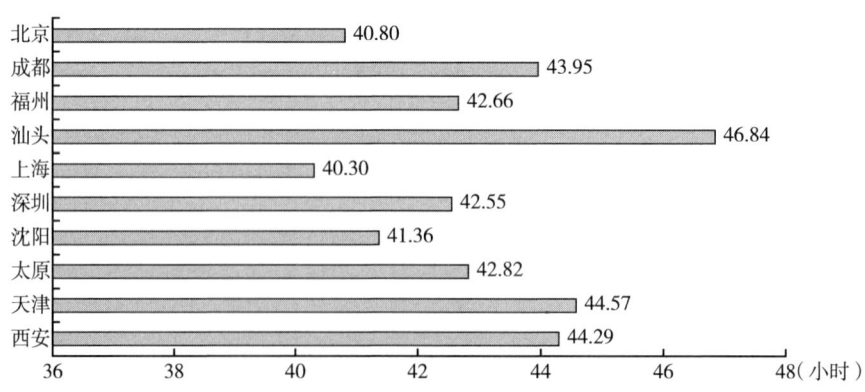

图3 部分城市劳动者每周工作时间

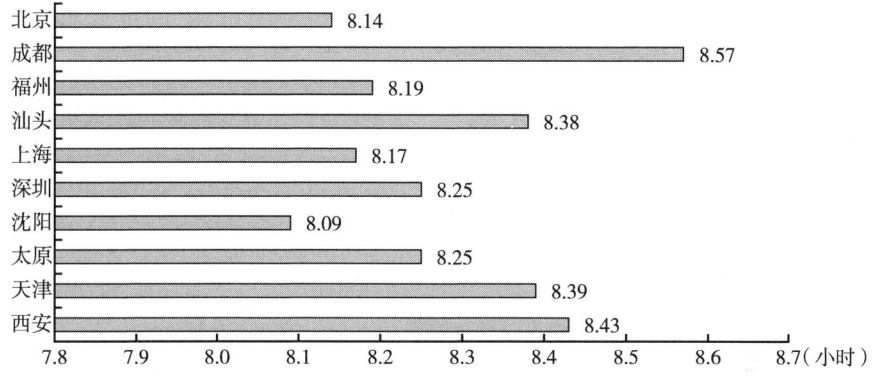

图 4 部分城市劳动者最长一天工作时间

## （三）不同维度劳动者的工作时间比较

关于劳动时间长短的问题，应该从多角度、全方位地进行分析，才能掌握深圳劳动者的真实劳动时间。而只有摸清底数，才能够采取更加有针对性、更加灵活的劳动保障措施，通过发布政府规范性文件来合理改变全体劳动者的工作时间，从而使劳动者能够实现合理均衡劳动，最终促使全社会劳动时间达到科学合理的水平。

男性比女性工作时间更长。调查显示，男性每周工作时间为43.28小时，女性每周工作时间为41.74小时，平均每周男性比女性多工作1.54小时。

总体来说，年龄越大工作时间越短，但30~40周岁年龄段是个特例，这个阶段劳动时间较长。35~39周岁年龄段的劳动者是工作时间最长的，达到44.12小时，50~59周岁年龄段的劳动者工作时间最短，仅有39.32小时（见表2）。

表2 不同年龄劳动者每周工作时间

| 年龄组 | 工作时间（小时） |
| --- | --- |
| 16~19周岁 | 43.55 |
| 20~24周岁 | 43.01 |
| 25~29周岁 | 42.71 |
| 30~34周岁 | 43.10 |

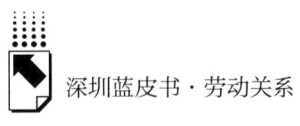

续表

| 年龄组 | 工作时间(小时) |
| --- | --- |
| 35~39周岁 | 44.12 |
| 40~44周岁 | 42.76 |
| 45~49周岁 | 41.02 |
| 50~54周岁 | 41.19 |
| 55~59周岁 | 39.32 |

调查显示，劳动者学历越高，工作时间越短。初中以下劳动者每周工作时间为48.71小时，高中学历的劳动者每周工作42.1小时，中专学历的劳动者每周工作42.3小时，大专学历的劳动者每周工作41.1小时，本科学历的劳动者每周工作40.9小时，研究生学历的劳动者每周工作40.6小时。

通过不同行业劳动者工作时间的比较分析，笔者发现了一个现象：批发和零售业劳动者的工作时间最长，每周工作49.83小时；住宿和餐饮业、制造业劳动者的工作时间也比较长，接近46小时。教育，居民服务、修理和其他服务业，国际组织等三个行业的劳动者每周工作时间较短，均不足40小时。

表3 不同行业劳动者每周工作时间

| 生产/经营/工作属于哪个行业？ | 工作时间(小时) |
| --- | --- |
| 批发和零售业 | 49.83 |
| 住宿和餐饮业 | 45.99 |
| 制造业 | 45.59 |
| 农、林、牧、渔业 | 44.39 |
| 科学研究和技术服务业 | 44.37 |
| 电力、热力、燃气及水生产和供应业 | 43.84 |
| 建筑业 | 43.53 |
| 水利、环境和公共设施管理业 | 43.35 |
| 信息传输、软件和信息技术服务业 | 42.79 |
| 租赁和商务服务业 | 42.57 |
| 交通运输、仓储和邮政业 | 41.81 |
| 房地产业 | 41.71 |

续表

| 生产/经营/工作属于哪个行业？ | 工作时间（小时） |
|---|---|
| 公共管理、社会保障和社会组织 | 41.64 |
| 文化、体育和娱乐业 | 41.43 |
| 卫生和社会工作 | 41.22 |
| 金融业 | 41.13 |
| 采矿业 | 40.09 |
| 教育 | 39.67 |
| 居民服务、修理和其他服务业 | 39.48 |
| 国际组织 | 36.67 |

数据显示，薪酬越高的劳动者，工作时间越长。每月工资3500元以内的劳动者每周工作40.81小时，每月工资3500~5000元的劳动者每周工作42.83小时，每月工资5000~8000元的劳动者每周工作43.38小时，每月工资8000元以上的劳动者每周工作43.52小时。

## 三　调查观点

### （一）深圳劳动者的劳动时间过长

从国内范围看，随着劳动法的实施、生产力水平的提高及双休制的推行，中国劳动者的工作时间总体上呈现越来越短的趋势，对比以前是有很大的进步。但是，特大城市如北京、上海、深圳、广州及省会城市劳动者的工作和生活压力还是比较大，他们满负荷甚至超负荷工作的也不在少数。调查显示，深圳劳动者年均工作2218小时，相比其他一线城市劳动者的工作时间要长。

从世界范围看，普通劳动者劳动时间较短的国家大多数是经济发达的西方国家，相比中国，他们的劳动生产率较高、劳动者综合素质较高、社会福利保障较高，生产水平、生产效率、综合素质及收入水平等方面差距使我国劳动者劳动时间延长。据统计，世界上很多国家劳动者的劳动时间都比中国短，比如巴西人的平均工作时间是1841小时，阿根廷人是1903小时，英国人平均工作仅为1677小时，日本人是1620小时，美国人是1610小时，荷兰人最低是1389小时①。

2006年5月深圳华为公司从事研发工作的胡新宇，因为所在部门要封闭研发新项目，他几乎每天晚上都在公司过夜，长期在实验室蹲点打地铺，不管加班到多晚，第二天早上依旧按时去上班。在持续加班近1个月后，最终因过度劳累，全身多个器官衰竭死亡。2015年3月，深圳36岁的清华硕士IT男张斌，被发现猝死在酒店的马桶上，他凌晨1点还发了最后一封工作邮件。据悉，他为赶项目常常加班到早上五六点，然后又接着去上班。去世前一天，他跟妈妈说"太累了"。

因此，不管是与国内还是国际相比，深圳劳动者劳动时间过长已经是不争的事实。

### （二）工时制度规范有待清理

在调查中，笔者发现有的企业采用5天工作制，每天工作8小时；有的企业采用6天工作制，每天不超过8个小时，每星期不超过44个小时，而且采用6天工作制的企业还比较多。但是总体来说，这两种做法都是有法律依据的，前者依据的是《国务院关于职工工作时间的规定》，这个文件中明确规定："职工每日工作8小时、每周工作40小时。"后者依据《中华人民共和国劳动法》的规定："国家实行劳动者每日工作时间不超过八小时、平均每周工作时间不超过四十四小时的工时制度。"但是在没有明确工时记录制度的前提之下，企业采用6天工作制，就有可能存在变相加班的现象，员工双休日的权益得不到保障。有的劳动者可以在双休日出去旅游、购物等，而有的劳动者周六还在上班，这在某种程度上是社会不平等的表现，对提高劳动者的积极性、提高全社会劳动生产率是有副作用的。

从法律法规发展历程看，从1994年3月1日开始，根据《国务院关于

---

① 参见2015年中国网时事评论员莫开伟《中国人劳动时间过长？》。

职工工作时间的规定》，全国各地开始实施劳动者每周工作44小时的工时制度。但是1995年3月，国务院修改了上述规定，要求从1995年5月1日起实施劳动者每周工作40小时的工时制度，并且沿用到现在。现在中国实行的工时制度体系于20世纪90年代中期成型，运行到现在已经快30年了，都没有进行过系统性的修订，已经难以有效适应当前社会发展的需要。另外，对于工作时间的定义，学术界也有很多种观点。有的专家认为，工作时间既包括实际工作时间，也包括从事相关活动的时间，还包括依照法律法规、单位制度而去参加社会活动的时间。比如某员工上午被领导派去广州开会，下午才到广州，那么开车路上的这3个小时就应该算是工作时间。还有的专家认为，工作时间的范围，不仅应该包括实际操作时间，还包括准备时间、结束时间及法定非消耗时间，简单来说就是在单位吃早餐的时间、中午休息时间、上厕所时间、下班等电梯时间、女职工哺乳时间等都要算在工作时间内。但从立法来看，中国现在执行的规范性文件都没有对工作时间做出专门的定义表述，实践中劳资双方、仲裁调解机构、劳动监察部门、法院等，对劳动者某个时间段是否应该属于工作时间存在认识不统一，认定也有较大差异。

另外，深圳出台关于特殊工时制度的规范性文件，结合深圳工时制度的特点，丰富了工时制度。文件规定用人单位因为其生产特点、工作特殊需要或自身职责范围的关系，没有办法按照国家统一规定实行标准工时制度，需要采取机动作业的，用人单位也可以采用不确定工作时间的工时制度。比如无法按标准工作时间衡量的高级管理人员、外勤人员、推销人员，需要机动作业的长途运输、押运人员、出租车驾驶员等，可实行不定时工作制。用人单位因为工作情况特殊，或者受到季节因素、自然条件影响，需要安排单位职工连续作业，没有办法按照国家统一规定实行标准工时制度，用人单位也可以采用以月、季、年等为周期的综合计算工作时间工时制度。比如交通运输业的司机不能开车开到一半就下班、渔业的工人不能出海到一半就返航等，受到季节和自然条件影响的资源勘探业、建筑业、旅游业等行业员工也是一样。这点也能从调查数据得到印证，深圳有6.5%的企业实行综合计算工时制度，5.7%的企业实行不定时工时制度。但是，特殊工时制度是相对标准工时制度来说的，企业的标准工时并没有一个统一规范的表述，是沿用《国务院关于职工工作时间的规定》确定的40小时基准，还是遵从劳动法规定的44小时基准？这对特殊工时制度的执行来说难度很大。而且由于行业限制，仅有少量的企业采用特殊工时制度，对一些确属需要，但是不符合现行特殊工时制度的企业来说，是比较尴尬的。

## 四　政策建议

### （一）有效缩短劳动者的劳动时间

制定一套社会政策制度，使其更加有效地缩短劳动者的劳动时间，并改善劳动者的劳动环境。从而让民众有更多时间用于休闲和消费，才能刺激内需增长，促进经济发展。

一是要加快推进深圳的产业经济结构转型，帮助劳动密集型产业向资本密集型和创新发展型产业转变。政府可以设立产业转型扶持基金，对转型中的行业适当进行资金扶持；也可以制定优惠政策，在税收、办公场地、人才培养等方面予以政策倾斜；抑或在较易规划的地区，比如深汕合作区设计产业园区鼓励产业集群发展。对于企业，要鼓励全市企业加大科技创新方面的资金投入，特别是新型产业技术、高新技术、传统技术革新等方面的投入，通过技术的提升提高全社会劳动生产率，为缩短普通劳动者的劳动时间提供坚实的技术支撑。

二是要加大对劳动者的保障力度，多方面提供政策支持，从而减少他们的工作时间。加大劳动者的社会保障力度，通过社会保险制度改革有效减少劳动者在养老、医疗以及抚养家庭等方面的支出，同时提高养老和医疗等方面的保障水平，以此减少劳动者的后顾之忧，同时严格落实带薪休假制度，从而为减轻劳动者的生活压力和劳动压力创造条件。加强劳动者的培训力度，通过建立终身职业教育制度，一方面，鼓励企业加大职工的职业教育培训力度，提高岗位适应性，进而提高工作效率，减少工作时间；另一方面，加大政府对职业教育培训的补贴力度，通过培训扶持政策，鼓励劳动者自觉参加培训，提高劳动者技能。

三是要加快收入分配改革，保障居民生活水平，减少居民政策性支出，提高劳动者实际收入水平，使劳动者能够更有尊严地工作和生活。通过财政转移支付制度，对东西部不平衡、沿海内陆有差距的财政现状予以调节，促进共同富裕；通过税收制度改革，将住房、教育、家庭抚养等因素综合纳入税前扣除部分，从而减轻劳动者的税收负担；通过提高最低工资标准，将社会劳动者整体收入水平适当提高，能够更好地提升劳动者生活质量；通过提高最低生活保障水平，为生活在社会底层的居民提供一个托底支撑。

### （二）梳理整合现有劳动时间法律法规

由于现在实行的劳动基准规范标准零散混乱，并且在逻辑关系方面也不清晰，我们要完善劳动基准法制，必然要先梳理及整合当前实施的规范，并在此基础上一一细化完善，形成新的标准。

一是调整修订相关法律法规。劳动法对劳动时间的表述太简略太笼统，难以形成统一标准，有必要进行适当的修订。我们可以将《国务院关于职工工作时间的规定》及现行政府劳动部门规章中涉及劳动关系工时的部分表述，纳入新修订的劳动法，从而充实标准工时、特殊工时的适用范围和方式在法律规定方面的不足。

二是统一工作时间标准。做好法律定义，确定一个唯一的"工作时间"标准，是计算加班小时数据的依据，也是考核职工是不是迟到早退的依据，同时还能够有效保障职工的休息权利。因此，劳动法应该对普通劳动者的工作时间予以法律界定，同时制定司法"构成要件"式的裁判指引，减少劳资双方在劳动时间及由此引发的各种劳动争议，促进劳动关系总体和谐。

### （三）加强工时政策的宣传，强化特殊工时制度审核把关

这些年只注重宣传《中华人民共和国劳动合同法》《中华人民共和国劳

动法》等主要法律，却在很大程度上忽视了工时制度的宣传和贯彻落实。很多劳动者不清楚"非标准工时"制度，用工单位和政府部门都是有一定责任的。

一是要让劳动者明白工时制度，使政策透明化。因此，应当加大工时制度的宣传，定期组织专题宣传活动，深入工业园和厂区、车间、作业流水线，将标准工时制度、不定时工作制和综合计算工时工作制的含义、区别和特点，用简单易懂的语言给工人们解释清楚。结合一些实际案例现身说法，将各种制度的区别和对工人自身权益的不同影响展现给广大职工，使厂区内的每一位工人不但知其然，而且知其所以然。通过宣传学习之后，工人们能够懂法，也能够用法维护自身合法权益，正确选择适合自己的工时制度。

二是规范工时制度审核，维护工时制度的严肃性。首先，严格执行深圳特殊工时审批制度，不能超范围审批，同时各级行政审批机关要深入企业，实地了解企业生产经营状况，能适用标准工时的，决不允许采用"非标准工时"。其次，政府部门要督促企业在一定范围内公开工时审批和执行情况，倾听汇总单位员工的意见，在一定程度上也要体现单位员工的意愿，让广大职工在实践中加深对工时制度的理解。

## （四）用市场的手段来调节劳动时间

劳动力市场的主角是劳资双方，政府并不是参与者，而只是市场的管理者。因此，我们应当用市场的手段来配置资源，给劳动者自由选择的空间，也给用工单位自由选择的空间。

一是让劳动者有休息的选择权。不能通过实施"一刀切"的办法来强制推行双休日工作制度，与其通过国家来管控休息假日，不如让市场来选择。应当尊重用工双方的需求，劳动者在入职前要充分了解所在企业实行的工时制度，企业应当通过写入劳动合同或单位内部规则等方式公示工作时间。同时应当加强工时的精准计算，解决通过6天工作制产生的变相加班却不支付加班费的问题。对于那些需要享受双休日待遇的劳动者，以及那些确实有必要实行每周工作6天的用人单位而言，应当充分发挥市场机制的作用，灵活用工，采用弹性工时制度来解决。

二是探索建立分行业的弹性工时制。虽然深圳特殊工时制度对部分职业劳动者进行特殊工时审批，但是调查显示企业行业对工时制度的影响远远大于职业。因此，如果能够探索建立分行业的弹性工时制，将使受益劳动者范围更广。建议在非常规工时制度的基础上，区分不同行业，根据不同行业用工单位对劳动力实际需求状况，灵活安排劳动者的工作时间。这里所说的分行业弹性工时制度，并不是现行的全日工作时制，而是根据不同行业特点实行部分就业模式，即该行业劳动者根据行业特点灵活自主选择工作时间，用工单位减少对某些专业技术人员的终身制雇工，同时增加部分工时雇工和兼职雇工。预计实行分行业弹性工时制度，会较大限度地释放就业岗位数量，这对缓解就业压力、优化配置人力资源、促进经济增长有较为显著的作用。

# 工会组织篇
## Union Organizations

## B.10
## 工会不是市场经济的旁观者
### ——"宝万之争"中的工会维权

王同信*

**摘　要：** 工会在市场经济条件下的作用愈发重要,在企业决定经营、管理和发展方面的重大问题过程中,工会和职工不应被当作旁观者。本文通过中国股票市场备受瞩目的"宝万之争"事件,反映深圳万科工会在深圳市总工会指导下,积极应对,履行职责,担负起稳定万科企业经营和维护职工权益的责任和义务,确保企业并购工作平稳顺利进行,同时提出让全社会关注企业兼并重组过程中的职工利益保护问题。

**关键词：** 股权变动　职工利益　工会履职

---

\* 王同信,深圳市总工会。

## 工会不是市场经济的旁观者

2015年7月开始,宝能系通过旗下深圳市钜盛华股份有限公司(以下简称钜盛华)和前海人寿保险股份有限公司(以下简称前海人寿)为主的"宝能系"在中国股市二级市场举牌万科,之后一路增持至第一大股东,被称为"资本市场的野蛮人入侵"。2016年,万科股权战愈演愈烈,一直延续至2017年,成为社会关注的焦点。随着事态的发展,万科职工和万科工会开始介入,成为影响事态发展的重要力量。对此,中国劳动关系学院魏倩博士评论道:"贯穿一整年的攻防交手之中,较为意外的是,站出来代表股东身份起诉野蛮人的竟然是万科工会。看起来实在是距离证券市场的血雨腥风极为遥远的劳动者组织——工会,在'万科宝能之争'中恰恰扮演了守夜人抑或是捍卫者的角色,为工会在上市公司治理结构中的作用提供了一次生动演绎"①。

围绕企业股权控制权的一场龙争虎斗,真的与工会、职工无关吗?当然不是。事实上,两家深圳企业在资本市场掀起的这场风暴从一开始就引起深圳市总工会的关注。在"宝万之争"中,以大小股东和管理层为代表的直接利益相关方及社会各阶层的代表人物悉数登场,纷纷展示自己,但很长时间内,一个最直接的利益相关方——万科工会及其工人却始终保持沉默。"宝万之争"剑指万科公司控制权,数万名万科职工的职业生涯和生存状态与此息息相关,太多职工将会因此而改变。很显然,工会和职工的沉默并不是一种正常的状态。

2016年6月,宝能提出罢免王石、郁亮在内的现任董事会、监事会成员,万科职工终于按捺不住。他们走上街头,拉出横幅,保卫万科,反对无故罢免管理层。万科工会紧急拜访深圳市总工会,请求支援。于是,在这场资本之争中,工会开始走上前台。

## 一 资本巨头剑指万科股权控制

万科成立于1984年,是一家扎根于深圳、伴随特区成长起来的企业,

---

① 魏倩:《临冬城的守夜人?——试论工会在上市公司并购中的角色和作用》,《深圳工运》2017年第1期。

现为世界最大的住宅开发企业，进入全球71个城市，是吴晓波笔下"中国公司30年发展至今最值得骄傲的标本之一"。2016年，万科实现销售总额3647.7亿元，销售面积2765.4万平方米，在国内房地产企业中持续位列第一，共有员工58280名。同年，万科入选"世界500强"，为深圳再添一家500强企业。万科公司长期实行股权结构高度分散化，以维护公司管理层对公司发展的话语权。

2015年7月10日，宝能系通过旗下公司前海人寿高调举牌万科A股，买入其5.53亿股股票。此后，宝能系多渠道、高杠杆募集资金，向万科发起数轮攻势，上演了一出"蛇吞象"的资本大戏。短短160天时间，就将26.81亿股万科股票收入囊中，以24.255%的持股比，轻松取代华润，登上万科第一大股东宝座①。而原来的第一大股东华润置地，此时的表现可谓态度暧昧。

宝能系的举牌，引发万科管理层的激烈反对。2015年2月17日，在北京万科的内部会议上，王石称"不欢迎'宝能系'成为万科第一大股东"，自此拉开"万宝之争"的序幕。

2015年12月18日起，为遏制宝能系的增持势头，万科申请A股停牌，牵手深圳地铁，拟实施"重大资产重组"。2016年6月17日，万科发布公告称，公司当天召开董事会，就发行股份购买深圳地铁资产的议案进行表决。若交易完成，深圳地铁将以20.65%的持股比例成为第一大股东，宝能系持股则由24.26%降为19.27%，华润的持股比例由15.24%被摊薄至12.1%，退居第三大股东。

2016年6月23日，宝能、华润发声明反对万科重组预案，同时矛头都指向内部人控制，质控万科管理层违背公司治理的基本要求，不利于公司长期发展和维护股东权益。6月26日，宝能以万科第一大股东身份提请万科董事会召开临时股东大会，审议罢免王石、郁亮在内的十名万科现任董事、监事的议案。随后，华润和万科董事会纷纷发声，不同意罢免议案，"万宝

---

① 杜冬东：《万科之战，宝能系得失》，《新财富》2016年7月。

之争"一时陷入混乱。

与此同时，舆论中也早已掀起"情怀派"与"市场派"的争论。"情怀派"认为，王石经营万科数十载，将理想主义和人文情怀注入万科的经营理念。面对这项罢免议案，王石自称自己的去留并不重要，只希望能留下万科的企业文化和价值观。而"市场派"则认为，"宝万之争"看似残酷，却是资本市场的常态，也是公司兴衰的规律。宝能系曾低调回应，相信市场规则的力量。这次爆发于资本市场的战役，在各方关注中愈演愈烈。

2016年6月30日，正在社会各界将目光聚焦资本纷争之时，万科员工前往深圳市政府请愿，提交《保卫万科请愿书》，并拉出横幅"抗议无故罢免搞垮万科体系文化"，反对无故罢免管理层。在万科职工队伍人心动荡的紧要关头，万科工会紧急求见深圳市总工会。

## 二 深圳市总工会的态度立场和处置意见

"宝万之争"中的员工动向在舆情中迅速发酵，引起社会各方面的高度关注，广东省总工会指示深圳市总工会密切关注。2016年7月2日，万科工会负责人紧急约见深圳市总工会领导，汇报万科工会持股情况及职工跟股制度，反映职工队伍重大不稳定因素，并寻求上级工会的指导和帮助。深圳市总工会高度重视。深圳市人大常委会副主任、深圳市总工会主席乔家华当即指示市总工会相关部门及时介入，指导万科工会采取应对措施，在万科股权之争中旗帜鲜明地维护职工切身利益和职工队伍稳定。事实上，发源于深圳两家企业的资本争夺战，从一开始引起了深圳市总工会的关注，相关部门一直在密切注视万科公司及其工会的动向。资本市场是现代经济发展中最重要的推动力之一，深圳市总工会尊重市场规则，对企业股权交易或者争夺不持立场。工会所关心的是，在企业股权的变化中，职工利益是否能够得到保障，劳资之间已经形成的规则是否能够持续。深圳市总工会的态度无关"情怀"，恰恰是源自于市场经济的规则。

现代市场经济的一个重要特征就是在全球范围内出现了规模巨大的资本

市场。通过这个市场的资金融通功能,把资金从所有者手中转向需求者手中,实现资金的重新配置和优化组合,充分发挥资金的流动性和效益性,从而推动商品市场的发展。资本市场作为市场经济中必不可少的生产要素市场,给商品市场也造成了重要影响,其中一个重要变化就是有了企业的自由交易。股票市场成为交易企业中的一个主要市场,通过股票的买卖,可以实现对企业所有权的转移和控制。然而,企业交易和商品交易不同,企业依附了大量劳动力,企业所有权可以自由买卖,但劳动力天然不具备商品化的特征。而一旦企业所有权易手,经常会带来企业发展方向和管理方式的改变,从而对企业员工利益产生直接影响。

近年来,中国资本市场规模的不断扩大,企业之间的兼并重组日益频繁。根据《中华人民共和国公司法》第十八条和《中华人民共和国工会法》第三十八条的规定,公司改制,决定经营、管理和发展方面的重大问题,制定重要的规章制度时,应当听取公司工会的意见,并通过职代会或其他形式听取职工的意见和建议。然而,众多企业兼并重组案例中,很少考虑到职工诉求,甚至还发生过侵害职工合法权益的行为,并最终造成大规模的群体性事件,对企业生产和社会稳定造成严重影响。

资本与劳动共同创造了企业财富,在企业股权变动和资产重组过程中,职工是重要的利益相关方,切实保障职工利益是现代市场经济必须遵循的基本规则。而工会从来都不是一个市场经济的看客,在企业股权变动和资产重组过程中,保障职工的切身权益和职工队伍的稳定,是当前工会工作适应市场经济发展需要面对的新挑战。万科工会主动求助深圳市总工会,反映了企业工会代表性的增强及维护职工权益的迫切愿望,同时也投射出万科公司"以人为本"的管理文化对员工的尊重。而深圳市总工会迅速反应,积极介入,一方面是要担负起维护职工权益和稳定万科企业经营的责任和义务;另一方面则是希望通过本次"标杆"事件,让全社会关注企业兼并重组过程中的职工利益保护问题,普及市场经济下的工会意识。

深圳市总工会秉持这一理念指导万科工会开展工作,多次与万科工会会谈，要求万科工会认真倾听职工意见，面对万科职工的担忧和疑虑，积极做好安抚和稳定工作，引导职工理性有序表达诉求，避免群体性事件的发生，保持万科职工队伍稳定。建议万科工会依据《中华人民共和国工会法》《中华人民共和国劳动合同法》等法律法规，立即启动职工代表大会和集体协商，运用法律手段维护职工合法权益。同时要求万科工会积极主动地加强万科工会的基层工会组织建设，调整万科工会组织体系，最广泛地团结广大职工群众。深圳市总工会坚定的态度和有针对性的意见得到万科工会的高度认同。

## 三 万科工会的维权行动

### （一）召开职工代表大会

职工代表大会是职工依法行使民主管理权力的机构，是全体员工、劳动者参与企业管理、企业发展及面对企业发展中各种问题的最基本形式。2013年10月23日，习近平总书记在同全国总工会新一届领导班子集体谈话时指出："要健全以职工代表大会为基本形式的企事业单位民主管理制度、厂务公开制度，组织职工依法实行民主选举、民主决策、民主管理、民主监督，使职工群众的知情权、表达权、参与权、监督权得到更充分跟有效的保障。"

2016年7月6日，万科召开特别职工代表大会，由万科各地公司员工推选的200名职工代表与公司管理方代表参加会议。会议最终形成决议，包括两点内容：一是全体职工代表支持万科工会起诉钜盛华及其一致行动人违法增持万科A股票行为；二是全体职工代表要求股东遵守事业合伙人规定，维护员工跟投利益。

这次特别会议之所以在跟投问题上形成决议，是因为员工跟投制度在公司经营管理中的特殊地位。2014年3月起执行的事业合伙人制度中规定，万科一线公司的核心经营管理团队和项目操盘团队是必须参与跟投的，其中地区公司经营管理团队起投资金一般不少于20万元，项目层面所有参与者必须跟投，起投资金为5万~10万元。因此，在一线公司，几乎公司所有的员工都参与了跟投。这些跟投的资金须等待项目销售完毕后，才会分发收益，员工即使离职，这笔跟投的资金也不能提前取出。这意味着万科的跟投制度如果因为管理层的变化而变化，将波及大批员工乃至前万科员工的直接利益。

2016年7月21日，在万科召开的第十届职代会执行委员会上，执委会就近期公司股权变动引起职工不安情绪，对公司的正常管理运行产生的影响等问题进行讨论，根据上级工会的要求和建议，确定召开职工代表大会，以民主表达的方式向管理层提出诉求，解决职工顾虑。2016年7月30日，万科在武汉如期召开了第十届职工代表大会第二次会议，公司管理方就公司2015年度业绩、近期劳动人事工作情况及员工跟投计划情况向大会做了汇报。会议就员工代表提出的"关于授权工会就涉及员工切身利益的重大事项与公司进行协商的提案"进行讨论和审议，审议并通过"关于提升员工固定收入水平的提案""关于对2015年万科公司经营与管理情况报告的决议""关于保持和完善员工跟投计划的提案""关于要求保持公司核心管理层稳定的提案"等决议。万科职代会决议依法依规，最大限度地维护职工的合法权益。

深圳市总工会建设工会主席张友泉充分肯定了万科工会在涉及职工重大利益事项时，认真履职，通过职工代表大会这个企业最基本的民主制度，维护职工合法权益，为企业工会树立了榜样，不愧为优秀的企业、优秀的工会。

### （二）万科公司工会起诉宝能

2016年7月，万科工会向深圳市罗湖区人民法院起诉深圳市钜盛华股份有限公司、前海人寿保险股份有限公司等被告，要求确认其违法增持万科A股股票的行为违法，并限期改正违法行为。

当代中国，华为、中新通讯、平安和万科等深圳企业如雷贯耳，人们在探寻这些著名企业崛起的原因时，常常忽略的是他们在发展初期都开创性地运用"国家、集体和个人三者利益相结合的原则",借鉴国际先进企业员工持股制度,以各种形式组织职工参股,把职工与企业捆绑在一起,形成利益共同体,同时也解决了企业资金匮乏问题。实践证明,这个制度取得了巨大成功。万科工会持股就是在这个历史背景下形成的。万科工会虽然仅持股0.61%,但在宝万之争中,万科工会充分利用股东身份表达职工立场。深圳市罗湖区人民法院于2016年7月4日受理本案。万科工会起诉宝能增持万科A股中存在信息披露问题,请求法院判令宝能方面的五名被告人(包括钜盛华、前海人寿和南方资本、西部利得、泰信基金三家机构)增持万科属于无效的民事行为。

资本可以在市场上争夺企业,但绝非没有边界和制约。很显然,万科工会的起诉行动,意在阻击宝能系万科公司管理权。一些舆论认为这是万科工会为王石及万科管理层背书。对此,首都经济贸易大学的孟泉博士评论道:"员工的利益是自己的利益,万科的工会自然不是王石的工会。由于万科众多员工的都已经加入了项目跟投计划中,那么,他们的利益如何在股权变动中得到保障,目前收购者并未有明确的说法。而万科实行的这种变员工而成为合伙人的新管理制度,却真正将员工的利益与企业的利益捆绑在一起,实现了企业、员工共同进退的局面。企业产权变动对业务的影响,直接会造成员工作为合伙人的相关利益。而这次,工会更加坚定不移的站在员工的立场,从发声到以企业切实的行动,对不合法收购的行为坚决抵制"①。

万科工会就起诉宝能及时向上级工会报告了相关情况。深圳市总工会建设工会持续跟踪,并就万科股权结构剧烈变动中工会如何更好地代表和维护员工合法权益,向万科工会提出指导意见和建议,最大限度地避免群体性事件的发生,最大限度地保持万科员工队伍的稳定。

### (三)调整万科工会组织体系,主动邀约集体协商

工会在万科股权之争中的立场和努力,极大地提升了万科广大职工对工

---

① 孟泉:《失之共赢,何以平衡?——"万科股权之战"中的企业与工会行为的启示》,《深圳工运》2017年第1期。

会的认同。在万科职代会上，许多员工代表表示没想到工会在企业股权变更中可以有如此大的作为，工会建设和工会履职成为代表们热议的话题。坦率地说，万科工会在此前更多的是做一些员工福利和活动，工会基层组织并不健全。然而，亡羊补牢尤为晚矣。职代会之后，在深圳市总建设工会的指导下，万科工会进一步加强和完善企业工会的组织体系，以万科地产和万科物业两个事业群为载体，建立万科地产工会联合会和万科物业工会联合会，进一步夯实万科工会的基层组织。

工会组织体系的完善，在企业层面其指向性是非常明确的，那就是凝聚职工集体意志，参与企业管理，保障职工利益，促进企业健康稳定发展。职代会和集体协商，是实现这一目标的重要途径和制度保障。深圳市总工会要求万科工会积极履职，进一步完善职代会制度，同时代表员工与企业主动邀约，开展集体协商，签订集体合同，用法律的形式巩固和发展员工权益，实现职工利益制度化的保障。

## 四 结束语

宝万之争虽然已经尘埃落定，但宝万之争引发的思考还需要深入。从宝能发出罢免万科全体董事及高管层公开要求的那一刻起，华宝与万科之争的长远影响已上升到社会利益和一个健康的资本市场发展建设层面；从万科员工发出集体声音，要求保持万科经营管理稳定的那一刻起，资本市场再也不能回避职工利益问题了；从万科工会召开职代会并起诉宝能那一刻起，工会改革如何回应市场经济向纵深发展就变得日益迫切。

需要强调的是，工会是一个市场经济的规则，制约资本独大、平衡劳资利益，工会作用是基础性的，不可替代的。职工利益不是一个抽象的概念，需要体现在企业经营管理和资本重组等各个方面，工会要以组织性力量表达职工的集体意志。可以预见，随着市场经济的进一步发展，企业兼并重组将会日益频繁。在企业决定经营、管理和发展方面的重大问题过程中，工会和职工不应被当作旁观者。工会应积极行使参与权和监督权，避免职工的劳动权益在企业决定经营、管理和发展方面的重大问题过程中受到影响或损害。企业也应当充分听取工会和职工的意见，依法保障全体职工的知情权、参与权、表达权和监督权，尤其在涉及企业股权变化等重大事项时，不能再把职工当作局外人甚至是防范对象，而是应该积极沟通，鼓励参与，共同建设，这样才能使企业并购工作平稳顺利进行。

万科作为深圳最具现代性的企业，职工认同度很高，这其中一个很重要的原因是万科管理层与职工利益是捆绑在一起的。但要看到的是，万科有着很深的企业管理者的烙印，如果管理团队发生变化，整个企业就有可能发生变化，甚至影响企业的发展方向。在"宝万之争"中，"大敌当前"给了万科工会发挥作用的空间。但是，如果管理团队与员工利益不一致，员工利益是否还有人重视，工会还能不能发出声音？这也是我们在宝万事件中需要深入思考的问题。工会全面改革刚刚起步，面对市场经济发展中不断出现的新情况、新问题，我们需要直面工会工作中的突出问题和短板，锐意进取，攻坚克难。

# B.11
# 从对话开始培育集体协商
## ——深圳市总工会"聚力计划"

王同信 李 莹 李长江*

**摘 要：** 经过三年的探索与实践，"聚力计划"已经从试验区扩展到深圳全市，成为深圳市总工会的一个品牌项目。本文深入介绍深圳市总工会开展聚力计划的思路、做法与亮点，改变过去工会推动集体协商的一贯思路，从自上而下的指标命令变成协商意识的培育和协商能力的提升。本文所回应的也正是当下企业集体协商工作所面临的现实困难。

**关键词：** 聚力计划 对话沟通 集体协商

"聚力计划"是一个劳资对话能力提升的项目，它以建设性的劳资关系促进企业成长为宗旨，通过参与式培训的方式，综合运用同伴学习和行动学习的理念方法，达到提升企业工会运作水平、推动集体协商开展的目标。2015年以来，深圳市总工会学习借鉴国际先进方法，在市总工会源头治理劳资纠纷试验区的大企业中开展"聚力计划"。经过三年的探索与实践，"聚力计划"已经从试验区扩展到深圳全市，成为深圳市总工会的一个品牌项目。

据统计，三年来深圳全市共有10个区的54家企业分三期参加"聚力计

---

\* 王同信、李莹、李长江，深圳市总工会。

划"项目，大部分为各区的重点企业，具有较强的示范带动作用，其中外资企业24家、港台资企业11家、民营企业17家，另有2家为国有企业，包括理光、富士施乐、伟创力、沃尔玛、顺丰、晨光、创维等知名企业。每一期的"聚力计划"均包括三次集中研讨、两次访厂培训和一次回访。包括正在进行的2017年第三期"聚力计划"，先后有超过3800人次直接参加培训，覆盖职工达22.4万人。

## 一 开展"聚力计划"的目标

### （一）聚力计划从对话沟通开始

劳动关系是一种利益关系，更是人与人的关系。人特别是普通的劳动者需要被尊重、被理解、被关注，需要在对话、沟通中达成共识、凝心聚力。在生产场所，管理者与工人之间、管理者之间、工人之间沟通不可或缺。但沟通有好的沟通和差的沟通，好的沟通可以带来人际关系的和谐，提升生产效率，而差的沟通则相反。好的沟通，必须要学习，而且要不断加以完善。只有建立在好的沟通、对话基础上的劳动关系，才可能是建设性的劳动关系。当前，深圳正在经历产业转型，稳定、具有建设性的劳动关系是企业成长的基础。然而，在现实中劳动关系充满不确定性，工作场所一个微小的问题也可能带来严重的集体劳资纠纷。

简单往往也是最难。对企业来说，难就难在处于劳动关系主导地位而自觉不自觉地习惯于垄断劳动关系话语权，担心真正的沟通、对话一定会演变为劳资协商，而协商一定义会演变为权利和利益的让渡，这让大多数企业难以接受；对工人来说，本来处在劳动关系的从属和弱势地位，大多数个体的劳动者都很难具有与企业平等对话的能力，他们渴望有组织地、理性地表达和实现其利益诉求，但企业工会靠得住吗？两难合一，现实的状况就是，企业的沟通、对话是有的，但很少看到工人有组织地参与，更少看到触及工人最关心的问题；集体协商也是有的，但大多流于形式，只能是"看起来很美丽"。

聚焦规模以上有行业和区域影响力的企业劳动关系建设,是"聚力计划"的一个重要特点。这些具有引领性、成长性的大企业,对劳动关系的无序状态有强烈的焦虑,尽管他们可能对集体协商有所顾虑,但对劳资沟通却有内生的需要。于是,一个重要而紧迫的话题就是如何从对话沟通开始培育建设型劳动关系,把工会和企业联系起来,并成为各自履行责任的共同切入点。深圳市总工会推动的"聚力计划",就是要从有效的对话沟通开始,为劳资之间的沟通、对话、协商、合作确立规则,上升到制度层面就是集体协商机制的建立。

### (二)聚力计划的目标

一是强化企业内部利益相关方沟通对话的意识。让企业、职工和工会理解到沟通不畅或无效沟通带来的伤害,在此基础上认识平等和对等地位对有效沟通的重要性。

二是提升企业内部利益相关方的对话能力。通过掌握以"六步法"为核心的沟通方法与工具,达到对各方而言更优的沟通效果。

三是在企业内部构建利益相关方参与的协商平台。通过邀请企业高管、工会干部和员工代表三方共同参与,运用同伴学习和行动学习的方法,由上级工会介入在企业内部建立对话协商的平台。

## 二 "聚力计划"的具体做法

"聚力计划"通过三个方面的努力来提升职工、工会和企业三方的协商对话能力,助力集体协商机制的建立。

### (一)搭建平台

将企业内部的利益相关方聚合到一起共同学习研讨。"聚力计划"要求参加企业选派由企业高管、工会干部及员工代表三方组成的六人"聚力"

小组，全程参与包括三次集中研讨和两次访厂培训在内的五次共计八天的学习培训活动；同时在每次的聚力访厂中，除了30名员工代表，还邀请资方高层参加，并对员工代表提出的问题进行现场回应，提出改善对策。集体协商的关切点是利益分配，成功的关键是利益相关方协商意愿的形成、协商平台的搭建和协商能力的培育。深圳市总工会的"聚力计划"项目与传统工会开展集体协商培训的最大不同，就是培训对象不仅有工会干部，还有企业高管和员工代表，上级工会在资方的全程参与下培训企业工会干部和员工代表如何开展沟通对话和集体协商。有了劳资双方的共同参与、学习和实践，对话协商不再是工会的"独角戏"，而是利益相关方共同认可参与的"大合唱"。

### （二）传授方法

以"六步法"为核心学习理性对话的理念和方法。"聚力计划"的三次集中研讨和两次访厂培训均采用国际先进的参与式对话培训方式开展，贯穿始终的则是以"六步法"为核心的对话方法。从问题识别、原因分析到目标分析、寻求和议定解决方案，最后形成行动计划，这六步背后暗含的是理性对话的理念：协商不是自说自话、不是单方行动，而是基于平等关系的理性沟通，是问题的清晰表达、原因的合理分析、目标的确定及解决方案的共同议定。在整个过程中，"聚力计划"一改过去会议式培训做法，尤其强调同伴学习和行动学习，所有参加的学员根据培训内容被灵活分成不同小组，每个人无论是企业高管还是普通一线工人，均被赋予平等的表达权；同时还综合运用情景模拟和团队游戏的方式，使整个培训过程充分凸显参与性。在现实的集体协商中，经常遇到员工有诉求却无法确切地表达出来，工会想作为却没有有效的方法能够汇聚员工意见，企业想回应却不知道面对这些笼统的抱怨从何做起，而"聚力计划"所改变的，正是这种各方都无所适从的局面，说得清、理得明、回得上。

## （三）学习和实践相结合

通过"聚力计划"推动集体协商的实际开展。从每年3~4月的启动会到11月的最后一次集中研讨，以及第二年对企业的回访，"聚力计划"并不只是传统意义的培训活动，而是延续全年的包括集中研讨、单个辅导、全程跟进在内的能力提升项目。在"聚力"进行中，无论是在深圳市总工会培训基地的集中研讨，还是回到工厂的访厂培训，无论是按照"六步法"开展的问题识别到方案确定，还是情景模拟，所讨论的都是企业实际存在的、需要真正关心的实际问题。通过对这些问题的搜集识别、原因分析、诉求及目标厘定，员工的现实关切不是作为学习感受而是作为需要解决的议题，被直接摆到工会干部和企业高管面前。通过这种方式，"聚力计划"从深圳市总工会的培训项目变成企业内部的对话协商，行动学习的理念得到淋漓尽致的体现。

当企业进入劳资对话的模式，集体协商就成为一种必然。"聚力计划"从一开始并没有刻意强调集体协商，但沟通的话题却自然而然地从伙食、住宿、培训，深入到工资、福利、晋升等，在平台的搭建过程中，协商已然存在。"聚力计划"在第二次访厂培训中，选择了"敏感"的话题——生活工资。提起工资，企业往往是"谈钱变色"，工人则是"就是钱少"；谈到协商，企业方往往是有备而来，员工则总是铩羽而归。谈工资真的就这么难吗？"聚力计划"在企业回访中组织企业聚力团队和30名一线员工参加培训，将员工按照生活背景分成未婚组和已婚组（已婚组分为一孩组和多孩组），带领员工认识生活工资，并理性分析自己所需的生活工资，结合自己所处区域实际物价水平，员工从房屋、伙食、衣物、交通、通信、生活用品、社交、养孩子等方面计算生活工资，得出自己认为能在所处区域比较安心、体面的生活所需的实际工资。

第一期和第二期42家不同类型和行业的企业，在工人收入也不平衡的情况下，几乎所有的企业得出当前工人希望得到的体面收入与实际得到的收入差额均在500元左右。也就是说，工人如果多出这500元，生活质量会有大幅提升，而这500元恰恰就是劳资双方可协商的部分。一位企业的负责人看到工人计算出来的生活工资，听了工人从自我发展需求所阐述的这500元的支出类型，坦承"如果是这样跟我谈加工资，我会考虑"。许多员工也感慨，"我们跟老板谈了一辈子的工资，这么一算才知道该怎么跟老板说"。工会委员则表示，"组织工人代表跟资方协商，不仅需要勇气，更需要底气。这底气背后要有大量调研做支撑，有协商技巧和协商策略做保障"。截至目前，聚力第一期和第二期42家企业当中，绝大多数已经运用聚力的工具和方法开始真正意义上的集体协商。

## 三 "聚力计划"的亮点

### （一）"聚力计划"树立劳资共赢的理念

三年来每一次培训、每一次访厂都会在大屏幕打出"聚力计划"的目标："Understanding workers，以建设性的劳动关系促进企业成长，沟通、协商、目标、行动。"这个目标来自整个社会对企业的期许，来自企业成长的内生需要，来自广大职工群众对美好生活的期盼，更来自工会的基本职责。劳动关系双方从对话、沟通开始，落脚在理解企业、懂得工人，核心是劳资相互尊重。企业是人类迄今为止最伟大的发明之一，现代企业的出现虽然只有短短的数百年，创造的物质财富，却不知是人类数千年文明史总和的多少倍。企业之所以有如此大的魔力，除了机器设备的辅助外，主要来自人的积极性。有了人，机器才能高效开动；有了人，企业才能有效分工；有了人，企业以及企业制度才能满足人的需求。对人的尊重，劳资同心聚力，不仅是企业持续发展的基础，也是现代企业制度遵循的基本理念。因此，"聚力计划"始终以推动培育劳资沟通对话的能力建设为己任，将目标分析与共识、制定共同的行动计划作为中心及重点，帮助企业和员工从本能的抱怨和表达诉求，到有效地参与问题识别、原因分析，让员工和企业都学到从尊重和理解开始，多方位多角度看问题、找原因，聚企业之力逐步解决问题，按照

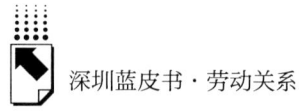

"有事好商量,有事能商量;讨论有结果,结果能改善"的原则建设企业和谐劳动关系。

### (二)"聚力计划"推动双方参与互动

劳资双方通过理论学习、实践模拟、同伴学习和行动学习,认识相互尊重的意义,提升沟通对话的能力。"聚力计划"从来都不是一次单方面的灌输,也不是一个自弹自唱的宣讲,每一位参加的同志,既是学生也是老师,既是知识和经验拥有者也是传授者。"聚力计划"的理念和知识从来都不枯燥,而是用一个个来自企业的实际问题、案例及游戏,生动地演绎其中的丰富内涵。"聚力计划"设计的这些有趣的游戏不简单,它们由熟悉企业、了解工人的一流专家所设计。以"流水线生产游戏"为例,客户要求所代表的市场信息就那么几条,产品是如此的简单,就像一个儿童的积木,每家"生产单位"不过12人。但是,当角色互换之后,问题来了。平日的一线员工扮作采购经理,而经理、厂长当了生产线作业员,由他们组成的三个团队在有限的时间内为赚取最大利润而努力。虽然大家都很投入,但由于对市场信息的忽视,分工合作当中的问题层出不穷,结果是有的团队赚钱、有的团队赔钱,差距很大。扮作采购经理或生产指挥的一线员工从游戏当中体会到,把企业经营所需要的市场信息、设备、生产流程、团队积极性等要素有效组合起来需要经历多么复杂的沟通,其中的智慧、经验和能力的取得是何其艰难,而扮作一线作业员的经理、工会主席们在游戏当中磨破了手,对常年累月在工厂一线重复着看似简单劳动的工人所付出的艰辛,对他们能有更好的生产条件及其合理薪酬的期待,也感同身受。这就是这个游戏带给大家的启示。在"聚力计划"当中没有说教,每一位参与者都是主角,潜移默化地接受、理解并运用"聚力计划"的理念,激发大家内在的潜能。

### (三)"聚力计划"以不回避的态度引导双方发现企业中最突出最敏感的问题

在很多企业内部,员工想谈却不敢谈工资,企业方经常顾左右而言他,工资成为一个彼此心照不宣却解不开、绕不过的心结，由此引发的矛盾层出不穷，劳资双方都付出了惨痛的代价。那么工资真的不能谈吗？如果按鸡汤式的说教，工会会告诉工人只有把蛋糕做大了才能有更多的奖金、更好的分配，但其实工人早已不喝这碗鸡汤了。"聚力计划"从企业最关心的核心问题——生产效率入手，组织和引导聚力参加的三方，也就是企业方代表，工会代表和一线生产工人在实际生产当中就如何有效提高生产效率，回顾本企业生产的过程，讨论如何有效提升生产效率，最终得出的结论是生产效率的提升，一开始就必须激发工人的积极性，激励措施不可或缺，由此引出工人生活工资、体面工资、发展工资如何保障的问题。我们看到，在讨论中，工人对生活工资的讨论是那样理性，体面工资也并不是那么遥不可及。以"聚力计划"第三期为例，12家企业讨论得出的生活工资，也就是深圳工人每月的吃穿用度所需的支出，仅仅相差8元。所有参加"聚力计划"的54家企业，所讨论的体面工资与生活工资平均相差为500~800元。

在"聚力计划"中，由企业高管甚至是企业主要负责人参与的生活工资、体面工资的讨论，难道不是一个集体协商的模拟吗？而这样的理性讨论，让企业看到了员工可以被激发被引导的理性；员工代表则从某种程度上理解了企业的努力。"聚力计划"对工资话题的讨论，打开了一个窗口。回到企业，如果有更多的员工用聚力的方法，参与企业方方面面的对话，如果有更多的机会与渠道让员工表达真实的意愿，由此结成的企业共同体，才有坚实的基础。其实每一个人都是理想与现实的结合体，企业想要更多的利润，员工想要更多的工资，天经地义。利益之下，各自可能会以各种各样的方式去实现自己的目标，但是利益之争不是权利之争，早已不能用强制的办法，法律不能强制，行政权力也不能强制，只能通过利益主体之间的沟通、协商，找到各自的平衡点，这正是"聚力计划"所努力达到的。

### （四）"聚力计划"打造专业化、可持续性的工作团队

为实施"聚力计划"，深圳市总工会组成了一个工作团队，人数大约30人，他们中有市、区总工会领导和培训师，所有的环节流程设计和培训引导

由他们承担。培训师专业、敬业、经验丰富，年轻的职业化工作者在这个团队中既是组织实施的主力，也是学习者。为此"聚力计划"专门设计了"TOT"，也就是培训师对培训师的培训，并配合"聚力计划"的实施在职业化工会队伍中开展了三次团队建设活动。企业知识是工会干部必须具备的，不熟悉企业就做不好工会工作。在"聚力计划"的三年当中，139次入企培训，意味着这个团队每年有46天整整2个月的工作日在企业。因此三年以来，我们看到了他们从开始面对企业高管和工人时的青涩、懵懂、不知所措，到现在的从容、自信、得心应手，最终已经能够站在讲台上与工人对话。世界上怕就怕认真二字，而认真是需要付出的，正所谓"一分耕耘，一分收获"。在这个世界上，所有困难和问题都是通过汗水和努力工作解决的，"聚力计划"的成效已经使我们看到工作团队的认真和执着，他们也必定会成为知企业、懂工人的工会专家。

## 四　启发与思考

"聚力计划"改变了过去工会推动集体协商的一贯思路，从自上而下的指标命令变成协商意识的培育和协商能力的提升。本文所回应的，也正是当下企业集体协商工作所面临的现实困难：工会对集体协商的认知度低，工人对集体协商的认可度低，企业对企业协商的认同度低，以及共同所面临的协商对话意识和能力的不足。针对这些问题，深圳市总工会"聚力计划"工作实践，也给工会的集体协商工作带来了几个方面的思考和启发。

### （一）做好集体协商，工会要"明使命"

维护职工合法权益，是工会的基本职责。市场经济条件下，企业内部劳资双方的利益博弈是劳动关系的一种常态；而随着工人法律和权利意识的增强，工会的维权工作也正在从职工利益受损时的消极维权向争取更多利益的积极维权转变。无论是消极维权还是积极维权，都需要一种具有合法性和代表性组织化表达方式，而工会则天然地承担起这一历史使命。因此，要推动企业工会积极开展集体协商，首先就要使工会组织和工会干部明白维权是工会的职责使命所在，而集体协商则是维权的一种基本方式和内容；工会也只有积极履行自身使命，将职工最关心的利益问题作为工作的重心，主动作为，才能获得工人的信任、支持和参与。参加"聚力计划"最集中的反馈之一，就是很多企业工会干部明白了维护职工合法权益才是工会的根本职责所在，协商对话的重要性也正在于此。

### （二）做好集体协商，工会要"懂工人"

工会是职工群众利益的代表者和权益的维护者，这就要求工会能够走进工人、倾听诉求，以此作为工作的出发点和落脚点；企业作为劳资关系的重要主体和用工方，也需要能够理解员工的所思所想，以平等的心态了解员工的诉求。在"聚力计划"中，深圳市总工会从企业高管和工会干部中最经常听到的就是"原来员工的想法是这样的""不怕工人反映问题，也不怕工人提诉求，就怕大家啥也不说"。"聚力"不仅为工会和企业构建了一个倾听员工心声的平台和机会，更重要的是为员工们提供了一个表达的机会和一套方法，能够与企业高管面对面述说自己真实的想法而无须太多的顾虑，能够更加让对方了解自己而不只是抱怨而已。

### （三）做好集体协商，工会要"知企业"

企业是工会工作的主战场，上级工会深入基层，最重要的就是要深入企业、了解企业，特别是企业的生产经营，以及根据这种生产经营所建立起来的用工管理模式。一个"知企业"的工会，才能得到企业的尊重，才能组织工人参与企业管理，提出有针对性的建设性的意见，才能分享企业发展成果。"聚力计划"让上级工会能够深入企业，全面接触和了解企业生产管理和劳动关系的状态，逐步建立起互动、互信的关系。

### （四）做好集体协商，需要给予企业工会持续专业的支持和帮助

为了保障"聚力计划"项目的顺利进行和取得实效，深圳市总工会组

建了包括深圳市总工会主要领导、企业所在各区和街道总工会干部、职业化工会工作者和专业培训师在内的 30 多人的培训队伍，通过贯穿始终的 TOT 培训，打造专业化、可持续性的培训体系。每次集中研讨和入企培训前后，都会分别召开计划和总结专题工作会，总结培训中好的经验，反思培训中存在的不足并提出改进意见，认真研究参训人员的意见反馈并给出积极回应，就培训内容进行集中讨论以确保工作人员能够理解和掌握。每一项细致的准备工作，都不只是为了保障培训的顺利开展，使参训者能够学有所获，对工作团队也是一次难得的学习经历。而这种"teaching to teacher"的做法，其成效就是形成了一支专业化并且可持续性开展工作的培训队伍和一个完善的培训体系。

# B.12
# 对德国等三国维护职工权益工作的研究

黄金玲 李莹*

**摘 要：** 本文介绍了德国、荷兰、比利时三国在推进集体谈判、维护员工权益、劳资沟通对话过程中的规则方法、预防和化解劳资矛盾的经验做法，以及莱茵TÜV集团、德国智宝公司和德国五金工会在开展职业教育、劳资沟通对话"WE项目"、组织建设与集体谈判方面的有益经验，结合中国实情，分析三国的先进经验，提出进一步创新工会工作的借鉴与启示。

**关键词：** 维护职工权益 德国 劳资沟通对话

## 一 德国莱茵TÜV集团、智宝公司、德国五金工会、荷兰区域职培中心情况

### （一）德国莱茵TÜV集团

德国莱茵TÜV集团成立于1872年，是目前世界著名的第三方检测机构，德国最大的产品安全及质量认证机构，总部位于德国科隆。莱茵TÜV集团的实验室超过200家，覆盖37个不同行业（包括能源、工业、汽车、铁路、轨道交通、医疗、食品等），在全球能提供2500种服务，业务涉及工业服务、交通服务、产品服务、教育与咨询服务、管理体系服务、生命科学

---

* 黄金玲、李莹，深圳市总工会。

服务六大服务范畴，拥有近20000名员工，114家分公司和500个分支机构。1995年，莱茵TÜV集团在中国深圳南山科技园设立了深圳分公司。目前，莱茵TÜV的教育与咨询服务部门——莱茵学院和生命关怀事业部与深圳市总工会建立了合作关系。

1. 健康医疗体检中心和组织心理学咨询中心

德国莱茵TÜV集团在柏林设有健康医疗体检中心和组织心理学咨询中心。健康医疗体检中心的体检不同于医学的身体疾病检查，而是以职业能力测试、疾病预防和促进健康为主要内容，服务对象主要为企业经理人、教师、警察、消防人员、企业员工及其他特殊工种人员。通过检测，为服务对象提出预防和改进方案。组织心理学中心的工作内容是对一个团队进行心理学的分析，通过培训和辅导，让工作人员更容易在团队中工作，改善个人与组织关系。2013年，德国政府要求企业了解和疏导员工的压力，因此这种咨询机构发展很快，莱茵TÜV集团目前有16个服务点，明年将增加到30个。健康医疗检测和组织心理咨询是莱茵TÜV集团的生命关怀业务的重要组织部分。莱茵集团的生命关怀业务还包括食品安全服务、医疗中心服务、职业健康管理、职业医疗、职业安全管理、工作安全、办公场所安全、员工社会心理咨询等。

2. 职业安全培训机构

莱茵TÜV比利时分公司，莱茵TÜV分院培训业务的办公机构设在比利时布鲁塞尔的欧洲质量组织（EQQ）。该组织是由欧洲31个国家组成的非营利的专业质量组织，EQQ下设产品/服务中心，知识/研究中心及网络中心。该组织为所属成员组织和欧洲企业提供质量培训、信息交换、咨询、软件应用与开发的全方位服务。公司还设有莱茵学院，专门开展关于德国职业健康安全与劳动保护的座谈。介绍欧洲及德国在职业健康和职业安全方向的一些政策措施和有关情况、莱茵TÜV集团在开展健康管理方面的工作体系，

## （二）智宝（Tchibo）公司

德国智宝公司（Tchibo）成立于1949年，是欧洲咖啡市场新鲜度和好

品质的代名词。它由最初的一家咖啡邮购公司发展成为一家德国知名跨国公司，其咖啡一直是德国的市场领导品牌，零售业也覆盖75%的非食品类消费品，2016年继续保持"欧洲户外销售市场领导者"称号。多年来，智宝公司一直在系统地扩大它的经营范围和销售路径，确保其消费品的多样性和高质量，以保证品牌在全球的优势地位。作为德国零售业的著名企业，智宝公司非食品类业务占公司总体业务的50%，其中50%在中国采购，公司与中国的业务关系日益紧密。2008年，智宝公司在其供应商中开展了旨在改善劳动关系沟通对话、落实企业社会责任的"WE项目"，其在中国有近300家供应商参加了该项目。

### （三）德国五金工会

德国五金工会（IG-Metall）现有会员220多万人，是德国目前最大的产业工会，也是德国工会联合会下属最重要的产业工会。该工会是国际五金工会重要成员，其负责人长期担任国际五金工会主要领导，总部在法兰克福。德国五金工会的前身是德国五金工人协会。五金工人协会成立于1891年，经过几十年的发展，至1914年时已成为德国最大的工会组织。后来，通过吸纳基督教五金工人联盟和另一个自由组织，逐步发展成了德国最大的产业工会。德国五金工会的组织机构包括：基层代表大会、地方董事会、区域组织、区域会议、工会（代表）大会、执委会、中央委员会、监事会、审计。该工会与资方集体谈判结果直接影响德国制造业工资水平，也是欧洲国家劳资谈判的风向标。

### （四）荷兰区域培训中心

在荷兰的职业教育中，中等职业教育受到政府的高度重视，并视为荷兰的经济和社会支柱，与普通教育摆在同等重要的地位。政府积极为职业教育的发展提供优惠的政策支持，形成完善的职业教育体系。荷兰霍兹特区域职业培训中心，有着鲜明的职业教育特点：学生分流早，职教、普教互联互通；课程围绕行业精心设计；注重知识、技能学习和能力培养；约束性与支持性措施并用,减少生源流失;考试和课程管理严格,重视教育质量;行业组织健全,突出职业教育与劳动力市场对接。1996年,荷兰政府颁布了《职业与成人教育法》。

## 二 可供参考借鉴的做法

对德国、比利时、荷兰等三国的考察访问,笔者深感受益匪浅,特别是在工人职业安全健康、劳资沟通对话、工会组织建设和集体协商工作等方面有重要的借鉴意义。

### (一)富有成效的德国职业安全健康体制

1. 落实职安健责任有明确的规范指引

德国的职业健康和职业安全管理体系较为完善,从法律到条例再到行业指南,对企业落实职安健责任有明确的规范指引及强制性要求和明确的法律责任。德国职业安全健康体系对九大行业的职业安全和职业风险做了定义,根据工作行为和岗位特点制定了行业风险清单。职业安全责任落实有十分严格的法律责任,而这也要求企业必须具备较强的专业知识和能力,企业职业安全工程师制度应运而生。

2. 中介机构服务受到政府专业监督

德国在安全评估和安全监督中引入第三方,由专业中介机构(如莱茵公司属于这种第三方机构)协助企业落实职安健责任,不仅可以使企业的责任落实到位,同时还可以降低企业成本。在德国,中介机构的服务需要受到政府的专业监督,如果中介机构的服务人员专业指导不力,导致企业出现安全管理责任,其可能面临失去职业资格的处罚,其所在机构则可能会承担基于与企业签订服务合同所约定的民事责任,并影响其商业信誉。

3. 最先进的德国工伤保险制度

工伤保险制度是德国职业安全健康体系中的重要组成部分。德国的工伤保险制度历经120多年的发展和演变,一直处于稳定良性的运行状态,是德国最富有成效的社会保险制度，有效缓解了因工伤引起的社会矛盾，避免了劳资双方的对立，维护了社会稳定。德国工伤保险制度的先进性体现在以下几点：第一，独具特色的经办管理体制；第二，预防优先的政策取向；第三，康复优于补偿的基本原则。工伤保险的具体经办管理机构由雇主及被保险人（雇员）代表组成，各占50%，实行自我管理，雇主和雇员在管理各类事务上有共同决策权。

一是工伤保险突出预防优先的政策取向。德国法律规定工伤保险经办机构应该"使用一切适当的方法"防止工伤事故、职业病及由于工作原因对健康造成的损害，对企业有具体的制度要求：雇主必须提供劳动安全的条件和措施，在生产过程中，企业必须自觉接受政府的检查，政府检查时如出现机器设备有问题，企业必须马上采取整改措施；如果安全工程师没有发现问题或没有提出整改意见而发生安全事故，则安全工程师将被取消资质或被企业起诉；要求每一台机器设备及每种物料都要有保护员工的细则；对于劳动保护，雇主、雇员违反规定都要处罚，雇主违反规定罚两倍。

在预防工业伤害方面，德国的做法有很多值得借鉴的地方。比如莱茵TÜV集团职业健康体检中心所开展的服务项目是针对不同行业对其从业人员的不同体能要求进行不同的体检，并提供专业解决方案。例如，教师多数时间需要更多的站立工作，不同的站姿会对教师个体产生不同的影响，体检中心会通过一系列的检查，评估教师的站立平衡能力，帮助教师进行纠正和改善；而消防员这个职业，需要较强的负重能力和肺活量，消防员体检也侧重这些方面进行；等等。由于工伤预防工作到位，德国工伤事故从1960年起逐步下降，死亡人数逐年减少，1960年全国因工伤死亡4000人，2016年全国因工伤死亡424人。

二是康复优于补偿的基本原则。这是德国积极的工伤保险思想的又一体现，其"康复"是指应用医学、教育、社会等一切措施，对工伤人员进行康复治疗，运用一切辅助手段尽可能提高或恢复工伤者身体功能，提高其能力，使其重新适应社会。在德国人看来，职工发生工伤后，重要的不是对职工进行经济补偿，而是要尽最大的努力，采取一切适合的手段，对职工进行最好的康复，使工伤者能重返工作并享受生活，从而"降低社会总成本"。

三是组织心理学在企业的应用。在德国，职业健康不仅重视人的身体健康，还非常关心人的心理健康。组织心理学在企业的应用，正在成为一个非常具有发展前景的服务项目。传统的外部激励，如加工资、提升职位等方法，逐渐失去效用（工资加无可加、退休年龄延长、职位有限），需要有新的激励机制来提升生产效率。组织心理学在企业的应用，可以改善个人与团体的关系，提振员工士气，增强团队合作能力，如通过对企业管理模式及管理人员的管理习惯分析，指导企业管理人员改变管理方式等方法，可以使团队中的员工以更好的状态投入工作，起到保持和增强工作效率的作用。

## （二）具有特色的德国企业劳资沟通对话

德国企业和工会开展劳资对话和集体谈判，是本次考察的另一个重点内容。2007年，德国智宝公司在孟加拉的供应商被曝使用童工，智宝公司作为上游企业受到了多方指责。虽然这是供应商企业所为，智宝也一直要求供应商落实企业社会责任，但此次事件的发生促使智宝公司进行了反思。2008年，智宝公司在其供应商中开展了"WE项目"，以此替代以往的"查厂"。

1. "WE项目"的目标

该项目的目标是：在工厂中以可持续的方式实施企业社会责任；改善社会责任标准，提高效益及品质，同时升级环保表现；远离以审查或以合规作为焦点的模式；专注于工人及其代表、管理人员、高层及采购人员间的合作与对话；建立变革的自主权。"WE项目"改善过程和方法：使工厂能够应对内部的挑战；传递方法，易于应用；管理层和工人合作求共赢；工厂在整个过程中拥有自主自决的权力。"WE项目"是重要供应商的战略投资：使工厂在整个过程中拥有自主自决的权力；劳工标准和人权的落实；建立工作场所中工人和管理层的合作模式；优化生产过程；提升生产率和产品品质。

2. "WE项目"的实施

该项目的实行扭转了智宝公司在社会舆论和企业社会责任领域的不利形象，智宝公司获得了来自德国政府400万欧元的资助，2010年在"WE

项目"实施两年的周期结束时，在智宝公司的项目评估会上，"WE 项目"得到了来自国际社会的劳工组织、政府部门的高度肯定。此后，在没有政府资金支持的情况下，智宝公司自己出资，按照自愿、免费参加的原则，继续在其供应商中开展"WE 项目"。到目前为止，全球已有近 340 家供应商参加该项目，其中近 300 家在中国。2016 年 9 月，智宝公司作为第一家德国零售企业与活跃在全球的工会联盟组织 Industri ALL 签署了国际框架协议，目的是赋权智宝非食物类全球供应链的员工和工会通过与他们的公司和整个行业开展集体谈判提升工资，增进社会福利，以及安排更合适的工作时间。

深圳市总工会于 2015 年开展的"聚力计划"正是在了解"WE 项目"的基础上，借鉴"WE 项目"的培训方式和工具方法，引入智宝公司推荐的核心培训师，结合深圳企业和工会的实际并在吸收"WE 项目"经验的基础上，通过近三年的实践，不断创新发展，形成的能够有效稳定中国企业劳动关系的劳资沟通模式。

### （三）彰显工会影响力的德国集体谈判

德国五金工会有会员 220 多万人，全国有 150 个办公室，有专业工会干部 2000 多人，有 13.5 万名工会积极分子。工会会员按税前工资的 1% 缴交会费，一般每个会员每月交 20～30 欧元，减少收取退休人员、大学生等会员的会费。近十年工会收入不断增加，从 2006 年的 424 万欧元增加到 2016 年的 5.48 亿欧元。支出方面（以 2016 年为例），除上交上级工会 6900 万欧元外，主要用于以下几个方面：用于各办公室 1.92 亿欧元，用于教育培训 3100 万欧元；用于员工救助 2300 万欧元；用于宣传提升工会形象 1900 万欧元；储备资金 8200 万欧元。随着工会会员入会情况的变化，德国五金工会把发展大学生和新移民入会作为重点，通过组织教育培训的活动，增加对年轻人的吸引力。对德国五金工会来说，对工人最具吸引力的还是集体谈判。在德国，一些普通人说起五金工会，第一反应是"我们就靠五金工会帮我们涨工资了！"

### 1. 集体谈判成为工会的主要工作

德国工会在20世纪二三十年代是政治性很强的工会。第二次世界大战后,工会的宗旨发生改变,集体谈判成为工会的主要工作。通过收入、工作时间、培训、保住工作岗位等内容的集体谈判,减少管理层与工人的收入差距、保持稳定持续的劳动关系及各公司之间的平衡,以此维系产业和平。德国五金工会的集体谈判是有组织、有策略开展的,谈判条款繁杂,协议的制定耗时很长,谈判结果很有影响力。该工会与资方集体谈判的结果直接影响德国制造业工资水平,也是欧洲劳资谈判的风向标。

德国五金工会除了对所属七大行业的集体谈判进行指导,有时还直接参与。从具体做法看,每个行业谈判的具体内容有所不同,但都在同一时间独立地进行,每一次谈判涉及的内容都要经过全体会员同意,订立行业集体谈判合同(一般期限为18~24个月)。虽然各行业的工资水平不同,但增长比例是一致的。在谈判策略上,五金工会根据行业区域分布情况,为每个劳资区域组建一个谈判委员会。当劳资双方对协商内容分歧较大,谈判不能达成一致时,就会采取一些手段,甚至是罢工。在正式罢工前会有警示性罢工。如果采取罢工方式,则罢工时间由会员决定,经工会用投票方式决定,达到会员75%赞成才可以罢工,而只须25%的会员同意就可以结束罢工,并且罢工期间工会须支付会员的罢工补贴(罢工期间,企业是不会支付工人工资的)。所以,除非经过评估十分必要,否则罢工不会轻易举行。

集体谈判工作是德国五金工会最为重要的工作,除维护好员工权益外,他们也希望通过谈判沟通增进彼此的理解,拉近雇主与员工的距离,促进社会和谐。涉及工资的谈判一般会根据德国经济增长情况而定。多年来,他们的集体谈判取得显著成果,员工的工作时间从1956年的每月484小时减少到1994年的354小时,2015年集体谈判期间,德国五金工会组织了一次全国性的警示罢工,全国有80多万人参加罢工,工人要求工资增长5.5%,经协商,最后工资实际增长3.4%。

### 2. 关于弹性工作时间的谈判

德国五金工会于明年进行新一轮的集体谈判,谈判的议题计划是工作时间。对此，德国五金工会专门做了解释，工作时间的谈判并不是为了缩减工时，而是为了弹性工作时间，使工人能够有机会灵活安排自己的工作时间，赋予工人更多的自主权。为了明年的集体谈判，德国五金工会已在全国范围内开展了大规模问卷调查，问卷设计15个问题，全国有700万职工参加，通过对问卷的分析评估，确定谈判方向和策略。德国五金工会坦言，相比工资谈判，关于工作时间的谈判难度大多了。工资的增长，有相关社会经济发展指标做支撑，劳资双方对此都有相应的预期；而类似工作时间这样议题的谈判，一方面没有社会数据的有力支持，另一方面对企业的管理提出了更高的要求，工作流程的衔接、员工技能的一致性等问题，都是实现工人弹性工作时间的前提。德国五金工会所提出的弹性工作时间，与国内关于弹性工作时间的讨论的最大不同是，国内一些企业希望通过弹性工作时间的实施，提高劳动生产率、降低人工成本，核心目标是实现企业利益的最大化；德国五金工会关于弹性工作时间的考虑，是希望通过谈判，让工人在工作时间的安排有更多的自主选择权，便于家庭生活和个人发展，关注的是工人的权利。

3. 工会组织面临的挑战

德国五金工会无疑是最具影响力的工会之一，它在集体谈判上的成功奠定了德国五金工会在国际工会中的地位。在集体谈判上的坚持和不断发展的同时，德国五金工会也面临世界各个工会共同的挑战，那就是工会对年轻人的吸引力下降，德国五金工会的13.5万名工会积极分子，绝大多数是40岁以上的中年人，德国五金工会的做法是通过有效的集体谈判成果，彰显工会的影响力，开展适应工人需求的教育培训活动吸引工人入会，把发展会员的重点放在大学生、女性和新移民身上，通过降低会费、组织就业指导培训和职业技能培训等，吸引他们加入工会。

## 四 对工会工作的几点启示

对德国企业和工会的访问，让笔者有机会从国际视野来反思劳动关系治理和工会工作的规律，有以下几点启示。

## （一）劳资双方必须通过对话沟通合作消弭矛盾，平衡利益

纵观发达国家劳动关系发展的历史，从早期总体上的对抗到现在总体上的合作，是一个大趋势。德国五金工会告诉我们，他们正是在这样一个大趋势之下，寻求工会工作新的路径。笔者在起草这篇文章的过程中，得知德国五金工会每周28小时工作时间的集体谈判取得成果。劳资双方进行了六轮艰苦谈判，工会还组织了一连串24小时罢工。双方同意从4月起加薪4.3%，其他款项将在27个月期间陆续支付。工人们将被允许把工作周从标准的35小时缩短到28小时，同时保留重返全职工作的权利。很多人直观看到的是德国工会组织的声势浩大的罢工，但事实上这份劳资协议是当前德国经济繁荣的产物。2016年德国经济增速是自2011年以来最快的，而失业率处于自1990年统一以来的最低点。而雇主成功抵制了金属业工会对每周工作时间减少后让工人获得相同或相似薪资的要求。所以，这是一份劳资互有妥协的协议。合作依然是主流，对抗只是手段。劳资矛盾不可避免，利益分歧只能在对话协商当中相互妥协达成共识。任何一方的坚持，都必须顾及对方的利益，这样才是一个利益均衡的经济体。

## （二）工会工作越来越需要专业化、精细化

德国的职业安全健康工作和德国五金工会的工作，其专业、规范、深入、细致令笔者赞叹不已。其实，经济与社会的发展是同步的，德国的职安健及其工会工作不可能脱离整个社会的发展，任何时候工业革命的进展，都是伴随工会的同步发展。当前，德国正在积极推进"工业4.0"时，中国也在进行"中国制造2025"规划，力争在新一轮科技革命和产业变革时与中国加快转变经济发展方式形成历史性交汇，国际产业分工格局正在重塑时，按照"四个全面战略"布局要求，实施制造强国战略，加强统筹规划和前瞻部署，力争通过三个十年的努力，把中国建设成为引领世界制造业发展的制造强国。在中国推进"中国制造2025"时，工会工作必须适

应经济社会发展，其方向只能是专业化、精细化，紧跟经济和产业发展步伐。

### （三）对工人的组织和影响，是工会工作的根本

德国五金工会作为世界上最具影响力的工会组织，其力量源于对工人的有效组织和服务，这其中13.5万名工会积极分子发挥了最重要的作用。借鉴德国工会的做法，中国的各级工会工作应当深入工人中去，要积极发展培养工人中的带头人，也就是工会积极分子，他们是对工会最信任、最坚定的那部分人，也是能把工人带动起来的那部分人，工会的影响力和凝聚力，通过工会积极分子传导到工人中去。发现培养工会积极分子，是工会工作最基本的方式方法。深圳工会在源头治理劳资纠纷试验区的建设中，工人积极分子队伍的建设是最基本的经验之一，也是试验区工作取得成效的关键。其中所揭示的工会工作的规律，就是群众组织必须实现由群众建、群众办、群众干的目标。

# B.13
# 工会工作顶层设计有关问题的思考

冯 力*

**摘　要：** 顶层设计是构建工程活动的重要组成部分，在工程实践中起到按图施工的指导作用，顶层设计是属于专业层面的筹划。在工会工作领域，顶层设计的提出有特定的社会情境。梳理深圳工会改革的顶层设计实践，对我们如何做好工会改革的顶层设计具有重要的现实意义。

**关键词：** 工会改革　顶层设计　劳资对话


习近平总书记在中央党的群团工作会议上强调，党的群团工作改革创新是一项系统工程，要搞好顶层设计。这是我们党第一次在群团工作领域提出"顶层设计"问题。对工会工作来说，什么是顶层设计，顶层设计何以必要，如何做好工会改革的顶层设计，这是谋划和推进新形势下工会改革必须认真对待的基础性、关键性课题。

## 一　顶层设计是专业层面的筹划

近年来，"顶层设计"已经成为学术界和政策层面的一个热门词语。按照系统工程学的说法，顶层设计是指运用系统论的方法，从全局、整体视角出发，对工程（包括自然工程、社会工程等）或某个工程的各个层次、各

---

\* 冯力，深圳市总工会。

个要素、各个环节进行统筹规划，并以此推动实践，高效快捷地实现工程目标。可以说，顶层设计是构建工程活动的重要组成部分，在工程实践中起到按图施工的指导作用。

从思维方式看，顶层设计本质上是一种"筹划"。我们知道，人类思维方式有两大类，一是认知，二是筹划。认知是为了弄清思维对象的本来面目，它表现为人脑对现实世界的认识、概括和反映，体现了思维具有认知性和反映性的特点。筹划是为了设计出理想性的对象，或者说，通过积极主动的设计和建构来改造我们生存和发展的世界，反映了思维具有设计性和建构性特点的一面。很显然，顶层设计的核心就在于筹划——人们根据自己的目的和意图设计操作意见施加于客观事物，使事物发生有利于人的目的或意图实现的变化。需要强调的是，顶层设计尽管以筹划为主导，但它必须以认知为基础。因为人们如果没有认识和反映事物的本质和规律，就根本无法通过设计和建构来改造或创新事物。从这个意义上说，顶层设计是对认知的应用和检验，是在更高的层面上体现认知与筹划的统一。

筹划可分为日常和专业两个层面。顶层设计属于后者。之所以说是"专业层面的筹划"，是因为与日常层面的筹划相比，顶层设计具有如下显著特征。

一是顶层性筹划。顶层设计是自高端开始的总体构想，其核心理念与目标都源自顶层。其一，所谓"顶层"，可以是组织或权力的最高层，但更应当理解为战略制高点。因为只有站在战略的高度上，顶层设计才能统筹兼顾、追根溯源、把握全局，在最高层次上寻求解决问题的路径和方法手段。其二，"顶层"具有相对性，一项"设计"的"顶层"，可能是另一项"设计"的"底层"。因此，上一级的设计，往往是下一级设计的前提；而下一级的设计，需要服务于上一级设计目标的实现。

二是整体性筹划。随着人类认识和改造事物实践的不断深化，无论是自然工程，还是社会工程，都不可避免地成为多种元素（多种实体、多种属性）的复合物。因此，在顶层设计中，不仅需要从"部分"的角度把握每个元素自身的条件、内涵和外延，还需要从整体角度把握各要素之间的关系，以及由这种相互交错构成的关系整体的性质、特点和功能。正如系统工程学所说，顶层设计是一种具有综合集成功能的方法论，其目标指向是实现工程各要素之间的功能协调、结构统一、资源共享、进展有序。

三是实用性筹划。工程是人自觉建构的实体，以实现某种特定人类价值意图为目的。这就意味着顶层设计必须接受工程主体价值意图的统帅，服膺于建构某种与主体需要相符合的工程。遵循实用性的原则，顶层设计的成果应是可实施、可操作的，最终实现人的目的或意图，从而充分展现人们改造自然和社会的本质力量。当然，这并不意味着顶层设计是主观意志的无限度膨胀。任何顶层设计的前提，是尊重自然和社会发展内在秩序和规律，立足所处历史发展阶段和现实状况。

由此可见，顶层设计是属于专业层面的筹划，简单的线性思维或主观随意的筹划根本无法进入它的视野。事实上，自现代社会以来，为应对日益增多的系统工程，顶层设计越来越呈现理性设计、科学设计和集体设计的发展态势。这对人们从事设计与构建工程的专业化能力和水平提出了更高的要求。

## 二 新时期工会改革亟须顶层设计

在工会工作领域，顶层设计的提出有特定的社会情境。具体来说，它是新时期工会工作面临的形势和工会改革的目标任务使然。

### （一）源于劳动关系领域的新挑战

在现代社会，劳动关系是最基本、最重要的社会关系之一。改革开放以来，市场经济体系的确立促使劳动关系领域发生了深刻的变化，其中最显著的特征就是形成了劳动关系的市场化。所谓劳动关系市场化，从本质上说就是通过市场机制调节和规范劳动关系。其结果，一方面使劳动力市场更加符合价值规律的要求，为经济领域的改革注入巨大动力，促进社会财富的不断增长；另一方面，劳动关系属于利益关系的范畴，市场机制对劳动关系领域的全面引入，不可避免地造成劳资双方的利益差别、利益分化乃至利益冲突。具体而言，市场机制表面上推崇"自由竞争"，但其背后却是力量的较量。以资本为主导的市场化进程，必然造成劳资力量的失衡，形成"资强劳弱"局面。现实中，劳资矛盾的发生和激化，绝大部分是来自企业对劳动者合法权益的侵犯与合理诉求的长期忽视。在这种情况下，劳动者根本没有办法获得体面的劳动和有尊严的生活，无法更加公平、合理地分享经济社会发展成果。他们长期积累的不满和怨气，一有风吹草动就可能爆发出来。特别是近年来，国内外资本进入频繁的调整期，企业关停并转迁对工人群体的工作、生活造成了极大影响，各种历史欠账问题逐步暴露，集体劳资争议事件不断增多。与此同时，市场机制的扩张，推动了"单位人"向"社会人"的转变，由此带来的工人群体无组织化问题日益突出。特别是在一些重大劳资纠纷中，工人们没有统一的声音，常常无法产生工人代表，更谈不上形成集体协议。但他们的集体行动却越来越呈现计划性、对抗性和隐蔽性，游离于工会组织的领导和控制之外。上述种种现象表明，劳动关系风险因素不断集聚，劳资矛盾呈现长期性、复杂性、高风险性的明显特征，对整个社会领域带来诸多挑战。

面对错综复杂的劳资矛盾，构建和谐劳动关系可谓任重道远。首先，如前所述，目前劳资矛盾冲突的性质基本是经济利益冲突，与劳动关系市场化有密切关联。构建和谐劳动关系，从某种意义上说是对市场化负面效应（市场失灵）的一种纠偏。它不仅是一个社会问题，也是一个经济问题；不仅事关社会治理和民生保障，更事关市场经济持续健康发展。其次，劳动关系的复杂性特点，决定了"事后救火式"的维稳思维和方式无益于和谐劳动关系的构建，我们需要综合治理、源头治理、科学治理，找到从根本上解决问题的思维方式和实现路径。最后，在法治社会，人们往往通过设计、建构各种制度、机制、政策和规则来调节社会关系。在"资强劳弱"的现阶段，构建和谐劳动关系的一个重要着力点，就是要加强调整劳动关系的法律、体制、制度和机制建设，实现对资本权力的有效制约和监督，解决影响劳动关系公平正义与社会和谐稳定的体制机制性问题。工会改革顶层设计的问题，正是基于这样的社会大背景而提出的。

### （二）工会改革目标任务的必然选择

工会是劳动关系发展的产物。主动适应、调整和规范劳动关系，是工会组织肩负的历史使命。对于构建和谐劳动关系，工会组织具有不可替代的重要作用。但这种作用的充分发挥是有前提条件的，那就是工会作为职工自愿结合的群众组织，必须能够最大限度地团结凝聚职工群众。只有这样，工会才能形成制约资本的集体力量，扭转劳资力量失衡的局面，实现化解劳资矛盾、促进劳资和谐的目标。但从目前情况看，工会工作中的一些深层次、结构性问题，仍然制约着工会组织作用的发挥。其中最重要的是"机关化、行政化、贵族化、娱乐化"的"四化"问题在工会组织中不同程度地存在。中央党的群团工作会议对"四化"问题的具体表现形式做了深入的剖析。习近平总书记一针见血地指出，"四化"问题的本质是脱离群众。这是工会工作面临的最大危险。如果工会组织不能同职工群众形成更加紧密的血肉联系，无法赢得广大职工群众的认同和支持，"平衡劳资关系"就只会是一句空话，工会也就失去了存在的全部理由。

中央党的群团工作会议吹响了群团改革的前进号角。2015年11月，中央深改组批准了全总机关改革试点方案。该方案明确提出，要坚持问题导向，通过工会改革创新，努力克服"四化"问题，始终保持和增强政治性先进性群众性。2017年4月，中共中央、国务院印发《新时期产业工人队伍建设改革方案》，这是党中央坚持以人民为中心的发展思想和全心全意依靠工人阶级方针的重要体现，从巩固党的执政基础、实施制造强国战略的高度，为推进工会改革提供了重要的思想武器和行动指南。工会是工人阶级的群众组织，引领团结广大产业工人坚定不移听党话、跟党走，在党和国家工作大局中更好地发挥产业工人队伍的主力军作用，既是产业工人队伍建设的本质要求，也是工会改革的必然选择。由此可见，产业工人队伍建设改革与工会改革相辅相成、密不可分。新形势下的工会改革，必须坚持以产业工人队伍建设为出发点和落脚点，主动适应产业工人队伍发展新特点，以促进企业和谐劳动关系为主战场，创新面向产业工人的工会工作体制机制，在涉及产业工人思想引领、技能提升、权益保障、作用发挥等方面发挥积极作用，更好地体现"党联系职工群众的桥梁纽带""职工利益的代表者维护者"的本来面目。实现这个目标任务，牵涉面广、政策性强，改革攻坚的难度也很大，不可能在局部或某个领域单独进行，也不是制定一两个政策就能解决的，而是必须进行全面、系统、科学的筹划。

综上所述，无论是应对劳动关系带来的新形势新情况，还是解决工会自身的"顽疾"，工会改革都必须以专业层面的筹划作为前提、基础和保证。所以，把顶层设计引入工会改革的领域，为实现"强三性、去四化"做好总体筹划，已经迫在眉睫。

## 三 深圳工会改革的顶层设计

深圳是改革开放的先行地。推动工会改革是摆在深圳工会面前的重大历史使命。中央党的群团工作会议召开后，在深圳市委和广东省总工会的领导下，深圳市总工会积极谋划和推进工会改革，以专业化的顶层设计为工会明确改革方向、重点和路径。主要有以下几个特点。

### （一）紧紧围绕"强三性、去四化"，深入贯彻落实中央群团工作会议精神

党的十八大以来，习近平总书记多次就新形势下我国工人阶级和工会工作发表重要讲话并做出重要指示，提出了一系列新思想新观点新要求，包括坚持全心全意依靠工人阶级的方针，工会自觉接受党的领导，坚持走中国特色社会主义工会发展道路，把为实现中华民族伟大复兴中国梦而奋斗作为新时期我国工人运动时代主题，大力弘扬劳模精神、劳动精神、工匠精神，工会必须高举维护职工权益旗帜，工会必须坚持增强"三性"、去除"四化"改革方向，基层工会建设要着力"扩大覆盖面、强化服务意识、加强队伍

建设"，加强新形势下工人阶级地位及工运理论研究等。习总书记的重要论断，深刻阐明了工人阶级和工运事业一系列重大理论和实践问题，明确指出了做好新形势下工会工作的方向目标和基本要求。

近年来，深圳市总工会把学习贯彻习总书记系列重要讲话精神作为首要政治任务来抓，围绕中心、服务大局，在加强基层工会建设、履行维护职工合法权益的基本职责、加大对困难职工和农民工的服务力度、维护职工队伍稳定和工会组织团结统一、团结动员广大职工为深圳经济社会发展建功立业等方面，关口前移、主动作为，取得了一系列的进步和成绩，得到了深圳市委和上级工会的充分肯定。

但对照习总书记的指示、批示精神，深圳工会工作仍然存在一些突出问题和不足，主要有"机关化、行政化"问题不同程度存在，工会领导机构广泛性、代表性和领导力不够，紧密联系和服务职工群众的组织体系、运行机制和工作方式有待进一步完善，基层工会组织和工作力量薄弱问题尚未彻底解决，一些工会干部维权服务的能力不足。

深圳市总工会明确提出，必须深入学习贯彻习总书记系列重要讲话精神和治国理政新理念新思想新战略，按照"强三性、去四化"的工作要求，坚持以职工为中心，关口前移、主动作为，突出维护职工合法权益、服务职工群众的主业主责，强化基层夯实基础，创建科学、高效、规范的体制机制，把党和政府的温暖送到职工群众心坎上，让工会成为职工看得见、信得过、靠得住的"职工之家"，引导广大职工听党话、跟党走。

在这方面，主要是筹划两项改革任务。一是改革工会领导机构。在深圳市工会代表大会代表及深圳市总工会委员会委员、常委会委员中，适当增加基层代表的比例，其增加部分从一线职工和基层工会工作者中产生，使基层代表比例达到或超过改革的要求。调整深圳市总工会机关内设机构。在内设机构总数保持不变的前提下，通过内部调整，强化基层组织建设、工会维权、服务职工等职能部门，健全完善职工服务中心等窗口服务单位。二是改进机关干部管理方式。包括领导干部实行专兼挂相结合、探索工会干部遴选制、推动工会干部与党政部门干部双向交流等。

## （二）坚持问题导向，着力解决改革重点难点问题

在推进群团改革中，通过领导成员"专兼挂"、提高群团领导机构的群众代表性等方式推进机构人事制度改革是必要的。但这些是容易做到的改革，并不是重点，改革的重点是加强群团组织的基层基础。2017年8月22日，习近平总书记对群团改革工作做出重要批示，要求群团改革直面突出问题，增强群众工作本领，注重夯实群团工作基层基础。

在深圳，广东省总工会和深圳市总工会从2014年9月起，选择三个企业和职工人数多、劳资纠纷多发的工业社区和园区，创办源头治理劳资纠纷试验区，通过基层工会体制机制改革，打通联系职工的"最后一公里"，在预防和化解劳资纠纷上实现新突破。2016年10月，广东省总工会在深圳召开现场推进会，总结推广试验区工作经验。这对深圳市总工会是很大的鼓舞和鞭策。从全市的情况看，尽管663个社区都建立了工联会，但发挥作用的只占50%。因此，加强基层工会建设仍然是深圳市总工会当前和今后一个时期的一项重点工作。为加快工作进度，2017年初，深圳市总工会提出用2~3年时间，依托社区党群服务中心，全面推进社区、园区、楼宇及行业工联会建设，逐步为各社区配备职业化工会工作者，建设一批"会站家一体化"的职工之家，保证基层工会有人办事、有钱办事、有活动阵地。截至2017年，已对503家社区工联会进行了强化和提升，35栋楼宇成立了工联会，建成有活动场地的职工之家557个，职业化工会工作者人数达550人。在2017年12月召开的全国工会改革电视电话会议上，深圳市总工会就基层工会改革做了典型发言。

在地方工会的指导下，工联会依法依章程开展企业民主建会、职工服务和维权等重点工作。2017年3月底，深圳中银大厦成立了楼宇工联会，该楼宇入驻企业有260家，以中小微企业居多，楼内从业人员1000多人，企业单独组建工会难度较大。针对这种情况，工联会通过扎实有效的工作，成立了41个工会小组，发展会员500多人，搭建起服务职工群众、促进企业发展的重要平台，赢得企业与职工的认可和信赖，目前已有三家企业筹备单

独建立工会。这些工作实践告诉我们，工会改革的一项重要内容就是强化工联会组织建设和工作力量，以此推动基层工会活起来、强起来，成为团结凝聚职工群众的坚强阵地。这符合中央群团工作会议精神，也反映了广大基层工会干部的心声。

### （三）主动适应形势发展要求，凸显深圳特色

在筹划工会改革时，深圳市总工会注重突出时代特点和深圳特色，力求工会改革具有时代性、规律性。

一是把产业工人队伍建设作为重点改革任务来抓。深圳是产业大市，也是产业工人集聚地。加快推进产业工人队伍建设改革，对于深圳加快创新驱动发展、经济转型升级步伐，具有十分重要的意义。近年来，深圳市总工会围绕产业工人队伍建设，开展了一系列实践探索，这其中一项重要工作就是开展劳动和技能竞赛。2017年7~12月，深圳市总工会与深圳市人社局联合举办了深圳市第九届职工技术创新运动会，BIM技能应用、3D打印产品设计与制造、机器人自动化技术及应用等62个竞赛项目涵盖新一代信息技术、互联网、生命健康等多个领域，参与职工达35万人。实践证明，职工技术创新运动会是促进产业工人成长成才、全面发展的重要载体。下一步，深圳市总工会将以更大的动员力把各类劳动竞赛推向深入，探索建立技能培训、练兵、竞赛、晋级四位一体的职业技能发展模式。同时，将按照深圳市委和上级工会的部署安排，积极参与产业工人队伍建设改革的方案细化、制度建设、协调推进等工作，努力建设一支有理想守信念、懂技术会创新、敢担当讲奉献的宏大的产业工人队伍。

二是强化互联网思维，建立以全覆盖实名制普惠性为核心的"互联网+普惠服务"工作体系。这个工作体系，以最大限度团结和凝聚职工群众为目标，依托工会组织架构，综合运用新的信息技术手段，以职工现实需求为导向开发普惠性服务项目，努力实现服务对象从特殊群体向全体会员转变，服务方式从工会"定菜单"向职工"点菜单"转变，服务手段从线下为主到线上线下互动融合转变。2016年以来，围绕这项重大改革，信息化

平台建设、会员实名制信息采集、会员服务卡开发、普惠项目规划实施等各项工作全面展开、有序推进，不断提升深圳工会组织的服务能力和水平。2017年11月，首批深圳工会会员服务卡向全市工会会员发行，这是深圳工会改革和普惠性服务工作阶段性成果的一次集中呈现。

由深圳市总工会与中国银行联手开发的深圳工会会员服务卡，是深圳工会实施会员实名制管理和普惠性服务职工的重要载体，具有识别会员身份、承载工会服务项目、宣传工会形象、对接政府公共服务和商家服务、提供金融服务等功能。形象地说，它是深圳工会会员的"身份证"，也是为职工会员量身订制的"暖心卡"。深圳市总工会希望，通过发放会员服务卡，推动各级工会、职工会员与服务资源的广泛联结，使工会服务职工的空间更大、范围更广、边界更宽，不断增进职工群众获得感；通过发放会员服务卡，为工会组织履职尽责、发挥作用搭建平台，让更多职工群众参与工会工作的方方面面，更好地体现"工会是职工群众娘家人"的本质属性；通过发放会员服务卡，拓展工会组织参与社会建设、促进社会和谐的路径和渠道，在服务党和政府工作大局中体现新作为。

随着会员服务卡的发放，由会员服务卡承载的教育宣传、素质提升、法律维权、帮扶解困等各项普惠职工项目将陆续推出。会员服务卡要真正成为广大职工会员愿意用、喜欢用的"爱心卡"，各项普惠职工项目要真正落地见效，需要以更好的作风、更大的力度，深入细致、务实有效做好各项工作。接下来，一是要强化工作合力。深圳市总工会各部门要加强联系、协调、指导和督促全市各级工会组织开展会员服务卡发放和普惠性服务工作。各区、新区总工会要按照深圳市总工会的要求，制定具体工作措施，精心筹划、科学安排各个环节的工作，形成上下联动、整体推进的良好局面。二是要做好信息采集工作。这是工会组织建设的基础性工作，是发行会员服务卡的重点和难点，事关普惠性服务工作的顺利开展。各级工会组织要明确分工，指定专人负责，创新工作方式方法，确保信息资料的收集全面、准确。三是要加强宣传发动。充分利用各种新闻媒体和信息平台，广泛宣传会员服务卡和工会普惠性服务的内容，吸引更多企业和社会资源合作参与，激发广大职工会员的热情。四是要完善服务项目。紧密对接职工实际需求,从提升服务质量、丰富服务内容、做实服务品牌、创新服务功能等方面入手,努力为会员提供高效、便捷、优质的服务。

三是健全完善工会维权工作制度机制。坚持在党委领导下的维权机制中积极作为,充分发挥基层工会第一知情人、第一报告人作用,针对重点人群和重点行业做好风险信息收集和研判;与深圳市中级人民法院联合成立劳动争议诉调对接工作室,致力于共同预防和化解劳动争议;健全同人社、安监、住建、卫生、市场监管、公安等多部门协作机制,增强落实劳动法律法规、打击劳动关系领域违法行为的工作合力;引进国际先进的对话参与式培训方法,在部分重点企业开展"聚力计划",通过对54家企业27次集中培训研讨、139次入企培训,让企业高层管理者、工会干部和员工代表共5194人次掌握有效的劳资对话沟通方法,有力推动了集体协商机制的深化。

# B.14
# 创新企业民主管理机制的研究与思考

潘 洋*

**摘　要：** 企业民主管理关系职工民主权利的真正落实及企业在经济社会竞争中能够生存发展的重大问题。企业民主管理有多种形式，法定的基本形式是职工代表大会（职工大会）制度，另一重要形式是厂务公开制度。本文根据2017年度调研情况，总结广东及深圳等地工会组织推行企业民主管理工作，发挥职代会和厂务公开在民主管理、民主监督、民主决策中的作用，保证企业职工参与企业决策、民主监督，维护职工合法权益等创新做法，提出新时期推进企业民主管理工作的思路。

**关键词：** 民主管理　职代会　厂务公开　创新

大力推进企业民主管理工作，是各级工会组织及有关部门按照《工会法》、《工会章程》和《劳动合同法》等法律法规要求，保障和落实职工知情权、参与权和监督权，维护职工合法权益，促进企业和谐发展的重要举措。主要是通过工会组织发动职工参与企业经济活动和管理活动，促进企业民主发展，追求公平正义，实施职工监督。由此可见，民主管理是构建和谐劳动关系的强大动力。

2017年，广东省总工会在全省范围内开展了企业民主管理调研检查

---

\* 潘洋，深圳市总工会。

工作。根据统一部署,全省按片区划分多个互检小组,其中深圳、东莞、惠州、河源、清远、韶关六市组成第二互检小组。调研检查期间,互检小组通过查看企业工作现场、查阅档案资料、观看PPT、召开专题座谈会等形式,对10家企业进行抽查调研,还专门听取各市总工会的工作汇报。总的来说,各市都认真贯彻落实上级对企业民主管理工作的要求,以职工代表大会制度(下称职代会)、厂务公开为重要形式,以其他民主管理形式为补充,在维护职工合法权益、稳定和谐劳动关系方面取得了较好成绩。同时,每个城市在推动民主管理工作中,除完成上级工会安排的任务(规定动作)外,还根据各市的实际情况,增加了很多"自选动作",其亮点纷呈、各有特色、成效显著,促进了广东省企业民主管理工作的纵横发展。

## 一 形成共识,加强监督,认真开展企业民主管理工作

职代会制度和厂务公开制度是企业民主管理的两条腿,两腿走路才能走得稳平快,两者都很重要。职代会制度是企业维护职工民主权利和经济利益的重要制度,厂务公开制度是企业依照有关法律法规,把在生产过经营程中与企业职工切身利益有关的情况,通过宣传栏、各种会议及电子网络传播方式向职工公开,接受职工的评议和监督,维护员工的知情权和参与权。企业党政工、监察部门负有督促开展民主管理工作的职能,保证真正把企业民主管理工作落到实处。

### (一)发挥职代会作用,深入推进企业民主管理工作

职工要参与民主管理,最佳的途径就是通过企业职代会这一基本形式来实现,因为它具有法律法规依据,经过多年实践证明是行之有效的企业民主管理形式。随着我国社会经济的不断发展,各市都面临职工队伍不断扩大、企业职工参与民主管理的愿望与需求不断增加的新情况,因此建立健全职代会制度已是势在必行。

1. 从职代会制度建设着手,保证职工参与民主管理渠道畅通

坚持以职代会作为民主管理的主要载体和基本形式,引导企事业单位加强基础管理,使民主管理形式更加贴近职工、贴近实际。在召开企业职代会的前一个月,职工代表积极准备提案,举办不同层次的座谈会,通过走访职工,多方听取意见,了解职工的所思所想,力争使每条意见都符合实情民意。企业按照程序,由公司总经理或代理人在职代会上做工作报告,将当年企业的发展方向、生产经营理念、阶段实现目标等向职工代表报告,并向职工提出齐心协力完成当年生产目标的要求。职工代表在会上讨论总经理报告,提出意见和建议,与行政方商榷,双方形成决议,向全体职工通报。

企业职代会闭会期间,工会组织职工代表进行巡视,监督职代会提案的落实情况。例如,深圳巴士集团长期坚持职代会制度,每年定期召开集团、二级公司职代会,充分行使职工民主管理与监督职能。公司高层领导还通过年度总结大会、工作例会、总经理办公会、员工代表座谈会、走动服务等方式,向员工通报公司经营管理情况。同时将公司的经营动态、员工关心的问题等通过网站、OA 系统、微信平台、内刊、专栏和工作文件发布,确保公司各项经营活动的透明性。工会组织参与干部的民主评议、晋升考核,并将考核结果在公司 OA 系统张榜公示。

2. 从职工代表选举入手,确保职工代表的"代表性"和"合法性"

在实践中,职工跟着工会走的基础环节,就是强调依法落实职工民主权利,要求职工代表认真按照程序由职工选举产生。在每年定期召开的职代会上,由职工代表将公司重大问题如职工薪酬、休息休假、安全生产、《集体劳动合同》等与职工切身利益有关的问题提交大会讨论,职工代表通过提案把职工的意见和建议交给大会讨论,并通过协商讨论达成共识,形成决议。

深圳罗湖区百佳超级市场公司按各部门人数比例合理分配职工代表人数,由各部门自下而上推荐、民主选举出职工代表。雅兰酒店采取公推直选方式,选举出真正替广大职工发声、富有责任心、能得到大部分职工支持的职工代表。在代表名额分配过程中,他们结合酒店行业入职门槛低、年纪

轻、学历要求不高、技术含量低等特点，按照性别、学历、入职时间和工种等比例，实行民主选举，取得了很好的效果。

3. 从创新职代会形式着手，探索开展区域性、行业性职代会工作

深圳市总工会曾提出建设"有用工会、实力工会"和源头治理劳资纠纷试验区的工作思路。在建设"两会一区"的实践中，深圳市总工会尝试在一些工业园区开展区域性、行业性职代会工作，试验区以工业园区职工之家为重要载体，着力推进有用工会、实力工会建设，从而打通各级工会与企业工会、职工会员的"通道"，直接作用于企业、服务于职工。

为了增强职代会制度在实际工作中的可操作性，各基层单位积极探索职代会的日常工作形式。对于民营企业，根据其特点实施民主管理，比如企业规模小，劳动关系不稳定，职工流动性大，大部分集中在街道、工业园区、商业大厦等，可以根据这种企业小而精、公司制度灵活的特点，采取以区域性、行业性职工代表大会为载体的形式，有效拓宽企业民主管理工作的覆盖面。

### （二）加强厂务公开工作，提高厂务公开效能

1. 抓关键，在组织领导上强力

健全"党委统一领导、党政工共同负责、有关方面齐抓共管、职工群众广泛参与"的领导机制和工作机制。各级党委、政府、工会站在"维权就是维稳"的高度，坚持推动企业持续发展与建立健全基层民主政治建设并重的原则，要求企业增强民主意识，承担社会责任，加大厂务公开民主管理制度建设的推进力度。

如韶关市，领导带头推行厂务公开制度。深圳市委、市政府始终高度重视厂务公开民主管理工作，全市各级纪检监察和组织部门，把厂务公开民主管理作为基层民主政治建设、党风廉政建设及反腐败"源头治腐"工作的重要内容，统一部署、统一考核，组织相关单位联合开展督导检查。通过强化责任意识，真正形成各部门之间相互协作、高效配合的联动推进局面。厂务公开发挥职工的民主监督作用，增强企业管理的透明度，使干部增强廉洁

自律的自觉性，做到"让职工明白，使干部清白"，促进企业的党风廉政建设，形成上下一心干事创业的良好氛围。

2. 抓联动，在责任主体上着力

实行联动制度推动厂务公开工作，具体表现为党政搭台，工会唱戏，齐抓共管，形成合力。工会作为引导职工推进民主政治建设的重要力量，发挥其在推进厂务公开民主管理工作中的作用，联合企业行政开展厂务公开活动，在企业建立民主管理制度、组织广大职工参与民主管理、推行厂务公开工作中，工会更多地承担了具体工作，肩负着重要职责，同时还要研究新时期劳动关系、企业与基层工会面临的新情况，不断创新厂务公开工作的新举措。

3. 抓方法，在工作方式上努力

把厂务公开民主管理工作与发展企业文化、建立现代企业制度有机结合起来，不断完善企业民主管理制度，夯实企业民主管理工作基础。加强企业民主管理，在对工会干部、职工代表的培训上下功夫，提高工会干部工作水平，做好先进单位的经验交流工作，加强企业党政工三方联动，推动民主管理走上正常轨道，以创新精神推进企业健康和谐发展，探索适合深圳非公有制企业特点的民主管理工作新路子。

## 二 突出重点，健全制度，创新非公企业民主管理方式

非公企业因其体制的特殊性，生产资料属企业主私人所有，企业管理往往会出现一言堂、老板说了算的局面，老板和员工之间缺乏沟通渠道，极易产生劳资纠纷。为了加强企业工会与企业方联系，及时解决职工的诉求，将企业内部的劳资矛盾化解在萌芽状态。深圳龙岗在全面推动非公企业民主管理工作中，结合本区实际，尝试创新工作方式方法，在全市率先探索建立企业工会与企业方联席会议制度，拓宽民主管理的范围和途径。该制度将职代会、厂务公开、平等协商等工作职能整合起来，有效实现制度整合、工作联动的局面。

## （一）完善机制，探索实行联席会议制度

**1. 建立联席会议的组织制度**

为帮助基层工会顺利开展工作，龙岗区总工会制定联席会议制度、联席会议议题公示草案、联席会议记录表、联席会议纪要、联席会议决议事项公告表五个模板，明确会前、会中、会后工作实施步骤，把握操作关键点，提升联席会议质量。

在会前，一是确定会议议题。会议召开之前由企业工会围绕企业经营发展、企业劳动关系的新情况、维护职工合法权益过程中存在的突出问题等，在充分听取职工意见和广泛论证的基础上提出议题草案；企业方也可就经营管理、劳动制度、福利待遇等认为需在联席会议上研究解决的问题提出议题草案。二是确定召开时间及参加人员。联席会议原则上每半年召开一次，参加人员包括企业工会全体委员、企业主要负责人、企业人事行政负责人、与议题相关的企业其他部门负责人，视情况可邀请职工代表参加。

在会中，就职工反映的工资福利、社会保障、劳动安全卫生等涉及职工群众切身利益的突出问题和职工关注的热点难点问题进行协商，研究构建和谐劳动关系的措施和办法；企业方通报企业经营发展状况、重要生产工作计划及涉及职工利益的重大措施的制定、执行情况和取得成效等。

会后及时将联席会议议定的事项形成会议纪要，向全体职工公布落实会议确定事项，同时加强与企业有关部门的联系和沟通，督促检查相关事项的落实情况。

**2. 完善与联席会议制度相适应的工作方式**

企业工会注重以职工需求为导向，完善工会与职工会员之间的双向沟通交流机制，通过落实联席会议制度，保障职工会员意见及时、有效传递，同时建立工会委员包片联系职工、委员接待日、委员进宿舍等工作机制，开设工会信箱、公众号、微博、QQ群、微信群等，建立多维度的沟通渠道，及时掌握和了解职工会员的诉求和动态，有的放矢地开展工作。

3. 分类分部门处理职工的各类诉求

将收集到的职工意见、诉求汇总整理，提交企业工会与企业方联席会议讨论协商，并分类跟进处理。职工向企业提的合理化建议，由企业行政部门处理；劳资矛盾诉求，由企业劳动争议调解委员处理；社区"职工之家"服务、社区卫生、公共服务、出行安全等问题，呈报社区主管部门跟进处理，并及时公示处理结果；身心健康诉求，由企业心灵驿站处理；企业"职工之家"服务建议，由企业工会委员会处理。通过分类处理，有效解决了职工各项诉求，促进企业劳资双方和谐发展。

## （二）多点融合，畅通实现职工民主权利渠道

1. 找准契合点

联席会议是为促进企业发展稳定、构建和谐劳动关系、维护职工合法权益、协商解决共同关注的重大事项和问题而召开的专门会议。通过联席会议的平台，企业方可以及时了解和掌握职工的意愿和要求，也可以研究关于动员和组织职工为实现企业生产计划、推进企业健康发展"建功立业"的有关问题；企业工会则可更多研究解决工资福利、社会保障、劳动安全卫生等涉及职工群众切身利益的突出问题和职工关注的热点难点问题，维护职工合法权益。

2. 化解敏感点

以往劳资双方协商会议，关注点只局限在利益矛盾，话题敏感尖锐，双方易产生对立情绪，导致老板不愿谈、职工代表不敢谈的局面。而联席会议中企业方可以通过会议传达生产经营管理重大消息及相关制度执行等情况，企业工会则作为职工代表方在会上表达合理诉求并能得到迅速的回应，由"事后谈"变为"事前谈"，重在劳资双方沟通理解，达成共识，有效化解敏感局面。因而，联席会议更容易获得各方的认同和支持。

3. 充实薄弱点

一是非公企业是薄弱点。非公企业工会工作是新领域，建立职代会制度难度很大，主要是认识不到位、宣传不到位，部分企业行政方有所顾虑，怕

影响生产而不支持召开职代会，民主管理方面存在薄弱环节。二是职代会运作也存在问题，如职代会召开间隔时间过长。大多数企业职代会是一年或两年召开一次，导致职工权益问题不能及时解决；职代会要求有一定数量的职工代表参加，职工代表选举、公示及其他程序较多，在操作上增加了会议成本和难度；部分企业虽建立职代会制度，但由于企业行政方的民主管理理念薄弱，职工的知情权、审议权等权利得不到有效保障。联席会议则以其短平快灵活的优势，有效地充实职代会的薄弱环节。

4. 强化承接点

一是做好职工各项诉求处理解决承接点。联席会议后将职工各项诉求解决情况进行梳理，形成诉求处理公告，明确各项诉求解决方案、落实部门、落实时间、责任人、跟进人等情况，做好诉求承接与处理跟进。二是做好联席会议与职代会的承接。将联席会议实施情况通过职代会向职工进行传达，涉及企业规章制度、薪酬调整等职工切身利益的重大事项须按规定提交职代会讨论通过后方可实施。

## （三）统一认识，推进工作，促进企业和谐发展

1. 统一思想，认识到位

在企业开展厂务公开工作，首先要加强学习，大力宣传，提高认识；其次要统一思想，增强意识，积极行动。使大家明确实行厂务公开的重要意义，解决畏难情绪和模糊认识问题，把"要我公开"变为"我要公开"，变被动为主动。通过厂务公开栏、企业内部电子网络等方式把需要公开的重点问题告知职工，真正落实职工的知情权。

2. 检查督导，工作到位

如惠州，一直坚持把厂务公开民主管理工作揉进工会的各项工作中，统一部署、统一规划、统一安排，年前有计划，年中有检查，年末有总结。充分发挥"市委领导、纪委牵头、工会运作、部门配合、群众参与"的工作格局作用，团结一致，齐抓共管，一级对一级负责，一级促一级，层层抓落实。坚持每年召开两次厂务公开工作会议、厂务公开协调小组会议或厂务公

开工作座谈会,惠州市领导每次都亲自到会听取汇报,帮助解决问题,提出严格要求。惠州市厂务公开协调小组每年进行两次以上检查指导,对公开内容的真实性和时效性、程序的合法性和完整性进行检查,及时纠正各种不规范的行为。

3. 狠抓质量,落实到位

近年来,广东河源在国有企事业单位厂务公开工作所取得的经验做法的基础上,大力推进非公有制企业厂务公开民主管理工作,80%以上已建工会非公有制企业能较好地实行厂务公开民主管理目标任务,如广东三友集团有限公司、广东霸王花食品有限公司、龙川县威达绝缘公司、龙川县德信药业等。从实际效果情况来看,通过推行厂务公开民主管理,有效维护了职工的权益,促进了企业发展及社会和谐稳定。同时,已实行厂务公开民主管理的企业内部监督约束机制得到加强,一些管理人员违法违规、商业贿赂、任人唯亲等现象在一定程度上得到遏制。

4. 一票否决,监察到位

清远探索建立了三项新厂务公开工作机制。一是建立厂务激励约束机制。把厂务公开工作与领导班子和领导人员的绩效挂钩,实行评先树优厂务公开工作一票否决制。开展厂务公开工作搞应付、假公开,群众不满意的单位,不得参加企业的综合评比,该单位党政工领导也不得参加个人评先;对厂务公开走在前列、坚持创新的单位不仅给予表彰奖励,还要在参加上级评先时优先推荐,真正体现奖优罚劣。二是建立厂务责任追究机制。各级纪检监察部门作为厂务公开工作监督机构,对违反职代会决议和厂务公开有关规定导致矛盾激化,影响企业和社会稳定的企业领导人员,坚决实行责任追究。发现厂务公开工作中存在的违法违纪案件线索,敢于运用法律法规对涉案单位和个人进行严肃查处。三是建立厂务信息收集指导制度。各级工会组织作为厂务公开工作的日常办事机构,建立公开信息收集、经验总结、工作指导等制度,加快信息反馈、督促解决的制度化建设,针对厂务公开涉及面广的实际,加强与党政、纪委及有关部门的联系与沟通,及时通报工作情况,提出工作建议。

**5. 选树示范，推广到位**

各市区总工会按照"组织健全、运行良好、形式多样、程序规范"的标准，采取有效措施，组织不同类型企事业单位参与创建活动。重视榜样力量，由典型示范引领，做到以点带面，逐步推进。召开不同层次的经验交流会，总结推广先进单位的好经验和好做法，带动企业民主管理规范化水平的提升。近年来，深圳建立选树厂务公开民主管理典型示范单位制度，每两年一届。要求各级工会每年发现、培养 1～3 家厂务公开民主管理示范单位，要求选树示范单位时，要根据企业的不同情况，从实际出发，不搞一刀切，采取抓亮点、树典型的方法，形成辐射作用、效能作用，带动全市民主管理工作的开展。东莞在每个镇街树立三个职代会建设示范企业，对代表产生、会前准备、大会召开、会后落实、总结评价等各个环节进行严格规范，打造职代会标准流程。经过精心培育，选树莞城京滨、塘厦三洋马达、横沥联志玩具、桥头技研新阳等一批职代会样板企业。这些企业起到良好的辐射示范效应，促进全市非公企业职代会工作的良性发展。

## 三　典型引领，紧跟形势，拓宽企业民主管理思路

### （一）把握厂务公开民主管理工作新要求

一是认真组织学习、深入领会党的十九大精神，贯彻落实中央和广东省、深圳市群团工作会议的有关要求，准确把握厂务公开民主管理工作面临的新形势新任务，深刻认识厂务公开民主管理工作在完善基层民主制度、发展社会主义民主政治，完善法人治理结构、加强科学管理，加强和创新社会管理、构建和谐劳动关系、推进企业领导人员廉洁从业和反腐倡廉建设中发挥的重要作用。二是联系实际，认真分析本地区本单位厂务公开民主管理工作的情况，找准自身存在的问题和薄弱环节，把思想和行动统一到广东省总工会部署的目标任务上来，进一步增强做好工作的责任感、紧迫感，把工作

做得更加扎实、深入。采取有效措施，破解工作中遇到的新情况新问题，力求在厂务公开民主管理工作上取得新成效。

## （二）抓好职代会工作，畅通职工民主参与渠道

健全职代会制度，进一步提高职代会建制率。目前中小型非公企业数量多，已成为吸纳劳动力就业的主要渠道，大量劳动关系矛盾也主要集中在中小型非公企业。各级工会应从实际出发，深入开展职代会、厂务公开建制专项工作。畅通民主参与渠道，采取民主管理委员会、民主议事会、劳资恳谈会、民主协商会、总经理信箱、总经理接待日等民主形式，并与职代会、厂务公开、职工董事、职工监事等制度有效衔接、相互促进，形成推进企业民主管理工作的制度合力。

## （三）建立厂务公开平台，推进民主管理信息化建设

一是继续推进网络信息化建设和应用。抓好深圳国有企业重点领域信息公开数据的及时填报工作，按照重点领域信息公开栏建设的有关文件精神，创新公开形式，完善公开程序，规范公开内容。二是强化互联网意识，探索适应"互联网＋"时代要求的职工民主参与形式，加强舆论宣传，在充分运用广播电视、报刊、意见箱、总经理接待日、劳资恳谈会等传统媒体的基础上，利用现代通信工具如微信、微博、App、手机报等新媒体，大力宣传企业开展民主管理的典型。三是发挥互联网优势，采取"网上民主评议""网上职代会提案""网上厂务公开"等方式，降低职工民主参与门槛，使职工群众更广泛、更有效参与企业管理，用"互联网＋"催生企业民主管理新活力，推动基层民主政治建设创新发展。

## （四）重培训，强素质，建设一支高素质的工作者队伍

推进职工代表素质提升工程，建设一支高素质的企业民主管理工作者队伍，培养一批热爱工会工作、关心职工群众、竭诚服务职工的"贴心人"。培养能够代表职工、敢于参政议政、熟悉民主管理知识的职工代表。通过培

训推进深圳厂务公开民主管理规范化建设，加强对企业经营者、党政干部、工会干部的培训和引导，提高他们对企业民主管理重要性的认识，强化依靠职工办企业的理念，提升企业民主管理影响力。特别是要加强对职工代表的培训，提高参政议事、履行职责、参与民主管理的能力，提升职工代表的整体水平。

### （五）明目标，创示范单位，引领民主管理工作上水平

一是继续做好两年一届的评选厂务公开民主管理示范单位工作，对示范单位要坚持高标准、严要求，不搞"终身制"，最大限度地组织企事业单位参与创建。把已经选为典型示范单位的企业作为联系点，加强培育和指导，充分发挥典型引领作用，适时召开厂务公开民主管理先进单位表彰会议暨经验交流会，总结宣传典型经验，发挥先进典型的辐射带动作用。二是加强定期监督检查。加强动态跟踪考核。把创建示范单位活动作为重要抓手，推进企业民主管理制度化、规范化、法治化建设，使民主管理真正融入企业经营管理活动，成为企业经营管理制度的有机组成部分。推动企业民主管理各项制度建立完善和规范运行。三是明确目标，把职代会作为平台，将厂务公开制度、职工董事监事制度、集体合同制度有机结合，实现"捆绑式"推进，使其相互依托、相互促进。在非公企业中推行联席会议制度。提高企业方对企业民主管理的理解与认识，使之重视职工在生产活动中的主体地位，倾听职工们的诉求，保障职工合法权益。

# 劳动关系和谐度测评篇

Evaluation of Labor Relations Harmony Index

## B.15
## 深圳迈瑞生物医疗电子股份有限公司劳动关系和谐度测评报告

汤庭芬 艾宏扬 张克锋 高光明*

**摘　要：** 深圳迈瑞生物医疗电子股份有限公司（以下简称迈瑞）是中国领先的集高科技医疗设备研发、制造、销售为一体的民营企业，也是全球领先的医疗设备与解决方案供应商。公司创始于1991年，总部位于中国深圳。业务涉及生命信息与支持、体外诊断、数字超声、医学影像四大领域。作为全球生命信息与支持领域的领导者，迈瑞为临床提供安全、高效、易用的整体解决方案，包括急救、围术期和危重解决方案。本文介绍迈瑞公司的发展脉络，分析该公司在和谐劳动关系构建中的基本做法、现状及

---

\* 汤庭芬，深圳市社会科学院；艾宏扬，深圳市福尔泽文化发展有限公司；张克锋，深圳市德育教育基地；高光明，深圳市福尔泽文化发展有限公司。

其存在的不足，并提出相关对策建议。

**关键词：** 迈瑞医疗　和谐劳动关系　测评

## 一　公司发展历程

迈瑞一直放眼全球市场的拓展，在北美、欧洲、亚洲、非洲、拉美等地区的32个国家拥有子公司。迈瑞全线产品远销190多个国家及地区，已在美国、英国、德国、法国、意大利、西班牙等国家的医疗机构赢得广泛认可，是全球顶尖医疗机构的长期伙伴，如意大利Parma儿童医院、英国RIE医院、瑞典Karolinska医学院和印度CMC vellore医院等。在中国31个省份设有分公司，有超过40家分支机构，形成了庞大的全球研发、营销和服务网络。迈瑞融合创新，紧贴临床需求，帮助世界各地人们改善医疗条件、降低医疗成本。目前，迈瑞的产品与解决方案已应用于全球190多个国家和地区，以及中国近11万家医疗机构和99%以上的三甲医院。

迈瑞建立了基于全球资源配置的研发创新平台，拥有八大研发中心，共有1600余名研发工程师，分布在深圳、南京、北京、西安、成都及美国硅谷、新泽西和西雅图。迈瑞在全球雇员近7600名，是一个以高学历的青年人为主体的创新型团队。公司员工中男性多于女性；本科生、研究生占比达到80%以上，大专生、中专生（含高中生）占比接近20%。

课题组对该公司2017年劳动关系和谐度进行调研和测评。在测评中，课题组从公司总部收回有效问卷59份，其中企业方问卷1份，员工方问卷58份，另收回企业劳动关系和谐度评估表1份。

## 二　劳动关系和谐度测评和分析

依据收回的员工问卷和企业方问卷的统计结果，现将迈瑞的劳动关系做如下分析。

1. 劳动合同

企业方问卷显示，迈瑞员工劳动合同签订率在90%以上。员工方问卷显示，劳动合同签订率为100%。在"劳动合同期限"方面，有85%的受访者签的是"无固定期限"劳动合同（见图1）。

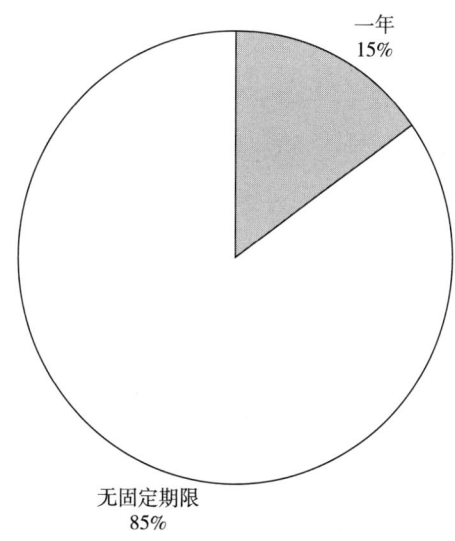

图1　劳动合同期限

在"劳动合同签订方式"选项中，82%的受访者选择"企业单方拟定"，18%的受访者的选择是企业与劳动者协商签订的，而企业方的选择是"企业方提供合同文本，员工认可后签名"。调查组认为签订劳动合同的关键不是由谁起草合同，而是合同内容本身是否符合劳动法规。

在"集体合同签订"选项中，接近95%的受访者选择"没有"或"不知道"，企业方也坦陈正视这一点。从以上问卷内容的结论不难看出，企业方与员工方在具体问题上的回答基本上是一致的，是实事求是的。调查组认为，企业在劳动合同签订上需加强与员工的沟通，在集体合同的签订上要予以突破，都是明确的。

2. 工资支付

迈瑞集团按照《劳动法》和《劳动合同法》的规定，执行相关的劳动

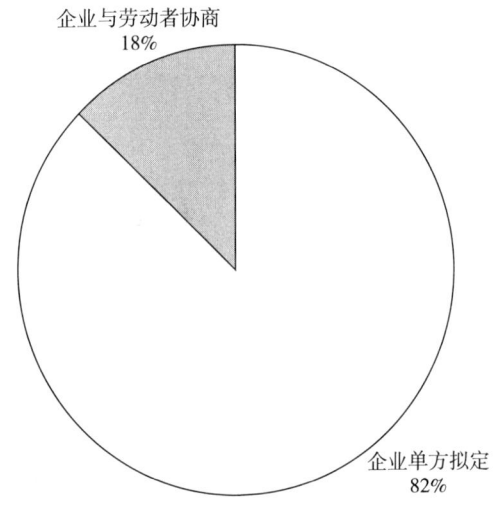

图 2　劳动合同签订方式

法规，每年员工工资均有不同幅度的增长，与同行业平均工资水平相比也略高一些，工资每月及时发放，从不拖欠。员工调查问卷的统计结果也显示，全部受访者认为工资能及时发放，有超过半数受访者的月工资收入集中在6000～8000元（见图3）。其中，品质工程师、管理工程师等月工资收入为10000元以上，客户经理为16000～25000元，高管为50000元以上。

3. 社会保险

迈瑞为全体员工购买了养老、医疗、工伤、失业、生育等保险，并且按时、按规定缴纳保险费。在社会保险之外，迈瑞还为员工购买了补充商业保险，基本上能让员工无后顾之忧。

图4为员工方统计问卷显示的社会保险员工参保率，与公司所述的"全员参保"稍有距离。

4. 工会建设

据员工反映，公司设有工会组织，有专职干部，有工会活动，员工对工会比较信任。根据员工方问卷反映，有76%的受访者表示已加入工会，仍有近1/4的受访者未参加工会（见图5）。工会要真正做到代表员工利益、成为员工"娘家"，还有一段路要走。

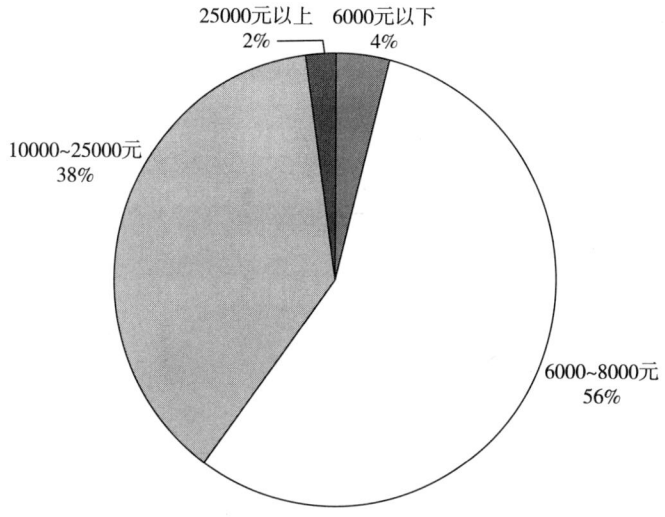

图3 每月工资收入情况

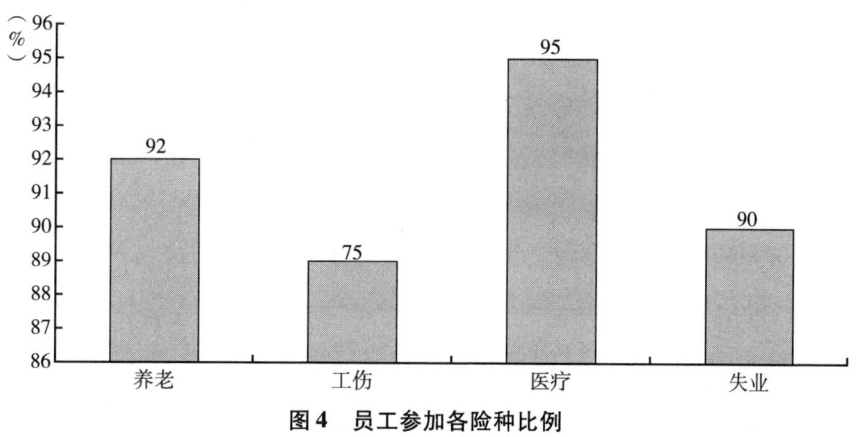

图4 员工参加各险种比例

5. 劳动争议处理

迈瑞发生过劳动争议事件,但属于极个别的情况,劳动争议率非常低(0.2%以下)。在出现劳动争议时,企业和工会能及时介入,协调利益、化解矛盾,争议的调处率很高(95%以上)。迈瑞总体劳动关系处于良性的发展态势。

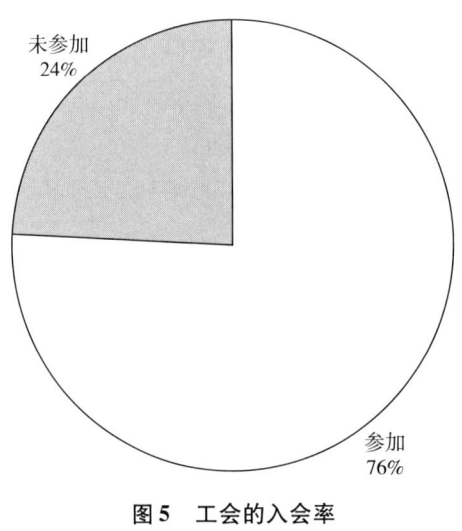

图 5 工会的入会率

## 三 迈瑞建立和谐劳动关系的做法和经验

通过座谈、调研、问卷等科学测评，迈瑞劳动关系"和谐度"总分为9.2分，符合"和谐企业"的要求。

企业劳动关系的和谐，基础在于建立健全薪酬、福利长效机制。这是维护员工根本利益的核心内容。迈瑞劳动关系和谐的基本经验折射出迈瑞薪酬、福利长效机制的重要意义和强大生命力。迈瑞的具体做法如下。

全面地不折不扣地执行薪酬政策，凡是政府有规定的坚决落实。例如，工资按时发放，从不拖欠、拖延。公司每月10日发放员工工资已是不成文的制度，从未随意变更。公司一般不组织加班，即使遇特殊情况加班，也是按政策规定发放加班工资，从不打折扣。员工带薪休假、妇女带薪休产假等，已成惯例，不存在多次要求"明确"或"申请"执行的现象。

不断补充薪酬功能的代替项目。薪酬是员工劳动所得，是政策规定的必须事项，而类似薪酬功效的福利，则是企业经理人的选择，有很大的随意性。迈瑞和谐度测评的实践显示，迈瑞的福利同薪酬一样，都是维护员工利益的事项，并且福利内容越来越宽，作用越来越大。可以说，它既是薪酬的补充，又是发展和谐劳动关系的利益延伸。2017年，迈瑞提供给员工的福利有十大项，包括员工入职体检和年度体检；员工住房公积金；员工意外保险；员工活动，有俱乐部，含篮球、羽毛球、排球、足球等，还有单身联谊活动；节日礼品，如端午节、中秋节、儿童节等；生日贺卡，在员工生日时发放，还有新婚和新父母礼品；伤病员探望；给员工购房免息贷款，帮助员工购买住房；员工交通补贴；员工用餐补贴，全员用餐人均月补330元。

把薪酬福利落实到员工是终极目标。追踪迈瑞落实薪酬福利的奥秘，是三个"不满足"，即不满足政府怎么说就跟着怎么说，一定联系实际，拟定具体实施细则；不满足政府提出的工资最低标准，一定按照公司经济发展实力、承受能力和员工业绩，从优核定员工工资待遇及福利范畴；不满足把工资福利落到人头，一定从加大初次分配改革的角度，用更好地落实薪酬福利待遇去进一步激励员工为实现公司发展规划而奋力拼搏。现在员工工资，低的有5000多元，高的有60000多元。随着迈瑞的持续发展和改革的深化，公司与员工"平等合作、互利双赢"将会实现。

## 四 迈瑞公司劳动关系和谐发展趋势和问题分析

根据调查组座谈和调查了解，迈瑞公司目前在劳动关系方面存在一些需要注意的地方。

该公司应该注意公司业务增长、利润年年增长的同时，公司员工的工资、福利也应该同步增长。目前的情况是，部分员工反映2010～2015年迈瑞的发展始终停留在市场自然增长的状况下，员工待遇也逐渐平庸，激励明显不足，导致员工荣誉感下降，人才外流。这也是当初在美国上市的一个弊端，美国股市泡沫较小，估值理性，导致企业缺乏资金。迈瑞公司意识到这个问题后立刻私有化，准备回A股上市，重新确立资本优势。重新上市后的并购和员工激励必不可少。

销售员工跳槽较多，凸显企业内部员工关系存在问题。据了解，公司人才招引和培训体系相对滞后，需要改进。研发人员学校背景和学历优势明显，受到公司的重视。最近几年，迈瑞公司创新俱乐部（MIC）在相关高校出现，为公司引进人才增添了新途径。这个创新俱乐部是在高校主管部门的直接管理下，由迈瑞公司支持创建，学生自主运作的非营利性学生社团组织，以"传播健康事业"为核心定位，依托迈瑞公司的丰富资源，协助或举办行业交流、技术竞赛、职业发展等实践活动，为高校学生打造一个与迈瑞公司近距离学习交流、传播医疗健康事业、提升展示自我的平台，引导学生在医疗行业积极探索、创新，为医疗行业输送创新及实践才能兼具的高素质人才。目前迈瑞公司已在西安交通大学、东南大学、华中科技大学、电子科技大学建立第一批迈瑞创新俱乐部。俱乐部成立之后，在俱乐部成员的努力之下，成功举办了"与健康事业的对话——迈瑞校园嘉年华"和"迈瑞校园海报设计大赛"等一系列高校活动。

# B.16
# 克丽缇娜梅林店劳动关系和谐度测评报告

古迹 周捷*

**摘 要：** 本文介绍克丽缇娜公司的基本情况，以克丽缇娜公司梅林美容店为例，总结该企业在劳动合同签订、员工管理制度、团队建设、职工培训等方面的做法。客观分析该公司构建和谐劳动关系的基本现状及亮点，指出劳动关系发展中存在的问题，提出可供操作的对策建议。

**关键词：** 克丽缇娜 劳动关系 和谐度

## 一 公司概况

克丽缇娜公司是一家美容机构，公司自1965年成立以来，至今在中国已有5000多家门店和特约销售点。调查组的测评对象是克丽缇娜梅林店，经过五年经营，克丽缇娜梅林店已形成一整套完整的管理制度，在市场上也获得了良好的口碑。2017年克丽缇娜梅林店的净利润与上年度基本持平，员工人数较2017年同期略有增长。但该店"企业发展"这个指标上的得分是0.6分，说明还有很大的潜力可挖。只有企业持续发展，劳动关系才能和谐稳定。

---

\* 古迹，深圳市福尔泽文化发展有限公司；周捷，深圳市妇女发展研究会。

## 二 劳动关系测评和分析

从劳动合同看，克丽缇娜梅林店在劳动合同的签订、执行等方面，比较严格地执行了各项劳动法律法规。劳动关系调查问卷结果显示，该店员工劳动合同签约率达到100%。

关于劳动合同签订方式，企业方的回答是"企业拟定"与"与劳动者协调"相结合。同时，企业方及劳动关系和谐度评估表都反映企业未与劳动者签订集体合同。

劳动合同期限均为一年，一年合同期满后，一般都会续签。店内有的员工从开业至2017年已经工作五年了。

从工资水平看，该店员工工资实行底薪加提成的方式（克丽缇娜美容店一般都实行这种方式）。一般普通员工的底薪为每月3000元，店长为每月5000元（这种底薪已经大大超过深圳市的最低工资标准）。因为克丽缇娜的收费、化妆品的价格较高，所以员工的提成也多，每个月的提成大都为3000~5000元，甚至更多，有的员工月收入超过一万元，与同行业平均工资相比也略高。工资能及时发放，从不拖欠。从员工问卷的统计结果看，100%的员工选择了工资发放"按时支付"。关于工资水平，有20%的员工月工资在5000元以下，有60%的员工月工资为5000~10000元，20%的员工月工资在10000元以上（见图1）。

从社会保险看，该店企业劳动关系和谐度评估表和企业方调查问卷均反映，企业为全体员工购买了社会保险，并按时足额缴纳保险费。员工方调查问卷反映，100%的员工选择了购买全部四项保险。

从职业培训和安全卫生看，克丽缇娜设有自己的培训中心，为全部员工提供了岗前、岗中劳动培训。克丽缇娜每个美颜美容技师皆由"克丽缇娜美容培训中心"精心训练，军事化管理教学，无论是手法技术还是服务精神都有着极高的标准。同时，技师们学习的不仅是专业技能，传统文化也是每个克丽缇娜人必须学习的课程。克丽缇娜秉承"要做好事，先做好人"理念，使员工在为客人服务的过程中，严格按照技术和卫生标准操作，做到

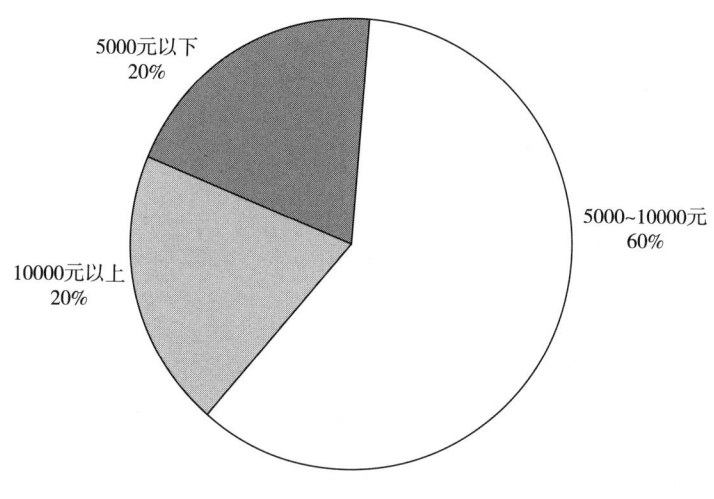

图1 员工工资水平

优质、安全、卫生。

从对话与协商看,克丽缇娜梅林店视员工为企业的最大财富,重视员工的意见,员工可以直接向企业最高决策者提出自己的建议,能够直接反映自己的诉求。克丽缇娜一直在探索如何激发员工的主人翁精神,以企业为家,吸引员工参与公司治理,从建立至今,克丽缇娜建立了一整套制度规范,确保在每个环节都能做到民意顺畅。从多年的实践看,克丽缇娜在职工民主管理建设方面的努力效果显著。

从人文关怀看,"人文关怀"这一指标的四个维度分别是员工生活、身心健康、业余生活、职业生涯发展。克丽缇娜梅林店为员工提供了较为完善的生活补助,如住房、工作餐等补助;为员工提供了心理咨询、快乐生日会等福利。在职工的业余生活方面,该店组织了旅游、文娱活动及联欢会、清明扫墓、敬老院慰问演出等。该店别具一格设立"孝顺金"以奖励当月全勤的员工,"孝顺金"由公司直接打到员工父母的银行卡上,这种奖励也增进了员工父母对公司的了解。在职业生涯发展方面,该店有公平透明的晋升渠道。

从劳动争议处理看,克丽缇娜梅林店在2017年未发生一起劳动争议事件，因此也不存在劳动争议调处和仲裁。

上述情况说明，克丽缇娜梅林店劳动关系是和谐的、稳定的。测评分值为 8.97 分，符合和谐企业要求。

## 三 克丽缇娜的长远计划及对策建议

良好的品牌必须具备良好的品牌力来做支撑，没过硬的产品质量就没有领导性的品牌形象。克丽缇娜产品深谙东方女性的肤质特点，使用纯植物天然成分研制而成的精纯、温和产品。结合独树一帜的"医学为本、美容为用"的多元化专业护肤理念，迅速得到中国顾客的一致厚爱。为了引领行业，始终能为消费者提供最新的美丽选择，克缇国际集团一直保持一支国际一流的研发团队，还持续特聘化物科技、生化科技、营养保健等各类专家、学者，与欧美先进的科研实验室同步合作，致力新品研发，专业的生产及检验团队，经过严格的品管控制，制造出精纯的克丽缇娜产品。

但是，克丽缇娜产品价格奇高，这是顾客比较集中的意见。我们认为克丽缇娜在继续产品研发、创新的同时，应该认真考虑顾客的心声。更为适宜的性价比更能吸引顾客，能创造更多的经济效益和社会效益。

克丽缇娜公司长期以来十分注重社会公益活动，这些值得光大发扬。2017 年，克丽缇娜携手中国青基会为云南云县的 700 多名乡村教师举办"燃灯计划"教师培训课程，该课程于 8 月 1 日~7 日举行。关注乡村教师的同时，也注重乡村儿童的心理健康发展，因此在 8 月 3 日~4 日，克丽缇娜"燃灯计划"送教行的志愿者们来到云县的忙贵希望小学和红岗小学，为乡村儿童带来了一场暑期心理疗愈课程——制作傣纸灯。以视、听、嗅、触、味五感带领孩子们发现家乡被忽视的美丽，引导他们打开善于发现美的眼睛。

2017 年 10 月 28 日~11 月 2 日，克丽缇娜携手中国青少年发展基金会共同发起第 16 期"燃灯计划"，乡村教师培训于在江西修水县进行，800 多名教师分批次接受了来自上海的名师培训。

同年，克丽缇娜还开展了一场送教"阅读第一课"的活动，助力培养乡村学生学习力。

展望未来，克丽缇娜美容将放眼国际，积极扩展国际市场。为配合集团的成长及国际化行销通路的形象，克缇国际集团更推出全新的国际性通用识别系统 KELTI。21世纪的经营策略在于掌握通路及趋势，克缇国际集团从研发、生产、制造、销售到售后追踪及服务，均能透过完事的通路掌控第一手的信息和最新的市场趋势；积极向电子商务拓展，结合国际网络及行动网络的信息流，开拓更广大的市场规模，以华人为轴，放眼市场，将物流、贸易、产销及其他相关的投资事业整合，进而转型成高效率的跨国行销网络。

# B.17
# 爱享叁陆伍网络技术（深圳）有限公司劳动关系和谐度测评报告

汤庭芬 艾宏扬*

**摘 要：** 本文阐述爱享叁陆伍网络技术（深圳）有限公司劳动关系诸元素（经济发展、劳动合同签订、工资支付、社会保险缴纳、职业培训与安全卫生、工会组织、人文关怀等）发展的基本现状，分析运营模式"合伙人"制对和谐劳动关系构建的制度性创新贡献及"为百姓谋取新福祉，让世界分享中国梦"理念对和谐社会构建的意义，指出公司目前的治理结构——母公司和子公司之间劳动关系构建中将会出现的问题，提出解决问题的对策措施。

**关键词：** 劳动关系现状 合伙人 制度创新 潜在问题

## 一 爱享叁陆伍公司概况

爱享叁陆伍网络技术（深圳）有限公司（以下简称爱享叁陆伍）由国家工商总局批准注册，位于深圳前海，公司地址在深圳市南山区南山大道阳光科创33~34层。这是一家创新型的商业公司，该公司注册资本为5000万元人民币。自2017年初创立以来，公司发展迅速，现有27家分公司，遍布全国各省市。公司总部员工有100余人。

2017年3月20日爱享叁陆伍成立。2017年5月20日爱享叁陆伍平台

---

* 汤庭芬，深圳市社会科学院；艾宏扬，深圳市福尔泽文化发展有限公司。

启动，爱享叁陆伍官网及 App 同步上线。近年来，该公司获得国家发改委颁发的几个重量级证书，共享消费保障模式也获得国家有关部门认可。爱享叁陆伍是国家发改委中国投资协会常务理事单位。

爱享叁陆伍聚集了一大批顶尖业务人才和专家顾问团队、网络技术团队、商业资深运营团队，并按国际标准打造共生国际学术研究中心、国际商学院、实训基地、创业孵化基地等，建立了一整套科学有力的运营保障体系。实行严谨规范的公司制，即"省级运管中心、市级公司、区/县公司"的运作方式，从源头上增强抵御风险的能力，确保更快、更健康、更安全的发展。该公司打破传统的"消费=消耗"模式，首创"消费合伙人、分享合伙人、商家合伙人、企业合伙人"的消费奖励模式，对合伙人在平台的消费进行奖励。

2017 年 12 月 17 日，由国宏智库和国家发改委中国投资协会主办的"新时代下的消费经济与社会保障——首届中国分享经济消费保障高峰论坛"在深圳福田香格里拉大酒店举行，40 多位国家有关部门领导和各界权威人士对爱享叁陆伍平台的消费保障模式进行了深入的探讨。爱享叁陆伍诞生于全球大消费时代和分享经济大发展背景下，涵盖各行各业全产业链的消费。"十三五"规划纲要提出，鼓励搭建资源开放共享平台，积极发展分享经济。爱享叁陆伍积极践行共享消费保障理论，大胆创新，勇于实践，创建爱享叁陆伍消费合伙人共生经济保障平台，启动大学生、农民工、复转军人创业创富工程，孤巢老人幸福晚年工程等一系列计划。

课题组对该公司劳动关系和谐度进行了问卷调查和座谈，共发放问卷 100 份，回收 74 份。发放和收回企业家问卷 1 份，企业方自评表 1 份。企业自评 2017 年劳动关系和谐度得分为 8.92 分（满分为 10 分），这个自评分值在"和谐劳动关系"的范围内。根据测评的一、二级指标得分和座谈了解的情况分析，爱享叁陆伍的劳动关系开局良好，"基本面"稳健和谐。下面根据企业劳动关系和谐度的各项指标，对该公司劳动关系和谐度进行分析。

## 二 爱享叁陆伍劳动关系分析

### （一）劳动合同签订情况

该公司总的来说重视与员工签订劳动合同，对新员工都进行培训，签订劳动合同。根据课题组回收的有效调查问卷统计，该公司有98.65%的员工签订了劳动合同，没有签订劳动合同的占比为1.35%。调查组在访谈中了解到，没有签订劳动合同的原因主要是他们还属于新进员工和临时工。

在签订劳动合同的受访者中，签订劳动合同期限为1~3年的受访者占比为96.05%，签订3年以上劳动合同的占比为2.63%，劳动合同无固定期限的占比为1.32%。

调查组在调研过程中了解到，该公司签订劳动合同的方式有多种。其中，63.89%的受访者表示采用企业拟定合同格式，采用劳动部门制定劳动合同范本的受访者占比为34.71%，还有1.40%的受访者通过工会指导签订合同。

### （二）工资及其支付问题

关于工资支付问题，所有受访者都认为公司按时支付工资，不存在拖欠工资的情况。

关于工资增长问题，40.79%的受访者选择了"正常增长"，选择"微增长"的受访者占比为52.63%，还有部分访谈者选择"下降"，占比为6.58%，没有受访者选择"较快增长"（见图1）。这与该公司成立时间较短有关。

在工资水平方面，当问及"您公司工资在行业内所处的水平"时，66.67%的受访者选择处在"平均水平"，31.94%的受访者选择"较低水平"，还有1.39%的受访者选择了"较高水平"。

当问及"您对自己的工资是否满意"，大部分受访者选择"满意"，占比为

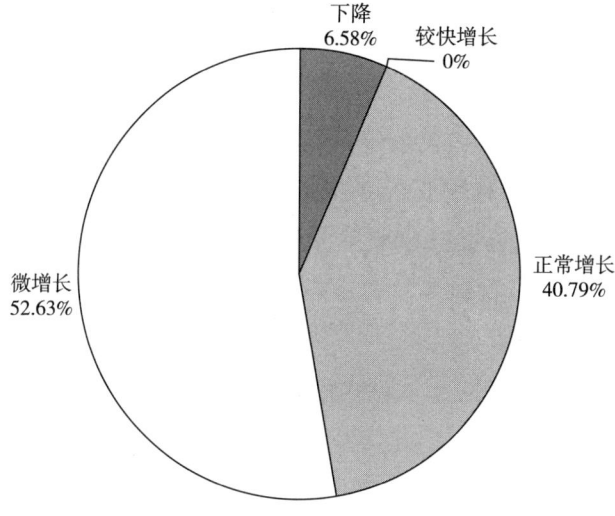

图1 工资增长情况

54.28%;选择"不满意"的占比为35.72%;选择"非常不满意"的占比为8.57%;只有一小部分受访者选择"非常满意"占比为1.43%(见图2)。

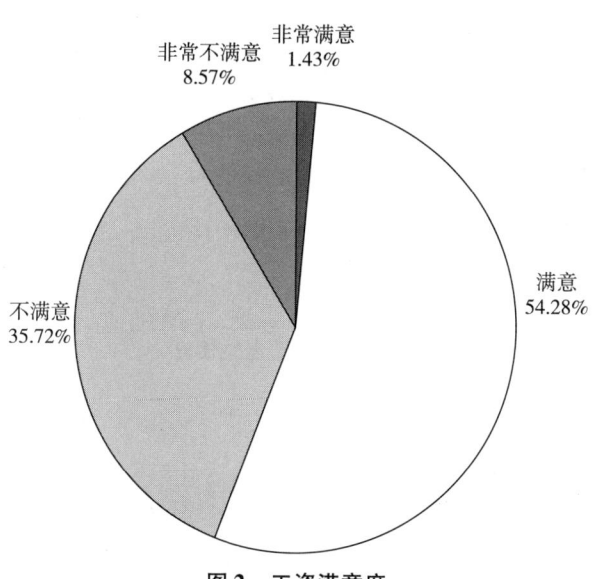

图2 工资满意度

### (三)社会保险与住房公积金的缴纳问题

该公司员工对各种保险都有所了解,但是真正参保人数并不多,有部分险种的参保率相对较低。调查显示,22.22%的受访者表示"自己不愿意购买",原因是自己在老家已经购买,不必再花冤枉钱;50%的受访者选择"企业没有购买",27.78%的受访者选择"对社会保险不了解"。

关于"企业是否按时为员工缴纳社会保险费用"的问题,该公司存在偶尔拖欠的情况。调查显示,97.44%的受访者选择了"按时缴纳",1.28%的受访者选择"偶尔拖欠",选择"严重拖欠甚至不缴纳"的受访者占比为1.28%(见图3)。

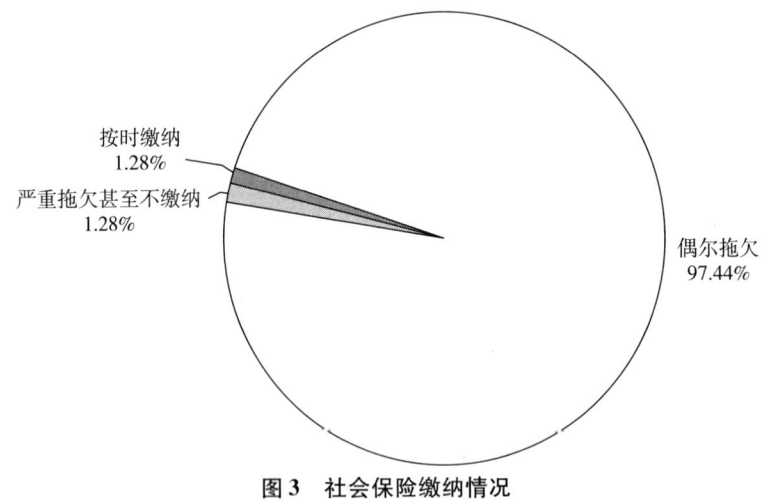

图3 社会保险缴纳情况

### (四)职业培训与安全卫生

调查显示,当问及"单位是否组织员工参加各种培训活动",大部分受访者表示参加过员工培训。具体来说,77.03%的受访者表示参加过员工培训,22.97%的受访者表示未参加过员工培训。

绝大部分员工认为公司对员工关怀和福利都比较重视。具体来说,表示公司重视员工关怀和福利的受访者占比为83.78%。另有16.22%的受访者选择"不重视"。表示公司对员工关怀和福利都比较重视的受访者举例说明关怀的具体内容包括给员工送水果、生活用品；给员工庆祝生日；对困难员工进行慰问；举行员工课外拓展活动，鼓励学历学习；建立图书馆报刊阅读室；关怀女员工，为有婴儿的女员工建立专门的母婴工作室等。

调查显示，企业对员工的工作环境也比较重视。当问及工作环境是否卫生、环保、安全"，98.72%的受访者选择"是"，仅有1.28%的受访者选择"否"（见图4）。

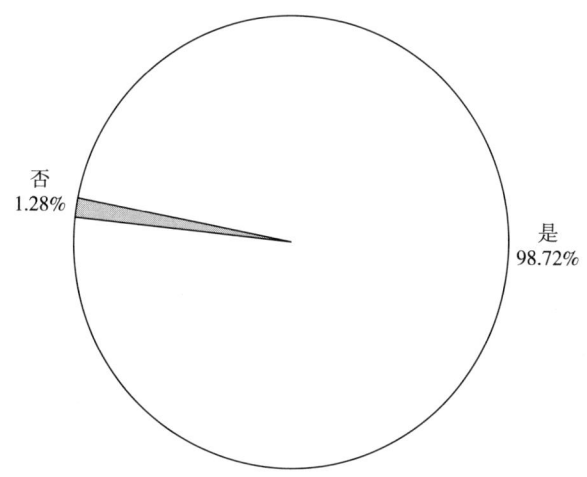

图4 工作环境是否卫生、环保、安全

## （五）工会组织建设

关于员工参加公司工会组织情况，调查显示，74.67%的受访者表明没有参加工会组织，24.00%的受访者表明已参加公司工会组织，还有1.33%的受访者选择"不知道"（见图5）。

关于"工会是否关心员工的工作和生活"问题，有71.43%的受访者表示"否"，有28.57%的受访者表示"是"，说明工会的作用没有完全体现出来。对新建立的公司来说，工会工作还需要大大加强。

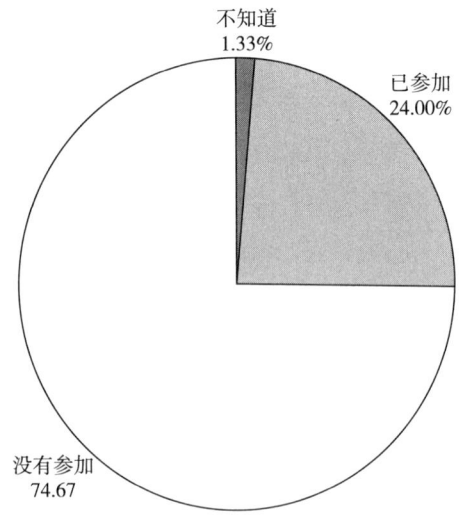

图 5 员工参加工会组织情况

## 三 "合伙人"理念有利于建立和谐劳动关系

公司理念属于公司文化的一部分,是该公司独有的使命、愿景、宗旨、精神、价值观和经营理念,是公司的灵魂。爱享叁陆伍以"为百姓谋取新福祉,让世界分享中国梦"为宗旨,以"共生、共创、共享、共赢"为目的,提出"消费合伙人""分享合伙人""商家合伙人""企业合伙人"理念。调查组认为这种理念有利于公司劳动关系的和谐化建设。

爱享叁陆伍公司的"合伙人"理念也体现在公司内部。在"合伙人"的理念中,员工之间是平等的。在欧美地区,公司员工之间是平等的关系。但是在亚洲受儒家文化影响的地区,公司员工之间往往存在等级区别。在日本公司内部,公司等级制度相当明显。日本公司里面负责人也好,员工也好,忠诚度和责任感都特别强,甚至员工的家人也是公司的一部分。日本的历史和制度,造成了特有的日本公司文化特征。

近年来,中国许多公司在文化建设方面提出了公司的"家文化"理念,就是将员工当作家里人一样对待、一样关怀。这是对包括经营共同体内没有血缘关系的人模拟血缘家族的管理方式,终生雇佣、年功序列、商议制、职业培训与企业内福利等便是这种公司理念的充分体现。企业看起来更像一个大家庭,有非常和谐的人际关系,企业极富家庭味道。为密切员工之间的关系和加强员工对企业的归属感,企业还经常开展各种聚会活动,如欢送会、忘年会、晋级会、赏樱花、红叶会等。家文化认为企业和国家是家的扩大,正所谓"国为大家,家为小国",治小国如烹鲜。但是,近些年的实践显示公司的家文化有自身的弱点。受传统家文化的熏陶和浸染,这些企业主往往不相信外人,很难吸收优秀的非家族成员进入管理层,用人只能是"唯亲是举",而做不到"唯才是举"。企业决策中的家族企业主"一言堂"现象不可避免且十分严重,极易导致公司出现"世无三代富"的现象。家文化与竞争机制相悖,公司以往的创新精神不足可能与此相关。爱享叁陆伍如果将其合伙人理念扩展到公司员工关系层面,对该公司的管理和发展,特别是公司文化建设十分有益,对公司建立和谐的劳动关系也是非常有益的。

# B.18
# 深圳市共进电子股份有限公司劳动关系和谐度测评报告

古迹 张克锋 陈坤*

**摘 要：** 本文综述了2017年共进电子股份有限公司劳动关系和谐度测评中关于企业发展、劳动合同签订、劳动工资发放、社会保障参保等基本情况，根据"深圳市和谐劳动关系指标体系"科学客观评价该企业的劳动关系现状，指出和谐劳动关系构建中存在的问题与挑战，有针对性地提出进一步发展和谐劳动关系的对策建议。

**关键词：** 深圳 共进电子 劳动关系和谐度

## 一 共进公司概况

深圳市共进电子股份有限公司（以下简称共进公司）是一家集专业产品、研发、生产、销售于一体的高新技术企业、宽带通信龙头企业、也是国内通信巨头中兴、华为等公司的主要生产供应商，主要客户还包括西门子、贝尔等国外大厂商。公司总部地址在深圳市南山区南海大道1019号。总部为珠三角地区研发中心、生产基地及ODM销售基地，拥有8万平方米的生产基地。公司主要从事宽带通信终端设备的研发、生产和销售，是全球领

---

\* 古迹，深圳市福尔泽文化发展有限公司；张克锋，深圳市德育教育基地；陈坤，深圳大学法学。

先、国内大型宽带通信终端制造商。除主营的宽带通信终端产品业务外，根据行业发展趋势及公司创新转型的发展规划，公司重点发展移动网络产品业务，将小基站与核心网相结合，形成整套的无线解决方案，用于运营商、公安、煤矿等专网和家庭的小基站及应用终端。同时，公司也在智慧医疗领域设立研发、市场团队，建立生产基地，发展智能康复、照护医疗设备及方案方面的业务。

共进公司成立于1998年，拥有"T&W"商标，2011年改制为股份有限公司，公司股票于2015年2月上市（股票代码603118）。公司现已拥有太仓市同维电子有限公司、上海市共进通信技术有限公司、深圳市同维通信技术有限公司、深圳市兰丁电子有限公司、共进电子（香港）有限公司五家海内外全资子公司。

作为首批国家高新技术企业，共进电子专业从事宽带接入终端、无线通信设备、光通信设备等产品的研发、生产、销售和服务。公司是全球诸多著名运营商及系统设备提供商的主要合作伙伴。公司产品在全球范围内广泛使用，服务于通信、家庭、金融和教育等领域。

共进公司成立以来坚持自主研发的道路，坚持以先进的技术创造产品价值的研发策略，每年的研发投入占当年销售收入的3.5%以上。持续、不断的研发高投入，为共进公司保持技术优势提供了物质保证。公司已经形成在通信终端产品方面完整的研发体系和生产线，产品涉及七大类100多个品种，奠定了共进公司在通信终端产品领域的行业领导地位。截至2017年，公司共申请83项专利，被深圳认定为"深圳市企业技术中心"。在深圳历年获得"深圳市企业技术中心"认证的50多家企业中，是宽带网络终端领域获得该认证的唯一一家企业。同时，公司坚持贯彻可持续发展理念，将企业经营与社会、环境的和谐发展紧密结合在一起。先后通过了ISO9000、ISO14000、OHSAS18000、TL9000等国内外管理体系认证。

共进公司现有员工8400余人，其中管理干部和研发团队人员1600名，生产员工6800多名。目前已搭建规范、成熟的ERP、CPD、PLM等系统管理流程。公司以"发展企业,培养人才,回馈社会"为企业宗旨,以"尊重人才,团队协作,拼搏进取"为企业文化。经过近20年的持续发展,共进电子相继通过了电信企业从业需要的各种认证。2017年产值超过75亿元。共进电子成立以来,先后荣获"深圳市南山区区长质量奖""深圳市民营领军骨干企业""深圳市高新技术企业""国家级高新技术企业"等荣誉称号。连续多年被评为南山区纳税百强企业和深圳市工业百强企业,并于2010年、2011年、2017年成为中国电子百强企业。2017中国电子信息行业创新能力五十强企业。

为了秉承"回馈社会"的企业宗旨,公司十余年来已在贵州、陕西、云南、甘肃捐建六所同维希望小学,并启动"花朵工程""新园丁"支教等持续关爱行动,2012年公司成立南山区同维义工站。深圳市同维爱心公益基金会获得市政府有关单位预先核准正式成立。

## 二 共进公司劳动关系和谐度测评及分析

2017年,调查组在共进公司进行企业劳动关系和谐度的测评中,按照调研路径,共发放《企业员工工作和生活状况》调查问卷200份,回收200份,有效问卷200份,回收及有效率达到100%。发出《企业家工作和生活状况》调查问卷和《企业劳动关系和谐度测评表》各一份。依据员工方和企业方问卷统计分析结果,结合座谈会、个别访谈所掌握的资料,对共进公司的劳动关系和谐状况做如下分析。

1. 劳动合同

共进公司的员工主体是80后、90后,占总员工人数的97%。其中,大专学历以上的员工少;初中、高中学历的员工多,约占总人数的89%;专技人员少,占总人数的14%。这是一支充满青春活力、接受新事物快、发展潜力大的产业工人生力军。

共进公司劳动合同的签约率在90%以上,合同签约规范,合同签约期限基本都在一年以上。员工问卷的统计结果与此基本一致,劳动合同签约率为97%；在"劳动合同期限"选项中，78%的受访者选择"无固定期限"，据了解，合同期限应是二年或三年（见图1）。

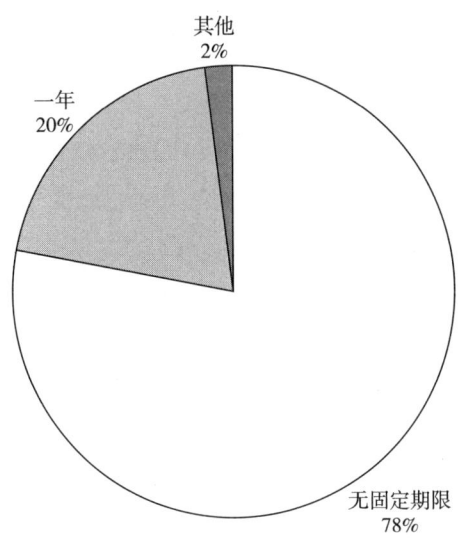

**图1　劳动合同期限**

在"劳动合同签订方式"选项中，67%的受访者选择"企业拟定与劳动者协商"，也有将近三成的受访者选择"企业单方拟定"（见图2），这说明企业与员工签订劳动合同时还应加强沟通和协商。在"集体合同签订"选项中，91%的员工回答是"没有"或"不知道"，企业方也认可此事（见图2）。

2. 工资支付

共进公司按照《劳动法》和《劳动合同法》的规定，执行政府相关劳动法规，员工工资每年均有增长，与同行业相比略高一些。工资每月及时发放，从不拖欠。共进公司规定每月10号发放底薪，15号发放加班费，如遇15日是休息日则推迟至工作日发放。

员工方与企业方反映的情况基本相似。统计结果显示，半数员工的工资集中在5000~8000元，月收入在5000元以下的员工只占很小一部分（见图3）。

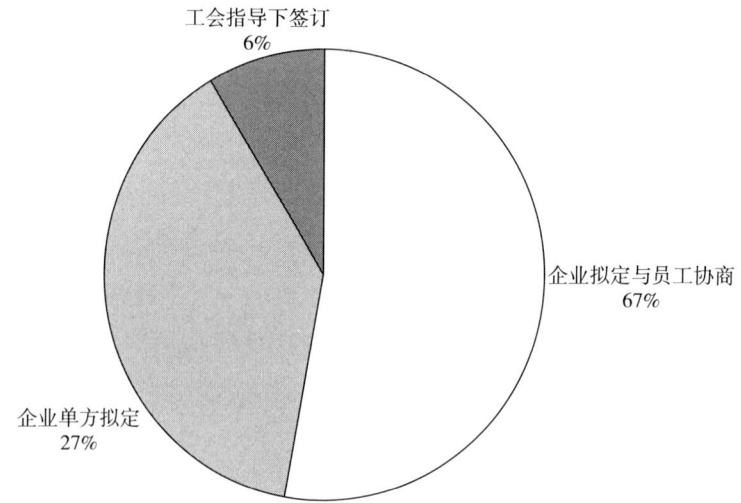

图2 劳动合同签订方式

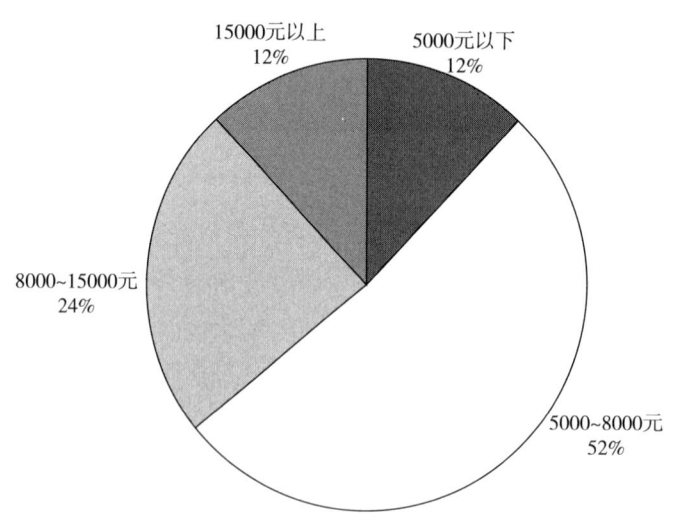

图3 员工月工资水平

3. 社会保险

企业劳动关系和谐度测评表显示企业为超过90%的员工购买了养老、医疗、工伤、失业等保险,并且按时、按规定缴纳保险费。根据员工问卷统计结果，养老保险、工伤和医疗保险的参保率接近或达到100%，失业保险参保率处于低位（见图4），这与员工年龄相关联。未参加失业保险的员工反映，不是"单位不缴费"，而是"本人不愿意"或"其他"原因。调查组认为这与实际情况是相符的，应认定企业自评表中的评分是正确的。

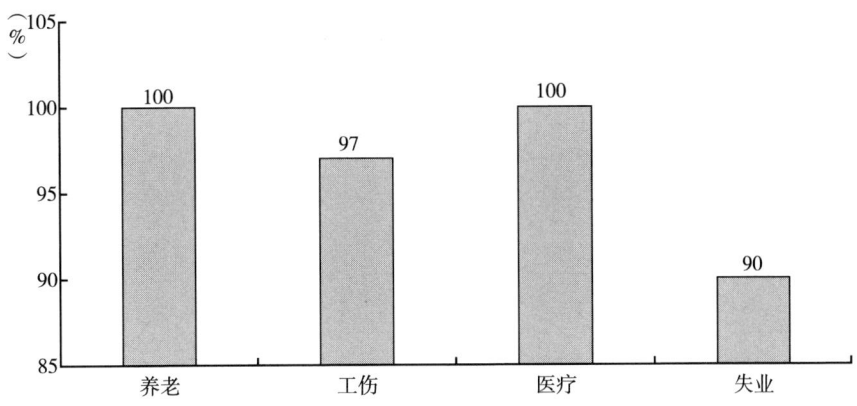

图4 参加各险种的员工比例

4. 工会建设

共进公司有自己的工会，并且配备专职干部，工会在组织员工培训、体检和开展文体活动方面，发挥了积极作用。不定期推出各种团队活动，业余时间还组织丰富多彩的体育运动。公司设有图书室供职员阅览及借阅，活动很多。培训体系完善，有入职培训、基础培训、岗位技能培训、户外拓展培训、晋升培训、外派培训等。这些培训对年轻人来讲，尤其是对深圳这个工作生活节奏快、竞争激烈的城市来说，培训能给年轻人充电，不断丰富自己，增强自己的竞争实力，比当前薪酬更加重要。

不过根据员工问卷反映结果，员工工会入会率仅为31%（见图5），有待提高。工会工作方式和内容还须创新。

5. 福利、业余活动

公司为员工提供诸多福利待遇及发展环境，除了较高的基本薪水，四险一金、项目奖金、年底双薪、年终奖金都有，还有花园式的小区宿舍。公司

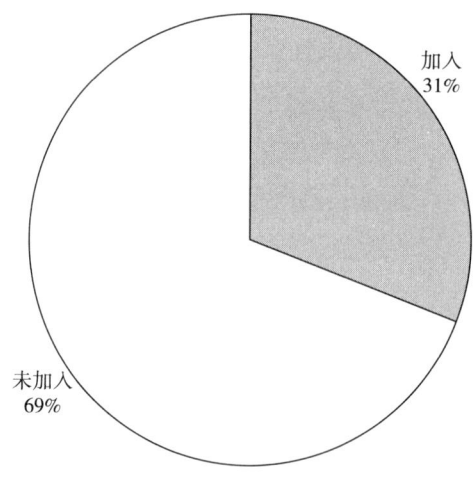

图 5 工会的入会率

实行五天工作制,每天工作 8 小时,平均每周不超过 40 个小时,这点非常受讲究工作与生活平衡的 90 后喜欢。公司还为员工提供良好的食宿生活条件。每年有员工旅游、长途步行拉练等活动。

经过科学客观的测评,共进公司的劳动关系和谐度总分为 9.07 分,成为"连冠"的和谐企业。

## 三 对共进公司劳动关系建设的建议

共进公司的实践说明:创建和谐企业,必须与时俱进。在这方面,共进公司走出了一条既"坚持"又"创新"的新路。

公司劳动关系和谐是以经济效益为物质基础的,公司效益好了,就有条件改善员工的待遇和工作条件。2017 年,公司步入"二次创业"战略转型的第二个年头。经过一年的探索实践,"二次创业"的总目标和总方向已经明确,即从高端智能制造、光通网络产品及系统方案、无线智能应用、互联网康复医疗这四大业务板块发力,最终实现公司从单一低端通信终端产品代工企业发展为通信为基础的具有自我核心技术、自我品牌、自我用户的转型升级。公司在2017年目标明确、信心十足，在稳打稳扎的基础上，有条不紊推进各项工作，特别是进一步优化品牌发展计划，助力创新业务迈出实质性的一步。"二次创业"总体规划已经确定，就是要将公司建设成为一个新型的、有竞争力的、可持续发展的现代化企业。公司着力打造自主品牌、发展核心技术，在此过程中，公司不断优化相应的品牌发展战略，实施相应的支持性措施，包括配合调整组织架构，实行职业经理负责制；同时不断调动各子公司相关资源要素，形成取长补短、优势互补、通力合作的良好协作氛围。

提升员工心理素质。心结问题主要发生在80后、90后员工身上。发生率甚微，略占同类人群的0.05%，主要心结为对生活条件要求过高或对发展缺乏自信。针对这种情况，公司多途径、多方面做工作，聘请心理咨询师疏导；设立"员工之声"信箱，互相倾诉、解答；建立咨询热线，释疑解惑；组织沟通团队帮扶；建立"互助基金会"以解看病之忧；进行"一对一"访谈；改善生活和工作条件，为员工送上"心灵鸡汤"；开展满意度调查，用人文关怀，建设温馨的"同维""共进"家园。经过一段时间工作，有不同心结的人都有了不同程度地转变。同时，要提升员工文化知识素质。一些有志员工利用公司提供的条件和社会的资源，抓住业余时间，坚持自学成才。现已拿到大专文凭的有58人，比公司改制时的同类学历人数上升5%（不包括新招大学生）。一些员工获得文凭，尝到了提升文化知识素养的甜头，形成了在工作中学习、在学习中工作的良好习惯，对将来人生职业生涯有个好的规划，在公司长远发展的意愿加强，平时工作也更加积极努力。据统计，职级晋升人数为53人、评先进人数为25人、在技术岗位或管理岗位有创新性事迹的人数为10人。

共进公司为员工的成长提供条件，员工为企业的发展献智出力，这说明劳资关系已摆脱过去不协调的单一维权境地，进入平等合作、互利双赢的新天地。

因此，要进一步加强工会组织的建设和发挥工会组织的作用，要争取更多的员工参加工会组织。企业工会组织是职工利益的代表，是推进企业改革、加快经济发展、保持队伍稳定、建立和谐劳动关系的依靠力量。工会在建设和谐企业中具有重要的、不可替代的作用。企业各级管理者应重视工会作用发挥，真正把工会建设成为"职工之家"。在构建和谐企业的今天，尤其是基层单位的行政管理者，应高度重视凝聚力工程建设，积极做好职工群众的贴心工作。坚持以人为本的理念，做到在生活上关心职工，关心职工的冷暖，关心职工的疾苦，关心职工的健康安全。这是凝聚力工程中的一项基础工作。积极采取平等交流及个别谈心等方式，了解新老职工的思想情绪，把握他们的呼吸脉搏，因地制宜创造优美的生活与工作环境，丰富业余文化生活，改善职工福利，努力提高生活品质，让职工确确实实感受到企业的温暖，感受到一种深厚的友情，更好地促进职工安居乐业。要尊重职工，主要是尊重职工的自身价值和权力。无论职位高低、新老同志，在培训、选拔人才、评功评奖、福利上一律享受平等待遇，让大家在同一起跑线上平等竞争，在竞争中实现自身价值。在工作上依靠职工，认识到工人是企业的重要资源，是企业发展的强大动力。凡重大决策，要组织大家讨论，倡导大家发表意见，畅所欲言。员工有权通过各种渠道向企业提出建议和意见。对有价值的建议和意见还要进行表彰和奖励，借以充分发挥员工的聪明才智，调动全体员工的积极性。克服把工人当成打工仔的雇佣思想。通过职代会、座谈会等多种形式，坚持经常性地把企业面临的形势和困难向员工交底，集思广益，使企业改革的每一举措，都能充分体现民主意志和主人翁地位，维护员工的合法权益和主人翁地位。促进员工以主人翁姿态关注生产经营，关注企业改革发展，重视企业效益，爱护企业声誉。

# 专题研究篇

Topical Reports

# B.19
# 深圳社会组织参与构建和谐劳动关系的探索与思考

深圳社会组织参与构建和谐劳动关系课题组*

摘　要： 社会组织是构建和谐劳动关系的一种有益的补充力量，是政府、企业、职工、工会群团等多方面的合作者，是和谐劳动关系的建设者和服务提供者。本文从深圳社会组织参与构建和谐劳动关系的探索与实践入手，总结深圳规范社会组织参与构建和谐劳动关系的主要做法和面临的问题，并提出改善社会组织参与构建和谐劳动关系的建议。

关键词： 社会组织　劳动关系　和谐

---

\* 深圳社会组织参与构建和谐劳动关系课题组包括：广东省人力资源和社会保障厅、深圳市人力资源和社会保障局、深圳市坪山区人力资源局。

劳动关系是生产关系的重要组成部分，是最基本、最重要的社会关系之一。劳动关系和谐，事关广大职工和企业的切身利益，事关经济发展与社会和谐，党和政府始终高度重视发展和谐劳动关系。改革开放以来，中国劳动关系从最初计划经济"统包统配"条件下的劳资利益一体、用工形式单一，逐步向多元化演变。用工形式日趋多样，当前蓬勃发展的"互联网+"平台经济、共享经济等新经济、新业态甚至打破了传统的雇佣模式。劳动者诉求也在发生变化，不仅关注法定权益的实现，而且要求增加工资和改善劳动条件，共享发展成果的愿望更加强烈，表达诉求的方式也越来越多样。日趋多元的劳动关系呼唤多方共同参与、实现协同共治。

# 一 社会组织在构建和谐劳动关系中发挥越来越重要的作用

## （一）社会组织参与构建和谐劳动关系具有重要意义

从社会学角度看，社会组织是人们为实现共同目标而建立的具有特定功能的社会群体。在中国，社会组织主要由社会团体、基金会和民办非企业单位组成，与政府、企业共同构成经济社会发展的重要力量。它们独立于党政体系、企业单位之外，以非营利性为特征，以公益性或互益性的方式解决社会问题、协调社会关系、提供社会服务，起着政府和企业无法发挥的作用，是和谐社会建设的重要社会力量。

社会组织作为和谐劳动关系构建和社会治理中的重要补充力量，从中央到地方历来都高度重视发挥其作用。党的十六届六中全会通过的《关于构建社会主义和谐社会若干重大问题的决定》中就首次提出要"发展和谐劳动关系"，并首次对社会组织在国家治理中的重要性做了强调。党的十七大、党的十八大都对形成"党委领导、政府负责、社会协同、公众参与"的社会管理格局做出部署。党的十九大明确提出要打造共建共治共享的社会治理格局。党中央、国务院，广东省委、省政府和深圳市委、市政府在构建和谐劳动关系的意见、实施意见等重大文件中,均强调新时期构建中国特色和谐劳动关系的主要目标任务是"加快健全党委领导、政府负责、社会协同、企业和职工参与、法治保障的工作机制"。中央、广东省、深圳市的这些重大决策部署,为引入社会力量参与构建和谐劳动关系指明了方向。社会组织参与构建和谐劳动关系的作用主要体现在以下方面。

1. 民主协商理念的一种体现

劳动关系主要是企业和职工双方的事,同时既是政府的事,也是群团组织的事,更是社会的大事,劳动关系和谐直接影响社会稳定和经济发展。习近平总书记说,大家的事由大家商量着办,商量着办是今后社会治理的中国理念,社会组织参与构建和谐劳动关系是民主协商协调理念的重要体现。

2. 建立现代治理体系提升现代治理能力的需要

劳动关系治理是国家现代治理体系和治理能力提升的一个重要组成部分。这些年来各级政府高度重视构建和谐劳动关系,在这方面下了不少功夫,但社会治理是一个系统工程,仅靠政府部门单打独斗效果并不好。当前构建和谐劳动关系的整个体制机制、制度建设及方式方法,与国家现代治理体系和治理能力的要求还有较大差距。社会组织是构建和谐劳动关系的一种有益的补充力量、协助力量,是政府、企业、职工、工会群团等多方面的合作者,是和谐劳动关系的建设者和服务提供者。

3. 实现社会和谐的需要

劳动关系是最重要的社会关系之一,是社会和谐稳定的基石,劳动关系不和谐会对整个社会造成很大的影响。和谐社会的建设需要构建和谐的劳动关系,劳动关系的和谐需要社会组织的参与。

深圳在劳动关系调处实践中进一步深化对社会力量作用的认识。深圳劳资纠纷触点多、燃点低,和谐劳动关系构建任务繁重,仅靠党委和政府"事必躬亲""大包大揽",容易陷入疲于应付、"头痛医头、脚痛医脚"的境地。而政府直接介入,缺乏中间缓冲地带,容易造成政府与劳方或资方的对立,势必增加社会管理的风险。同时,繁重的劳动关系治理任务,也会压缩理性反思的时间与空间，不利于政府根植现实、逻辑清晰、有的放矢地制定规则。另外，深圳发达的市场经济催生了大量社会组织，它们与广大职工、企业更易建立直接联系，只要在党政领导下，有序参与劳动关系问题的预防、协调与解决工作，这些社会组织对优化社会治理体系、提升劳动关系治理能力、营造合作共赢劳资关系，将起到巨大的推动作用。这支潜在的力量如不加以充分利用，不仅会造成社会资源浪费，还会为部分境外NGO插手劳资纠纷提供可乘之机。

在人社部和广东省人社厅的指导帮助与大力支持下，深圳进一步坚定了在劳动关系治理中引进社会组织的信心和决心，以率先构建中国特色和谐劳动关系为目标，以创建和谐劳动关系综合试验区为契机，制定出台社会组织培育扶持、规范指引、监督管理等系列政策文件，通过培育枢纽型社会组织开展社会化专业调解服务、开展小微企业劳动关系托管服务等创新举措，有序推动社会组织参与和谐劳动关系建设，取得了积极成效，社会组织在深圳构建和谐劳动关系中发挥的作用也日益显现。

### （二）社会组织历史发展、现状、作用及参与方式

从中国实践来看，社会组织参与劳动关系协调主要分为三个历史阶段。第一个阶段是80年代。这一时期参与劳动关系协调的社会组织主要包括行业协会、商会等，此外也有少量的基金会组织。作用主要体现在打破计划经济体制下企业的僵化、增强企业活力、维护职工权益等方面。第二个阶段是90年代。这一时期，在政府推动成立的各类经济社会团体和基金会继续发展的同时，民办非企业和草根组织开始出现。第三个阶段是2000年以后，参与劳动关系协调的社会组织数量迅速发展，类型也在不断增加。

目前参与劳动关系领域协调的合法社会组织类型主要有商会、行业协会，民间教育培训机构，社区社会组织，和谐劳动关系促进会，提供劳动关系服务的其他社会组织等。

社会组织参与劳动关系领域的作用主要体现在提供服务和社会倡导，在协调劳动关系过程中具体发挥了以下六个方面的积极作用：一是在提高企业

构建和谐劳动关系主动性方面作用显著；二是在保障劳动者合法权益方面作用积极；三是在提供劳动关系领域的公共服务方面广受好评；四是在化解劳资矛盾方面优势明显；五是在和谐劳动关系文化引领方面作用积极；六是部分社会组织在推动完善劳动关系法律政策领域方面进行了有益探索。

社会组织主要通过政府购买方式参与和谐劳动关系构建。政府购买公共服务，吸纳社会组织参与，是公共服务供给体制的有益创新。自1995年起，上海、广东、北京等地陆续探索政府向社会组织购买公共服务的机制。2012年，广东省出台《政府向社会组织购买服务暂行办法》，并公布《省级政府向社会组织购买服务目录》，计划将除法律法规规定和涉及国家安全、保密及司法审判、行政决策、许可、审批、执法和强制性事项之外的所有其他项目有序地向社会组织进行购买。2013年9月，国务院办公厅出台《关于政府向社会力量购买服务的指导意见》，为中国政府向社会力量购买服务工作奠定基础性框架。2013年12月，财政部印发《关于做好政府购买服务工作有关问题的通知》，就推进政府购买服务工作提出具体要求。深圳于2014年出台《关于政府购买服务的实施意见》、《深圳市政府购买服务目录（试行）》和《深圳市政府购买服务负面清单（试行）》，从制度安排上为社会组织发展提供规范指引和扶持培育。

### （三）深圳社会组织类型及各自发挥的作用

目前，深圳初步形成"枢纽型、行业型、专业型、帮扶型"四类社会组织齐头并进，"政府、劳方、资方、社会"多元共治的模式。

枢纽型社会组织主要承担培育社会组织、制定服务标准、培养专业人才等职能，指导其他各类社会组织自我管理、自我完善、自主发展，实现社会组织群体有序化、专业化、持续性发展。

行业型社会组织主要承担制定行业标准、指导各行业企业规范用工、调处行业矛盾纠纷等职能，发挥服务行业功能，推动行业规范自律。

专业型社会组织着眼企业，提供专业且专门的人力资源、法律咨询、劳动关系管理等服务，推动形成劳资沟通协商机制。

帮扶型社会组织基本以社工机构为主，举办员工关爱、扶危救困、营造和谐氛围等活动，发挥"助人自助"功能。

四类社会组织共同构成相互联系、互补互利的社会治理体系：专业型社会组织深耕工作场所；帮扶型社会组织面向员工生活，内外呼应，打牢协调劳动关系的基础；行业型组织主要从区域下辖不同类型的企业视角，完善规范化治理，为专业型和帮扶型组织提供规则保障；枢纽型社会组织则将工作重点放在社会组织群体本身的生存发展、培育引导方面，带动这一治理模式从整体上自我完善、持续运行。

## 二　深圳规范社会组织参与构建和谐劳动关系的主要做法

在和谐劳动关系社会共建的格局中，社会组织在平衡职工、企业、政府各方关系中发挥着不可替代的作用。深圳地处改革开放最前沿，市场经济发达，用工形式多样，社会组织也比较活跃。近年来，深圳各级人力资源部门，在广东省委、省政府，深圳市委、市政府的正确领导下，全面推动、引导、整合社会组织，有序参与构建和谐劳动关系，充分运用社会组织建设先行一步的优势，不断摸索系统化的多元共治模式，有效应对劳资纠纷繁复杂的挑战，初步形成规范有序、公正合理、互利共赢、和谐稳定的劳动关系格局，取得了阶段性成果。

### （一）坚持党政主导和党建引领并举

考虑到社会组织参与构建和谐劳动关系是一项新的探索，深圳市、区两级党委和政府高度重视，坚持和谐劳动关系构建工作与经济社会工作"同规划、同部署、同落实、同考核、同保障"，确保探索方向正确、路线不偏。例如，盐田区把构建和谐劳动关系工作作为提升城区综合竞争力的重要内容和全区重点改革项目的头号工程；坪山区把省市共建坪山区和谐劳动关系综合试验区建设列入"质量提升突破年"工作序列，挂图作战任务，举全区之力构建和谐劳动关系。同时，为保证社会组织发展的正确方向，在社会治理中发挥正能量，深圳明确要求参与构建和谐劳动关系的社会组织，必须建立党组织或其负责人要加入"两新"组织，将党建写入社会组织章程。相关社会组织均按照要求加强党的领导，如坪山区和谐劳动关系促进会于2015年8月成立党支部。实践证明，只要切实加强党的领导、发挥党组织的引领作用，不仅能让境外 NGO 无从下手干预，更能紧密团结社会力量共同服务于和谐劳动关系建设。

### （二）坚持厘清边界和各归其位并重

做好顶层设计，强化制度保障，促进政府、企业、社会力量等各方主体携手共建和谐劳动关系。注重厘清政府与社会力量职能边界，让"无形的手"和"有形的手"都发挥好作用，特别是结合"简政放权"改革，深圳政府购买服务正、负面清单规定社会力量可以承接政府服务的具体事项，将劳动监察执法、劳动争议裁决列入负面清单，排除在购买服务之列。这"一正一负"两个清单，较好地厘清政府与社会力量职能边界，为社会组织参与构建和谐劳动关系提供明确政策指引。注重明确"政府、劳方、资方、社会"多元共治的定位，推动各司其职、形成合力。明确在党委的领导下，政府主要做好政策引导、监管服务，工会主要当好企业和员工之间沟通的桥梁，企业落实好主体责任，社会力量承载协同治理规范、增强柔性协调、维护和谐氛围、有序规范参与等职责。盐田区为加强社会力量参与和谐劳动关系建设工作的组织领导，专门由盐田区人力资源局牵头建立联席会议制度，定期召开联席会议，强化协作，统筹推进。坪山区为保证社会力量合法有序参与构建和谐劳动关系，先后出台社会组织参与劳资纠纷调解指导办法、劳动争议案件委托调解工作办法和小微企业劳动关系事务托管服务管理办法及效果评估办法等制度。

### （三）坚持示范带动和多方参与并行

注重树立标杆、示范带动，通过发展一批示范性专业社会组织，对同性质、同类别涉足劳动关系业务的社会组织进行管理，不断促进劳动关系类社会组织自我规范、自主发展，达到"抓住龙头、带动全面"的良好效果。例如，坪山区成立劳动关系示范型社会组织"坪山区和谐劳动关系促进会"，将劳动争议调解、劳动关系咨询、培训组织等服务纳入国际通用的质量管理体系，目前已通过ISO9001：2008国际质量管理体系认证；盐田区推动辖区43家龙头企业成立"盐田区和谐劳动关系促进协会"，将其打造成为传播和谐劳动关系文化的主阵地。这些龙头组织，对社会组织参与和谐劳动关系构建均起到很好的示范引领作用。注重多点发力、广泛参与，在树龙头、立标杆的同时，广泛调动社会力量的积极性，构筑多方参与、共建共促和谐劳动关系的工作格局，最大限度增加劳动关系和谐因素。例如，盐田区结合产业特点打造行业自律、自我协调的行业型社会组织"拖车协会"（会员企业2123家）和广泛联系职工、促合共赢的帮扶型社会组织"港运工联会"，推行劳动争议联合调解，建立行业标准，发挥行业引领作用。福田区、罗湖区、南山区、光明新区、大鹏新区等人力资源部门均通过民政局购买服务的方式，积极引入社工机构参与协调劳动关系。福田区社工已成功化解隐患案件2409宗；罗湖区社工调解重大集体劳动争议案件4宗；大鹏新区社工开展普法宣传活动42场。龙岗区成立全国第一家事业单位性质的区级劳动争议调解中心，推进以"区—街道—社区—企业"四级调解网络为基础，以行政、人民、仲裁、司法调解"四位一体"和政府、企业、员工、社会"多方共建"为路径的劳动争议大调解体系建设。宝安区在区、街道台商联谊会推动成立劳动争议调解委员会，覆盖会员企业624家，筑牢劳资纠纷化解的第一道防线。龙华区成立人力资源服务协会帮助指导企业依法规范用工，共举办管理技巧知识讲座2100余场。借力专业律师机构，向中小企业免费推送"法律体检"，帮助企业增强法律意识。

### （四）坚持政府培育和依法监管并进

坚持一手抓扶持，一手抓监管，始终确保社会力量在专业化与规范化的轨道上运行。专门出台系列社会组织培育扶持政策，对社会组织登记备案、税收减免、购买扶持、人才建设、内部治理等给予明确支持指引。积极培养社会力量专业人才。将社会工作者纳入全市人才政策，享受公共租赁房等人才待遇。不定期举办公益性劳动关系协调员考证培训，仅坪山区就有 300 余人取得劳动关系协调员职业资格证书。坪山区还赋予社会组织相关负责人政治地位，现坪山区和谐劳动关系促进会会长就是区人大代表的非专职常委，"幸福园区"负责人为坪山区党代表。建立健全社会力量监督和管理体制，确保社会组织参与劳动关系服务有序规范。建立社会组织统一代码和信息公开制度、黑名单制度、综合监管制度，让社会组织在阳光下运行。建立第三方动态监管机制，由第三方机构定期对社会组织服务成效进行科学评估。建立市场化考核机制，以市场化标准衡量评价社会组织工作成效。

## 三 社会组织在参与构建和谐劳动关系中面临的问题

任何一种社会治理创新模式都有一个提高和完善的过程，虽然目前深圳在全力推动社会组织参与构建和谐劳动关系工作上取得了一定成效，但从实践中总体来看，社会组织在构建和谐劳动关系领域发挥的作用仍然相当有限，参与领域仍有拓展空间。

### （一）社会组织参与构建和谐劳动关系尚无明确顶层设计

2015 年中共中央、国务院印发《关于构建和谐劳动关系的意见》在构建和谐劳动关系的目标任务中提出要健全"党委领导、政府负责、社会协同、企业和职工参与、法治保障的工作体制"，提出要把"党政力量、群团力量、企业力量、社会力量统一起来"的工作思路。虽然在文件中已经赋予社会组织地位，但并没有进行细致的顶层设计。

### （二）社会组织在参与构建和谐劳动关系中的定位和功能还比较模糊

在实践中发现政府与社会力量职能界限不清、定位不明，造成部分资源浪费。同时，部分社会力量参与项目缺乏有效监管机制，服务流于形式，未取得实际效果。社会组织协调劳动关系的领域，当前集中在法律培训、劳动争议调解等方面，偏于狭窄。提供的劳动关系服务产品，总体来讲比较单调，不丰富，而且社会组织受经验、服务技巧的局限，服务效果还有待提升，在提供独特专业优势方面也需要提高。

### （三）社会组织对政府的依赖性过强

一些社会组织存在等着政府分配任务的问题，主动性、创造性不足，工作策略与机制上效仿传统有余、创新突破欠缺，自身的发展动力还不足，没有形成内在动力机制。

### （四）劳动关系领域的社会组织规范化、专业化不够

社会组织自身建设的制度机制尚未建立健全，规范化不够，专业人员力量比较薄弱，目前难以吸引优秀人才投入该领域。部分从业人员责任感、职业感不强，追逐利益倾向比较严重，重职业收益而轻职业精神，缺少工作愿景和志愿追求。不同类型的社会组织发展不均衡，介入劳动关系领域的社会组织总体数量不足。

## 四 提高社会组织构建和谐劳动关系能力的建议

党的十九大做出中国特色社会主义进入新时代、中国社会主要矛盾已经转化等重大政治论断，同时指出中国处于社会主义初级阶段的基本国情、这个"最大实际"没有变。广东省委十二届二次全会强调要用辩证思维来把握广东经济社会发展的"变"与"不变"，更好认识和把握省情市情。调查组认为，这种"变"与"不变"的辩证关系也体现在劳动关系中。坚持党的领导，这在和谐劳动关系构建中是不会变也不能变的。中国劳动关系的性质决定了在构建中国特色和谐劳动关系过程中，必须始终坚持共产党的领导，充分发挥党委和政府在治理中的中坚力量，要保持政治定力，进一步增

强"四个自信"。与此同时，现代化经济体系将对劳动关系面貌进行重构，社会主义现代化的建设目标对构建和谐劳动关系提出了新的更高要求，人民对美好生活的需要日益增长，这些都要求我们与时俱进，调整完善构建和谐劳动关系的工作思路、方法和举措。

在坚持党政主导的前提和基础上，推动社会组织深度参与，是与时俱进构建中国特色和谐劳动关系的重要突破口。对照现代化的更高目标、人民对美好生活的更高需要，创新社会力量共建共治共享和谐劳动关系工作格局，不断提高劳动关系治理社会化、法治化、智能化、专业化水平，努力为构建中国特色和谐劳动关系探索经验、提供支撑。

### （一）积极挖掘社会组织潜力，着力提升劳动关系治理社会化水平

从治理理念上，释放更多社会组织完善职能的空间，激活其在政府规制下的自主性与积极性。从工作方式上，从以往政府自上而下定目标直接购买服务的模式过渡到政府制定规则、实施监督、社会组织自觉主动参与的模式。从参与主体上，积极稳妥推进更多律师、社工、行业商协会等合法社会组织参与和谐劳动关系建设。

### （二）积极填补社会组织参与社会治理的法规政策空白，着力提升劳动关系治理法治化水平

进一步完善和出台引导社会组织有序参与和谐劳动关系构建的法规政策体系，用法治思维谋划和谐劳动关系综合试验，用法治方式规范社会组织有序参与，在法治轨道上维护劳动关系和谐稳定。

### （三）积极引入社会组织破解信息孤岛，着力提升劳动关系治理智能化水平

通过与互联网企业合作、与社会组织共享共用数据资源等方式，提高互

联网在企业管理服务、劳资纠纷预防调处等方面的应用,促进大数据与劳动关系治理深度融合。

### (四)积极调动社会组织在细分领域的专业优势,着力提升劳动关系治理专业化水平

加强专业化人才队伍建设,培育高素质、专业化的社会组织,丰富自身内涵,不断形成自我发展的动力,社会组织要不断提升自我,保持发展的全面性和可持续性。开拓基于劳动关系的公共服务产品,提出构建和谐劳动关系工作的政策建议,切实提高社会组织综合运用专业化工作方法的能力,让更多专业组织、专业人才解决专业问题。

# B.20
# 意思自治原则在劳动争议案件中的适用

邢蓓华*

**摘　要：** 意思自治原则是民法理论的基本原则之一。在双方经济地位不平等的劳动关系领域，是否存在意思自治原则的适用空间，在劳动法理论界和司法实务界一直存在激烈的争论。本文就以劳动争议案件中常见的当事人常见的有关意思表示抗辩为切入点，分析和探究意思自治原则在劳动关系领域的适用空间和审查原则，从而实现尊重当事人意思自治与倾斜保护弱者的平衡统一。

**关键词：** 意思自治原则　劳动关系领域　适用空间

意思自治原则是民法理论的基本原则之一，但该项原则是以法律关系双方当事人地位平等为前提条件的。在双方经济地位不平等的劳动关系领域，是否存在意思自治原则的适用空间，在劳动法理论界和司法实务界一直存在激励的争论。本文就以劳动争议案件中常见的当事人常见的有关意思表示抗辩为切入点，分析和探究意思自治原则在劳动关系领域的适用空间和审查原则，从而实现尊重当事人意思自治与倾斜保护弱者的平衡统一。

## 一　意思自治原则的含义

意思自治原则，又称私法自治原则，是民法主体在法律规定的范围内，

---

\* 邢蓓华，深圳市中级人民法院。

按照自己的意志从事民事活动，管理自己的事务，创设自己的权利和义务，不受国家和他人的非法干预①。意思自治原则的实质就是允许每一社会成员根据自己的理性判断自主创设自己的权利义务、决定自己的事务，从事各种民事行为。但同时意思自治原则也要求每一社会成员对其自主选择、自主决定、自主实施的行为所产生的后果和责任，也应自主负责。

意思自治原则，起源于自由竞争资本主义时期，并逐步发展成为民法的基础和根本。意思自治原则所强调的自由平等被称为"民法根本价值之所在""民法的最高原则"②，体现在民法的各个法域之中，成为被各国法律普遍认可的私法领域的核心原则之一。但随着民法理论的进一步发展，进入现代以来，意思自治原则不再是绝对的、不受任何限制的，对民事法律关系各方主体的自由意志加以适当限制开始被普遍接受。意思自治的保护理念也从绝对重视个人意思自由转向为追求实质上的意思自由。

## 二 意思自治原则在劳动争议案件中适用的限制

在劳动关系领域中，意思自治原则同样是确立劳资双方权利义务的基本准则，拥有广泛的适用空间。意思自治原则首先体现在劳动者自由择业和用人单位自主选择员工的双向选择上。劳资双方通过自由选择，建立劳动关系，缔结劳动合同就是意思自治原则的结果。除此之外，意思自治原则还体现在劳动合同内容、变更、解除等方面。《劳动合同法》诸多条文均充分反映了尊重劳资双方的意思自治是贯穿《劳动合同法》始终的基本原则③。因此，在劳动争议案件中，意思自治原则仍然是裁判者需要遵循的基本原则。

与此同时，无论是经济地位还是经济实力，用人单位都要远远胜于劳动

---

① 王瑞恒：《论当事人对司法鉴定机构的选择优先权——兼评〈民事诉讼法〉第七十六条》，《中国司法鉴定》2013年第3期。
② 李斌：《论意思自治原则与撤销权的行使》，《法制与经济》2009年第7期。
③ 如《劳动合同法》第3条、第13条、第14条、第17条、第18条、第23条、第24条、第35条、第36条等条文，在劳动合同订立的基本原则、合同期限、合同内容、合同变更、合同解除等方面都有关于双方协商一致的规定。

者。目前虽然也出现了一定程度的"用工荒"和"招工难",但总体上,中国劳动力市场仍然处于供大于求的局面。再加上中国企业工会等劳动者维权组织还不健全,劳动者的集体谈判尚不能有效进行,劳动者在实质上很难拥有与用人单位进行真正平等谈判的地位和能力。如果一味地追求形式上的意思自治,作为弱者的劳动者很可能根本没有表达不同意见的机会,从而出现用人单位利用其强势地位侵害劳动者权益的情况,当事人意思自治也可能沦为用人单位的单方决定①。因此,意思自治原则在劳动关系中的适用需要受到更大程度上的限制和制约,通过公权力的干预,对劳资双方客观存在的能力差别适当地予以区别对待,以实现真正的意思自治。

实践中,劳资双方常常对其某一行为的真实意思表示产生争议,下文就从实践中常见的案例入手,分析劳资双方真实意思表示的认定标准与考量因素。

## 三 公章能否代表用人单位的真实意思表示

《企业法人登记管理条例》第十六条规定"申请企业法人开业登记的单位,经登记主管机关核准登记注册,领取《企业法人营业执照》后,企业即告成立。企业法人凭据《企业法人营业执照》可以刻制公章、开立银行账户、签订合同,进行经营活动"。企业法人依法刻制公章后,公章即公司意思表示外化的标识,代表企业法人行为,具有法律效力。公司的公章可以脱离公司法定代表人的签名而独立发生效力。例如,《合同法》第32条规定,当事人采用合同书形式订立合同的,自双方当事人签字或盖章时合同成立。由此可见,仅有企业法人公章而无法定代表人签名的,公章可以单独代表企业法人。因此,通常情况下,用人单位在某一文件、合同等资料上加盖公章的行为即代表用人单位对该资料内容的认可,可以认定该资料内容是用

---

① 王贵枫:《劳动合同冲突法中意思自治原则适用的限制》,《广西民族大学学报》2015年第5期。

人单位的真实意思表示。

在劳动争议案件的审判实践中，也经常会遇到用人单位主张加盖其公章的合同或文件资料并非其真实意思表示，主要有下列两种情形。一种是用人单位的加盖公章的行为是用人单位的真实意思，但其中盖有公章的文件资料的内容并不是用人单位的真实意思表示。比如，用人单位出于配合劳动者办理贷款或向案外人索赔等理由，出具的高于劳动者实际工资标准的收入证明；或是用人单位为了帮助本不是其职工的员工获得社会保险理赔而签订的虚假劳动合同等。用人单位由此抗辩这些文件、合同、证明等资料反映的内容并不是其真实意思表示，不应具有法律效力。对此，笔者认为，这些情形下，用人单位加盖公章的行为是其真实意思表示，而用人单位也应当知道其出具这些虚假文件可能给其带来的法律风险。用人单位在加盖公章时不仅放弃了对自己权利的保护，而且违法违规，也违反了最基本的诚信原则，有的甚至涉嫌犯罪。由此应当根据"禁反言"的原则，认定加盖有用人单位公章的文件、合同、证明所反映的内容即为用人单位的真实意思表示，构成用人单位的自认，除非用人单位能有确凿的证据推翻。

例如，在某一案件中，劳动者在诉讼中主张其工资分为两部分发放，一部分为银行转账，另一部分为现金支付，总工资为6000元/月，并提交用人单位出具的《收入证明》为证。《收入证明》中显示劳动者的工资标准为6000元/月，劳动者主张用人单位在最后3个月未支付现金部分，要求支付工资差额。用人单位则主张该《收入证明》是为了配合劳动者办理银行贷款而出具的，劳动者的工资仅有银行转账部分，并不存在现金支付部分。但由于用人单位出具的《收入证明》已显示劳动者的月工资为6000元，已构成劳动者工资金额的初步证明。用人单位否认该证明的内容是其真实意思表示，应当提供相反证据。而用人单位既未举证证明双方约定的工资标准，也未提供劳动者签名的工资支付凭证以证明实际发放的工资。所以，人民法院最终还是采信了《收入证明》，判令用人单位补足工资差额。

在另一宗案件，劳动者主张其与用人单位存在劳动关系，且在工作中受伤，被认定为工伤和九级伤残，要求用人单位承担工伤保险待遇中用人单位应当负担的待遇项目。而用人单位则主张其与劳动者根本不存在劳动关系，只是因劳动者与其负责人是老乡关系，为了在劳动者受伤后，帮助劳动者获得工伤保险赔偿，才事后与劳动者补签了劳动合同。但用人单位无法举证证明其所主张的事实，且劳动行政部门在工伤认定书中已确定劳动者的用人单位即为该公司。所以，人民法院还是依据双方的劳动合同及劳动行政部门作出的工伤认定书，采信了劳动者的主张，判令用人单位承担其应当负担的工伤保险待遇项目。

从上面两个案例可以看出，用人单位为了某种目的，违背客观真实向劳动者出具证明或与劳动者签订虚假劳动合同的，其将承担较大的法律风险。通过这些判例警示用人单位必须依法使用公章，不得出具虚假材料，也是人民法院裁判结果所应当起到的司法引导作用。

另一种用人单位意思表示不真实的情况是虽然公章本身是真实的，但加盖公章的行为就不是用人单位的真实意思，即通常用人单位所主张的劳动者盗盖其公章。在这类案件中，因为相关文件资料上的公章是真实的，应作为用人单位真实意思表示的初步证据。用人单位主张该公章是劳动者盗盖的，应当承担反证的责任。但要求用人单位提供确凿的证据证明是劳动者盗盖的公章，在现实中几乎不可能。而要通过公安机关等权威行政部门的侦查认定，可能性更是微乎其微。因此，笔者认为，此时对用人单位的反证责任不能过于苛求，从公平的角度，应当适当放宽用人单位的举证责任。用人单位如果能举证证明劳动者存在接触或掌握公章的机会和可能，并合理说明该文件资料的内容存在明显不符合常理的情况，人民法院就可以综合全案事实从高度盖然性角度判断劳动者所提交的文件、合同等证据上加盖公章是否存在瑕疵或疑点。如果对上述文件、合同等证据的真实性存在合理怀疑，就应当责令劳动者提供其他证据相佐证。若劳动者无法提供其他证据加以印证，对存在疑点或瑕疵的证据就不应予以采纳。

例如，在某一案件中，劳动者是用人单位的设计总监，其提供了一份双方签订的《解除劳动合同协议》，载明因劳动者理念与公司高层不同而被解除劳动关系，用人单位承诺支付劳动者 $2N+1$ 的解约补偿金。用人单位抗辩称其从未与劳动者签订过《解除劳动合同协议》，该协议上的公章是劳动者私自盗盖的。在该案中，虽然劳动者系用人单位的销售总监，但双方均认可用人单位的公章系由行政人员负责保管，且使用公章时也必须办理严格的审批手续。因此，仅凭劳动者系设计总监的职务并不能证明劳动者拥有接触公章并私自盗盖的可能。而且从协议的内容看，2N+1 的补偿虽然高于法定标准，但在劳动者属于高级管理人员，且拥有较高的业务能力，其谈判能力也较强，用人单位答应支付高于法定标准的补偿从而解除双方劳动关系，也并非明显不符合常理。所以，在该案中，人民法院还是采信了劳动者提供的《解除劳动合同协议》，判令用人单位按照双方协议约定的金额支付解约补偿金。

在与此案判决结果截然相反的另一宗案件中，劳动者是用人单位的办公室主任，用人单位提供的《公章使用登记表》显示该劳动者负责掌管公章。劳动者提供了一份双方签订的《竞业限制协议》，约定在劳动者离职时用人单位要支付1000万元的竞业限制补偿款作为劳动者履行2年竞业限制义务的对价。该协议仅盖有用人单位的规章，而无相关负责人员的签名。该劳动者在职期间的工资标准也仅为 8000 元/月左右。劳动者对其到底掌握用人单位何种重大的商业秘密或技术秘密，以至用人单位愿意支付如此高额的补偿金来限制其从事同业竞争行为，未能做出合理明确的说明。而且在法庭询问过程中，劳动者对当时签订如此巨额款项《竞业限制协议》的过程，例如代表单位与其商谈该协议内容的人员姓名、商谈经过、签订时间、签订地点等均语焉不详。所以，在该案中，人民法院综合全案事实，认为劳动者提供的《竞业限制协议》存在重大疑点，在劳动者未提交其他证据相佐证的情况下，未采信该协议。

## 四 劳动者单方签名的效力

劳动者在劳动关系履行过程中不可避免地需要在一系列文件上签名，比如入职表、工资表、考勤表、离职申请表等文件。在双方发生争议之后，劳动者在诉讼中经常会辩解由于其在劳动关系中处于弱势地位，其在相关文件资料上的签名是被胁迫的，不应具有法律效力。对此，笔者认为，若对劳动者在劳动关系履行过程中的签名一概以其处于弱势地位而不确认其约束力的话，则可能造成劳动者在签名时完全忽视自身权利保护，签名之后一律予以否认的情况，导致用人单位用工管理举步维艰，劳动者则出尔反尔，毫无诚信。因此，劳动者作为具有完全民事行为能力的成年人，其应当知道在相关文件资料或合同中签名所可能产生的法律后果和法律责任。劳动者在劳动关系中虽然处于弱势地位，但不能因此就放弃对自己权利的保护。劳动者在签名时对用人单位提供的文件资料或合同内容并未提出反对意见，而是顺从签名，就应当视为劳动者对上述内容的认可，其应当承担相应的法律后果。劳动者事后主张其签名是受欺诈、受胁迫或在重大误解情形下签署的，对此应当承担举证责任。

例如，在司法实践中，有的劳动者在申请离职时，填写的离职原因是"家中有事""另谋高就"等个人原因，并签名确认。离职之后又主张是被用人单位辞退或是因为用人单位存在违法事由而被迫提出解除劳动关系，并主张离职当时的离职原因是按照用人单位的要求所填写的。对于此类情况，笔者认为，劳动者签名确认的离职原因应当被作为劳动者离职真实理由的初步证据，劳动者要否定其当时确认的离职原因，应当承担反证的责任，即证明其在离职当时所填写的离职原因是受胁迫、欺诈所填写的。

## 五　双方签订的协议的效力

最高人民法院《关于审理劳动争议案件适用法律若干问题的解释（三）》第十条规定，劳动者与用人单位就解除或终止劳动合同办理相关手续、支付工资报酬、加班费、经济补偿或者赔偿金等达成的协议，不违反法律、行政法规的强制性规定，且不存在欺诈、胁迫或者乘人之危情形的，应当认定有效。但同时该条第二款规定，前款协议存在重大误解或者显失公平情形，当事人请求撤销的，人民法院应予支持。

在实践中，常见的案例是用人单位与劳动者在劳动关系解除时就劳动关系解除及相关费用支付问题签订了协议，协议补偿的金额通常低于法定标准，事后劳动者又申请劳动仲裁及提出诉讼，要求用人单位按照法定标准补足相关费用。用人单位则以双方已协商一致、签订了协议进行抗辩。此种情况下，双方签订的协议是否完全具有法律效力，笔者认为也应当从劳资双方利益的角度进行考量。一方面，对于反映劳动者真实意思表示的双方协议应当本着尊重双方自由意志的原则承认其法律效力，从而倡导劳资双方诚信行事，通过协商妥善处理劳动关系解除事宜，减少劳资纠纷的发生，对于劳动者出尔反尔的行为不应保护；另一方面，也要考虑劳资关系中劳动者的弱势地位，严格审查双方协议是否存在违背劳动者真实意愿的情形，防止用人单位利用强势地位强迫劳动者签订严重侵害劳动者合法权益的协议。

因此，笔者认为，对劳资双方所签订的协议的审查应当注重以下四个方面。第一，应当审查双方协议内容是否存在违反法律、行政法规的强制性规定的情形。此处的审查标准与普通民事案件中双方协议是否有效的审查标准相同，即双方协议内容违反的必须是法律、行政法规中的效力性强制规定方才无效。例如，《劳动合同法》第二十四条对竞业限制期限的规定、第二十五条对双方约定由劳动者承担违约金情形的规定等系效力性的强制规定，双方协议条款与上述效力性强制规定相冲突的，相关协议内容无效。但如果协议内容仅与法律、行政法规中管理性的强制规定不符，则并非双方相关协议内容无效的理由，不能因此否定双方的自由意愿。

第二，应当审查双方在签订协议过程中，是否存在欺诈、胁迫、乘人之危、重大误解的情形的。此时的举证责任应当归于主张协议存在上述违背其真实意思表示的当事人一方，通常情况下为劳动者一方，即劳动者主张在签订协议过程中，用人单位存在欺诈、胁迫、乘人之危行为的，应当举证证明。随着劳动者文化水平和法律意识的不断提高，劳动者维权的途径和措施也越来越便利，用人单位迫使劳动者接受不利条款的情形正逐渐减少。不能仅因劳动者居于弱势地位就一概认定用人单位肯定会迫使劳动者接受不利条款。

第三，应当审查双方协议内容是否涵盖劳动者事后提出的请求，劳动者是否在协议中明示放弃对其他款项的追索权。如果双方签订的协议仅是对劳动关系项下部分项目的结算，而劳动者也没有明示放弃对未涉及的其他项目的追索权，那么即使双方签订的协议具有法律效力，劳动者也可以再次要求用人单位按照法定标准支付协议中未涉及的款项。例如，笔者就审理过一宗相关案例，案例中双方达成的协议如下："一、双方同意按照劳动法的规定，由某公司向赵某某支付下列款项：1. 2015年12月工资4537元；2. 未休年休假工资1482元；3. 工龄补偿14892元。共计20911元。二、某公司需在本协议签字之日五日内向赵某某支付上述款项。某公司履行上述义务后，双方劳动关系解除。三、本协议一式两份，自双方签字之日起生效。"某公司按照该协议向赵某某支付了相关款项，但事后赵某某申请劳动仲裁，要求某公司支付在职期间的加班工资及未签订书面劳动合同的二倍工资等。由于双方签订的协议仅涉及2015年12月工资、未休年休假工资及工龄补偿这三项，该协议仅能视为双方就上述三项进行的结算，赵某某确认的也仅是对上述三项的金额，并未涉及在职期间的加班工资和未签订书面劳动合同的二倍工资。而在该协议中，赵某某也没有明确表示放弃对劳动关系项下其他款项的追索权。因此，虽然双方签订的协议是有效的，但并不产生免除某公司支付其他款项义务的作用，赵某某仍然有权要求在职期间的加班工资及未签订书面劳动合同的二倍工资。

但如果在双方协议中，劳动者明确放弃了对用人单位的追索权，则无论双方协议是否涵盖劳动关系项下的所有项目，均可以认为劳动者对自身权利进行了处分，自愿放弃其他款项。例如，某科技公司与张某某签订了内容如下的协议："1. 双方同意按照劳动法的规定，由某科技公司向张某某支付20911元。2. 某科技公司需在本协议签字之日五日内向张某某支付上述款项。某科技公司履行上述支付义务后，双方劳动关系解除。3. 张某某认可某科技公司履行上述支付义务后，某科技公司已足额支付了其在职期间所有应得款项，包括但不限于工资、加班工资、奖金津贴、经济补偿、未休年休假工资、未签订书面劳动合同二倍工资及各项福利待遇等。4. 某科技公司履行上述支付义务后，张某某不得再要求某科技公司承担任何费用和责任。双方权利义务至此全部终结。5. 本协议一式两份，自双方签字之日起生效。"在上述协议中，张某某在第四条明确放弃了对劳动关系项下，某科技公司所应承担的所有费用和责任的追索权。即使某科技公司仍然存在其他依法应当支付的款项，张某某也明确表示放弃要求某科技公司承担相关支付义务了。

最后，应当审查协议内容是否存在显失公平的情形。在通常情况下，劳资双方在劳动关系解除协商确定的补偿金额往往会低于法定标准，但并不是只要低于法定标准，就一律认定为显失公平，从而否定双方协议的效力。否则，双方就不存在协商的空间与可能，各个层级的调解也可能由此丧失合法基础。同时，劳动者虽然在协议中明确放弃了追索权，但如果该放弃追索权对劳动者而言是显失公平的，劳动者也可以由此请求司法机关撤销该协议，要求用人单位按照法定标准支付相关款项。

认定双方协议是否存在显失公平情形，应当从主客观两方面进行判断。在客观要件上，必须是双方之间利益严重失衡，一方要承担更多的义务而享受极少的权利或者在经济上要遭受重大损失，而另一方则以比较少的代价获得较大的利益，承担极少的义务而获得更多的权利[1]。在主观要件上，必须是协议一方具有利用优势或利用对方轻率、无经验等而与对方签订显失公平协议的故意[2]。在劳资关系项下，用人单位存在优势及劳动者没有经验，在通常情况下可以说是不言自明的，但用人单位是否存在利用优势的故意则需要司法机关进行判断。

但故意作为一种主观态度很难用外化的客观证据进行证明，实践中司法机关通常会通过双方协议金额与法定标准金额的差距大小来判断用人单位是否存在利用优势侵害劳动者合法权益的故意。如果双方协议金额与法定金额

---

[1] 王利明、杨立新、王轶、程啸：《民法学》，法律出版社，2011，第542页。
[2] 同上。

相差不大，劳动者对自己权利的处分在合理范围内，一般这种不法侵害协议对方利益的故意就不成立；而如果金额相差悬殊，就很难说用人单位不存在利用熟知劳动法的优势侵犯劳动者权益的故意了。至于具体的显失公平的认定比例，必须要根据各个案件的实际情况以及劳资双方自身状况进行综合判断。

在劳动关系中，劳资双方通过协商的方式妥善处理劳动关系解除后的工资结算、经济补偿等问题无论是对用人单位而言，还是对劳动者而言都是大有裨益的。对用人单位与劳动者通过协商达成的协议，司法机关应当尽可能地尊重其效力，避免破坏双方的契约自由。因此，双方达成的协议应当是以有效为原则，以无效或可撤销为例外。只有在协议存在法定的无效或可撤销事由的情况下，才有司法机关以国家强制力干预双方的自由意志的适用空间。

# B.21
# 职业病人身损害赔偿法律问题研究

彭小坤*

**摘　要**：《中华人民共和国职业病防治法》第五十八条的规定存在理解分歧，而且与最高人民法院《关于审理人身损害赔偿案件适用法律若干问题的解释》第十二条的规定冲突明显，致使各地司法部门对职业病劳动者能否享受人身损害赔偿实务操作不一，差异极大。由于事关职业病各方当事人重大利益，因此有必要梳理相关规定及实务具体操作情况，比较两套制度利益差别，同时分析相关理论与制度中存在的问题，以期找到合适的解决方案。

**关键词**：职业病　人身损害赔偿　理顺制度

## 一　法条困扰

职业病是指劳动者在职业活动中，因接触粉尘、放射性物质和其他有毒、有害物质等因素而引起的疾病。职业病的特点主要有四个方面，一是产生于职业活动，二是因接触有毒有害物质而引发，三是隐蔽性强持续时间长，四是危害大不易治疗。

根据相关法律规定，职业病属于工伤，患病可以享受相关工伤待遇。但是，职业病患者能否同时享受人身损害赔偿待遇并没有明确规定，已有规定

---

\* 彭小坤，广东瀚诚律师事务所。

也有重大理解分歧，导致这一问题成为司法实践中的一大难题。

《中华人民共和国职业病防治法》（以下简称《职防法》）第五十八条规定："职业病病人除依法享有工伤保险外，依照有关民事法律，尚有获得赔偿的权利的，有权向用人单位提出赔偿要求。"该规定是目前国内唯一从法律层面针对职业病人身损害赔偿待遇的相关规定，但与最高人民法院的司法解释相左，令人困扰。最高人民法院《关于审理人身损害赔偿案件适用法律若干问题的解释》（以下简称《人身损害解释》）第十二条第一款规定："依法应当参加工伤保险统筹的用人单位的劳动者，因工伤事故遭受人身损害，劳动者或者其近亲属向人民法院起诉请求用人单位承担民事赔偿责任的，告知其按《工伤保险条例》的规定处理。"这一规定意味着最高人民法院并不支持职业病患者向用人单位主张工伤待遇之外的人身损害的赔偿。不过最高人民法院还是在第十二条第二款针对第三人侵权情形做出不同规定："因用人单位以外的第三人侵权造成劳动者人身损害，赔偿权利人请求第三人承担民事赔偿责任的，人民法院应予支持。"

第三人作为加害方承担赔偿责任固系应有之义，却产生了双重给付的问题，突破了侵权法的基础理论之一的"填平原则"，也因此影响了作为工伤的职业病待遇。尽管最高人民法院《人身损害解释》明确了第三人的民事赔偿责任，却没有规定如何与工伤待遇衔接，结合上下文判断应当理解为全额赔偿。换个角度理解就是：无论劳动者是否取得工伤待遇，人民法院都支持其要求第三人承担赔偿责任的诉求；无论第三人是否因为人身损害赔偿了劳动者，都不影响劳动者另行依法获得工伤待遇。这样既避免了人身损害适用过错原则而产生的待遇差别问题，也避免了两个法律途径先后次序不一而产生的复杂程序问题。

但是，2010年通过的《中华人民共和国社会保险法》（以下简称《社保法》）第四十二条规定：由于第三人的原因造成工伤，第三人不支付工伤医疗费用或者无法确定第三人的，由工伤保险基金先行支付。工伤保险基金先行支付后，有权向第三人追偿。这一规定显然又否定了最高人民法院的意见，回到"填平原则"上来，还特别赋予工伤保险部门"代位求偿权"。新的问题也就随之产生：在第三人侵权造成工伤的情况下，劳动者并不能直接享受工伤待遇中的工伤医疗费，只有在第三人不支付该费用或无法确定第三人的情况下才由工伤保险基金先行支付。这一医疗待遇享受的先决条件非常不利于对劳动者的及时治疗救助，如何认定第三人不支付该费用或无法确定第三人成了社保部门巨大的挑战。尽管实践中常有第三人主动支付医疗费用的情形，也有用人单位或劳动者自己先行垫付的现象，但是工伤往往需要马上治疗，医疗救助及时性的要求无法给社保部门足够的时间来判断，因此留下了道德风险和法律隐患。

《社保法》上述规定的目的在于平衡各方利益，追究加害第三人的赔偿责任，降低国家费用，因此还特别规定了社保部门的"代位求偿权"，以避免双重给付。从这一角度来看，这一规定不仅与最高人民法院《人身损害解释》的规定不一致，《人身损害解释》在工伤系第三人侵权所致的前提下允许劳动者同时享受相关待遇，而《社保法》却不允许劳动者重复享受；其立法本意和精神也影响了对《职防法》相关规定的理解，第三人侵权尚且不支持双重给付，显然也不应支持职业病劳动者向用人单位重复主张待遇。不过《社保法》的规定仅是"医疗费用"，其他待遇该如何理解呢？有关部门对第三人侵权责任态度的反复不仅对一般工伤案件产生巨大影响，也同样影响职业病劳动者的人身损害赔偿待遇。

## 二 实务乱象

正是因为上述规定既不清晰又有矛盾，所以司法实践中各地案件裁判标准不一。为了统一当地的判案标准，一些省区市通过《纪要》或《指导意见》等形式对其进行了规范。2001～2017年，福建、广东、湖北、新疆、重庆、山东、辽宁、云南、太原、江苏、上海、河南、安徽、深圳14个省区市相续出台相关《纪要》《指导意见》等文件。

上述文件有的直接提职业病，有的表述为工伤保险赔偿，但也同样适用于职业病情形。相关规定可以分为四类：一类允许选择工伤保险待遇或人身损害赔偿，如福建；一类明确支持双重待遇，但要扣减工伤保险利益，如广东、湖北；一类明确反对双重待遇，甚至直接规定不予受理，如新疆、重庆、辽宁、云南、太原、江苏、上海、河南、安徽；还有一类只支持精神损害赔偿，如山东、深圳。如果用人单位没有参加工伤保险，如何处理也有三种意见，一种是统一套用工伤保险待遇，如江苏；一种是按人身损害来处理，如山东、重庆、太原；还有一种是允许当事人选择，如安徽。

从对上述规定的统计来看，支持双重赔偿的相对少一些，反对双重赔偿的省区市更多。即使是支持双重赔偿的，也基本上同时规定需要扣除工伤保险利益或只支持精神损害赔偿。也就是说，绝大多数省区市实施的是替代模式，少数是补充模式，极个别是选择模式。但是，这些《纪要》或《指导意见》基本上只是就事论事地进行了一些硬性规定，除了上海，其他省区市基本没有阐述相关规定的法理依据。

需要特别指出的是，广东省高级人民法院 2017 年出台的《关于审理劳动争议案件疑难问题的解答》（以下简称《解答》），对 2002 年的规定进行了细化，一方面仍然坚持原来的双重赔偿观点，另一方面将人身损害赔偿项目与劳动者工伤保险待遇项目进行了对比，规定在人身损害赔偿项目中扣除相应项目的工伤保险待遇数额。《解答》中工伤保险待遇项目和人身损害赔偿项目对应见表 1。

**表 1　工伤保险待遇项目和人身损害赔偿项目**

| 工伤保险待遇项目 | 人身损害赔偿项目 |
| --- | --- |
| 住院治疗的伙食补助费 | 住院伙食补助费 |
| 停工留薪期工资 | 误工费 |
| 一次性伤残补助金、伤残津贴 | 残疾赔偿金 |
| 丧葬补助金 | 丧葬费 |
| 供养亲属抚恤金 | 被扶养人生活费 |
| 一次性工亡补助金 | 死亡赔偿金 |
| 安装假肢等辅助器具费 | 残疾辅助器具费 |

《解答》的新规定表面上更有利于审判实践，但实际上只是机械地进行了项目匹配，只有"本质"相同的部分才得以扣除，此外的待遇则予以支持，相当于特殊补充模式。但这一模式成了"四不像"，由于没有将工伤保险利益与人身损害赔偿利益进行整体性对比和扣除，所以这一操作模式留下了重大理解分歧，进一步激化了广东区域此类纠纷的矛盾，更容易诱发职业病员工人身损害赔偿案件，殊为不智。而且深圳只支持精神损害赔偿的规定明显与广东两次的意见均不合，同属广东行政区域却可能出现完全不同的裁判结果。

需要强调的是，即便出台了统一操作规范的省区市，无论是省高级人民法院这一层面还是地方各级法院，这几年近百例案件中仍然出现大量同时期同类型案件相互矛盾的裁判。广东省高级人民法院不支持双重赔偿的案例有：方文与广州钜东娱乐用品有限公司劳动合同纠纷申诉、申请案，梅宗良、广州市万绿达集团有限公司工伤保险待遇纠纷再审审查与审判监督案，贾国洪、广州百利文仪家具有限公司劳动争议再审审查与审判监督案，最后一个案例裁定于《解答》发布之后，与《解答》意见相左。支持双重赔偿的案例有：曹四英与广州市番禺区旧水坑丰达电机厂工伤保险待遇纠纷申诉、申请案，中山广盛运动器材有限公司、贝玉生命权、健康权、身体权纠纷再审审查与审判监督案。江苏省高级人民法院在韩汝山与江苏神工机械制造集团有限公司、淮安市吉利铸造中心生命权、健康权、身体权纠纷再审复查与审判监督案中不支持双重赔偿，江苏省苏州市中级人民法院却在董剑荣与中国高岭土有限公司一般人格权纠纷二审民事判决书中支持双重赔偿。北京市第三中级人民法院在王凤英与北京华腾东光稀贵金属提炼有限公司生命权、健康权、身体权纠纷二审案中支持双重赔偿；北京市第一中级人民法院在展海义与北京神雾环境能源科技集团股份有限公司生命权、健康权、身体权纠纷二审案中不支持双重赔偿并裁定驳回起诉。

深圳中院纪要只支持精神损害抚慰金，但深圳宝安区人民法院在龚德翠与海日升电器制品（深圳）有限公司生命权、健康权、身体权纠纷一审案和深圳市中级人民法院在深圳市迅兴彩印有限公司与卜建双生命权、健康权、身体权纠纷二审案中却扩大了赔偿范围,不仅支持精神损害抚慰金,还支持被抚养人生活费。福建省高级人民法院在谢振宏与福建煤电股份有限公司劳动争议申诉案中认为:"劳动者在无第三人因素而遭受包括患职业病在内的工伤时,应以完全的工伤保险取代民事损害赔偿,劳动者只能依工伤保险制度请求工伤保险赔偿",此观点与该省纪要意见并不一致。吉林省高级人民法院的态度也耐人寻味:该院2015年10月在修正药业集团股份有限公司与王立臣劳动争议再审案中支持双重赔偿;2017年3月却在郭喜宝与中国石油天然气股份有限公司吉林石化分公司劳动争议再审审查案中又不支持双重赔偿,是否受最高人民法院判例影响而改变态度不得而知。

相关判决不支持双重赔偿的理由主要认为《人身损害解释》有明确规定,《职防法》《安全生产法》相关规定只是指向其他民事法律规定,但现在并无此类明确的民事法律依据;支持双重赔偿的理由则以《职防法》《安全生产法》为上位法且符合有利于劳动者的立法本意为核心观点。尽管司法实践中也有引用《民法通则》和《侵权责任法》相关条款的情形,但计算人身损害赔偿相关待遇时都还是引用《人身损害解释》相关条款。支持和不支持双重赔偿的依据都是《人身损害解释》,令人不解;引用《人身损害解释》相关条款支持双重赔偿的判例往往回避《人身损害解释》第十二条,在逻辑上不具有自洽性,确实难以令人信服。

虽然最高人民法院《人身损害解释》有过相关规定,但从各省区市高院、中院的规定来看,仍然各自规定,各行其是。即便各地有了上述"统一"规定,仍然各案各判,令人无所适从。起因仍然在于最高人民法院《人身损害解释》与《职防法》《安全生产法》的根本性冲突。即便最高人民法院通过刘清林诉新疆有机化工厂破产清算组案(2015年6月1日判决)重申《人身损害解释》并非"有关民事法律","单位与工伤人员包括职业病患者之间是因劳动关系形成工伤保险法律关系,与《人损司法解释》调整的侵权者与被侵权人的侵权赔偿法律关系并不等同",相关案件不适用"因工伤事故遭受的人身损害",但是广东省高级人民法院2017年8月1日仍然出台了与之相左的《解答》，各地各级法院仍然视而不见，继续依照各自理解来裁判相关案件，乱象丛生。

## 三 第三人困境

各地除上述直接规定职业病员工是否可以向用人单位主张人身损害赔偿外，2001年后一些省市还就第三人侵权导致工伤的相关人身损害赔偿问题进行了规定，其中包括福建、广东、山东、辽宁、云南、河北、浙江、江西、湖南、北京、上海、天津、西安、太原、成都、深圳16个省市。这些省市针对第三人侵权导致工伤的情形，基本上沿用最高人民法院《人身损害解释》的思路，但有些省市也做了一些调整：有不支持损失重合部分的，如北京；有规定医疗费、丧葬费和辅助器具更换费等不得重复享受的，如深圳；有规定扣除医疗费、残疾辅助器具费、工伤职工在停工留薪期间发生的护理费、交通费、住院伙食补助费的，如浙江；还有一些省市强调第三人侵权已获得民事补偿部分工伤待遇不再支付或先处理民事赔偿再比较工伤待遇的，如福建、西安。这些调整实质上是将最高院的完全双重赔偿原则改成补充原则，但具体操作中还涉及起诉与主张工伤待遇先后次序问题，所以实践中除非当事人配合，否则仍然很难实现扣减。社保部门尽管有《社保法》作为依据，但基本上只是简单按照工伤规定直接支付相关待遇，当事人是否获得第三人侵权赔偿则在所不问。

实务中司法部门和行政部门对第三人侵权人身损害赔偿的态度进一步鼓励了职业病员工向用人单位争取人身损害赔偿，毕竟职业病自身的特点决定其存在特殊性，再加上国家工伤赔偿制度关于职业病在某些层面上确实有不足或模糊之处（如停工留薪期起始期间、社保部门不予报销的医疗费用、疑似职业病患者相关待遇、有毒有害岗位津贴标准等），所以职业病人身损害赔偿法律纠纷日益成为司法难案。笔者认为，必须同时探讨第三人侵权导致工伤的人身损害赔偿问题，才能解决职业病人身损害赔偿问题，因为这是密不可分的两个方面。劳务派遣模式下的职业病工伤既涉及用人单位又涉及用工单位，更是体现了这个问题的整体性。

笔者13年前经办了一起劳务派遣员工主张用工单位人身损害赔偿的案件。该案案情为一位派遣员工因工受伤认定工伤后鉴定丧失劳动能力九级，派遣单位办妥各项工伤理赔手续后，派遣员工一纸诉状将用工单位告上法庭，要求用工单位承担人身损害赔偿责任。尽管一审法院认定用工单位没有过错而胜诉，但二审法院不同意一审法院的观点，用工单位最后支付了一笔费用调解结案。本案的焦点在于用工单位是否为第三人？是否需要承担人身损害赔偿责任？在劳务派遣模式下，派遣单位用人不用工，用工单位用工不用人，双方都是独立注册主体；派遣单位缴纳社保而用工单位实际承担费用但非社保缴纳主体。如果认定用工单位为第三人，则根据《人身损害解释》相关规定，用工单位难辞其责，这就意味着用工单位虽实际承担了社保成本却还需要额外承担人身损害赔偿责任。如果直接招用员工，即便是职业病，根据《人身损害解释》规定反而无须另外支付人身损害赔偿。派遣单位办理职业病工伤理赔后却由于用工单位实际提供工作条件，派遣员工可能会主张职业病系用工单位即第三人所致，继续套用《人身损害解释》第三人相关规定主张双重赔偿，用工单位同样无法回避这一责任，从而陷入"第三人困境"。

劳务派遣其实是劳动关系的特殊表现形式，尽管用工单位与派遣单位存在派遣合同关系，但派遣员工受指派完成任务时所涉及的任何用工单位的作业环境均构成派遣单位的作业环境，所有权利义务均应归结于派遣单位所有，用工单位的安全保障义务即为派遣单位的安全保障义务，用工单位的作业环境应视为派遣单位的劳动条件。派遣单位与用工单位其实是劳动关系共同主体，只是根据法律规定通过约定分配具体权利义务而已，但只有合在一起才构成完整的劳动关系，只有这样理解才能够避免上述逻辑悖论，同时符合"填平原则"。也就是说，劳务派遣模式下无论是职业病还是一般工伤，派遣员工仍然应当适用工伤相关规定且不得向派遣单位和/或用工单位主张人身损害赔偿，否则此类案件层出不穷，严重影响社会和谐。

非劳务派遣模式下的其他第三人侵权所致工伤一般情况下不会涉及职业

病,毕竟职业病需要有接触史才能够发生和认定,但第三人侵权仍然应当承担侵权责任,如果都由社保机构来承担,反而放任了第三人而可能引发道德风险。不过为了尽快救助工伤员工,仍然应当由工伤保险先行承担所有费用,然后再由社保机构代位求偿;其中依照工伤保险相关规定,涉及用人单位承担的待遇,用人单位先行支付后也应当有权向第三人追偿。这样既维持了"填平原则",也有效追究了第三人侵权责任,还保障了工伤员工各项利益。虽然《中华人民共和国保险法》第四十六条规定"被保险人因第三者的行为而发生死亡、伤残或者疾病等保险事故的,保险人向被保险人或者受益人给付保险金后,不享有向第三者追究的权利",有学者认为人的生命健康权不应成为牟利的工具,并借此主张社保机构不应享有"代位求偿权"。但是这一规定仅是针对商业保险,与强制性的工伤保险存在本质区别。正是为了避免双重获益和道德风险才需要通过法律赋予社保机构及用人单位的"代位求偿权",如此才能促使各方以人为本,尊重人的生命健康。

如前所述,最高人民法院的《人身损害解释》支持工伤当事人向第三人主张人身损害赔偿,各地地方法院也基本沿用这一思路,但正是由于《人身损害解释》背离了"填平原则",所以在实务中出现了各类问题:一方面是一般工伤员工因第三人侵权而享受了双重待遇;另一方面是受危害更大的职业病员工却因《人身损害解释》而止步于现有工伤待遇。部分地方法院通过纪要等形式进一步规定要求扣减医疗等费用来修正《人身损害解释》,《社保法》也特别赋予社保部门对医疗费的"代位求偿权",不只是平衡各方利益,更是有深刻的法理和制度层面的考量。如果仍然维持现有的第三人侵权工伤享受双重待遇的格局,职业病人身损害赔偿问题就不可能得到实质性解决,因为这在制度层面上决定了其不具有公平性,用人单位和法院也就无法摆脱这方面的压力。实际上工伤待遇不仅有社保部门负担的医疗费等待遇,也还有用人单位承担的部分待遇,比如停工留薪期间的工资、护理费和一次性伤残就业补助金等。通过合理配置国家和用人单位的责任,一方面化解用人单位与劳动者的风险,另一方面强化用人单位预防工伤的积极性,以免将全部责任推卸给社保机构而放任工伤发生。职业病由于其隐蔽性强、持续时间长和危害大的特点,决定了用人单位应当承担相应的责任,因此有必要全方位对比职业病工伤和人身损害赔偿标准及其相关待遇,以进一步判断现行制度的合理性。

## 四　待遇对比

有学者指出,工伤待遇与人身损害赔偿待遇存在差异是目前司法实践中最大的问题。如果两者没有差别,自然都会选择简便且无过错原则的工伤保障,也不会再寻求民事诉讼的解决途径。但是,这个观点值得商榷,笔者认为只要双重赔偿的观点在司法实践中得到支持,就必然会有劳动者去争取另外一份待遇,无论待遇是否存在差别。实践中一些法院采纳补充原则作为审理案件的标准,不过这一办法并不能有效止诉,因为两套待遇保障制度因为历史原因及角度不同确实存在一定的差异。

有人认为人身损害赔偿待遇远高于工伤待遇,根据"填平原则",应当允许当事人选择或补充赔偿。甚至有人认为工伤待遇赔付范围和金额微乎其微,完全不足以弥补职业病造成的损失,所以主张可以双重赔偿。其实这都是对工伤待遇的误读,是没有将工伤待遇与人身损害赔偿待遇做全面对比的结果。

从历史上看,工伤待遇与人身损害赔偿待遇确实存在过差异。1996年原劳动部颁发的《企业职工工伤保险试行办法》规定的一次性工亡补助金标准为48~60个月的上年度职工平均工资,2003年国务院颁发的《工伤保险条例》沿用了这一标准:一次性工亡补助金标准为48~60个月的统筹地区上年度职工月平均工资,而同年晚些时候最高人民法院发布的《人身损害解释》规定死亡赔偿金按照受诉法院所在地上一年度城镇居民人均可支配收入或农村居民人均纯收入标准,按20年计算(60周岁以上的,年龄每增加一岁减少一年;75周岁以上的,按5年计算)。尽管基数不一,但仅从赔偿月数上看,两者确实差距甚大,以致媒体当时惊呼"同命不同价"。不过2010年《工伤保险条例》修订时,将一次性工亡补助金标准规定为上一年度全国城镇居民人均可支配收入的 20 倍，尽管基数仍然不同，但至少赔偿月数已经没有区别，而且基数对比也未必是工伤待遇低，经济发展水平较高的区域工伤待遇基数可能是人身损害赔偿基数高，经济发展水平较低的区域相反人身损害赔偿基数可能更低。

工亡赔偿中丧葬补助金与人身损害的丧葬费标准一样都是 6 个月的上年度职工月平均工资标准，两者没有差别。工亡赔偿中的供养亲属抚恤金按本人工资的一定比例计发：配偶每月 40%，其他亲属每人每月 30%，孤寡老人或孤儿每人每月在上述标准的基础上增加 10%。核定的各供养亲属的抚恤金之和不应高于因工死亡职工生前的工资。这一标准与人身损害赔偿中被扶养人生活费标准不一样，后者按照受诉法院所在地上一年度城镇居民人均消费性支出和农村居民人均年生活消费支出标准计算。被扶养人为未成年人的，计算至 18 周岁；被扶养人无劳动能力又无其他生活来源的，计算 20 年（60 周岁以上的，年龄每增加一岁减少一年；75 周岁以上的，按 5 年计算）。但孰高孰低，同样要看具体区域和当地相关标准的数据，并不能简单理解为人身损害赔偿此类待遇高于工亡待遇。

以上系死亡主要待遇的对比，虽然没有考虑死亡前治疗过程中医疗费、误工费、护理费、交通费等待遇，且工伤医疗费用用药标准受到社保部门的报销限制，但工伤保险待遇基本能够保障伤者所需，其他与医疗相关的其他待遇也有相应保障，与人身损害相关待遇差别不大。人身损害营养费在工伤待遇中没有规定，但这一待遇《人身损害解释》也没有明确标准，在人身损害赔偿案件中法官也只是酌情裁决，金额相对较小。伤残待遇会比较复杂一些，但也同样可以梳理主要待遇来进行比较，而与伤残相关的工伤复发待遇、康复费、后续治疗费也各有规定，都有相应保障，也非必然发生。

残疾待遇中停工留薪期待遇一般与误工费对应，如果治疗期长于 24 个月，则工伤待遇会低于误工费，但低于 24 个月则没有太大区别。误工费按实际收入水平确定，停工留薪期待遇还受到缴纳社保 3 倍社平工资封顶的限制，如果劳动者实际工资高于 3 倍社平工资，则停工留薪期待遇也会低于误工费。但绝大多数工伤员工治疗期及实际工资都在法律规定的上限之下，因此整体上对比可以理解为停工留薪期待遇与误工费基本相当。

工伤伤残待遇根据伤残等级不同而归为三类,第一类为1~4级,第二类为5~6级,第三类为7~10级。第一类的主要待遇有一次性伤残补助金、按月支付的伤残津贴(1~4级分别为本人工资的90%、85%、80%、75%)和基本养老保险待遇(低于伤残津贴的,由工伤保险基金补足差额),与此同时,法律强制规定保留劳动关系,退出工作岗位。第二类的主要待遇有一次性伤残补助金,用人单位保留劳动关系,安排适当工作,难以安排工作的,由用人单位按月发给本人工资的70%或60%作为伤残津贴。本人提出与用人单位解除或终止劳动关系的,还可享受一次性工伤医疗补助金和一次性伤残就业补助金(具体标准各地自定)。第三类的主要待遇为一次性伤残补助金、离职时一次性工伤医疗补助金及一次性伤残就业补助金(具体标准各地自定)。1~10级对应的一次性伤残补助金为27、25、23、21、18、16、13、11、9、7个月的本人工资。一次性工伤医疗补助金和一次性伤残就业补助金各地标准不一。以广东为例,5~10级对应的一次性工伤医疗补助金标准分别为10、8、6、4、2、1个月的本人工资;5~10级对应的一次性伤残就业补助金标准分别为50、40、25、15、8、4个月的本人工资。

《人身损害解释》规定的待遇包括医疗费、误工费、护理费、交通费、住宿费、住院伙食补助费、必要的营养费,还包括残疾赔偿金、残疾辅助器具费和被扶养人生活费。其中残疾赔偿金和被扶养人生活费与上述工伤伤残待遇相对应,其他的待遇如前所述基本相当或金额较小。人身损害的残疾赔偿金根据受害人丧失劳动能力程度或者伤残等级,按照受诉法院所在地上一年度城镇居民人均可支配收入或者农村居民人均纯收入标准,自定残之日起按20年计算(60周岁以上的,年龄每增加一岁减少一年;75周岁以上的,按5年计算);被扶养人生活费则根据扶养人丧失劳动能力程度,按照受诉法院所在地上一年度城镇居民人均消费性支出和农村居民人均年生活消费支出标准计算。被扶养人为未成年人的,计算至18周岁;被扶养人无劳动能力又无其他生活来源的,计算20年(60周岁以上的,年龄每增加一岁减少一年；75 周岁以上的，按 5 年计算）。被扶养人是指受害人依法应当承担扶养义务的未成年人或者丧失劳动能力又无其他生活来源的成年近亲属。被扶养人还有其他扶养人的，赔偿义务人只赔偿受害人依法应当负担的部分。被扶养人有数人的，年赔偿总额累计不超过上一年度城镇居民人均消费性支出额或者农村居民人均年生活消费支出额。

通过上述对比可以看出，人身损害赔偿待遇与工伤待遇最主要的差别在于残疾赔偿金、被扶养人生活费与一次性伤残补助金、按月支付的伤残津贴等待遇的差别。两套制度中理念和角度不同，相关待遇的设计思路和标准也有区别，金额也因具体情况有别而不同。按一个一级伤残人员有两个老人两个小孩（伤残人员为独生子女且生育二孩）需要扶养且按最高额待遇来计算，人身损害的待遇为 20 年受诉法院所在地上一年度城镇居民人均可支配收入，或者农村居民人均纯收入及 20 年上一年度城镇居民人均消费性支出额，或者农村居民人均年生活消费支出额；工伤待遇则是 27 个月本人工资的一次性伤残补助金及每个月 90% 本人工资的伤残津贴，伤残补助金相对较少，伤残津贴则要看劳动者年龄才能判断享受时长，可能高于 20 年，也可能低于 20 年，并不能必然得出会低人身损害待遇的结论。2017 年深圳的社平月工资是 7480 元，3 倍社保封顶为 22440 元，但是 2017 年深圳城镇居民人均年可支配收入元仅为 48695 元、城镇居民人均消费性支出额为 36480.6 元，就算是两项合计一年也只有 85175.60 元，月均 7097.97 元，低于深圳的月均社平工资，这也就意味着只要劳动者收入达到社平工资，同样计算 20 年工伤待遇（伤残补助金 27 个月本人工资足以弥补 10% 部分），会高于人身损害赔偿中残疾赔偿金及被扶养人生活费之和。何况人身损害赔偿以过错原则为标准，如果被扶养人还有其他扶养人的，相关待遇有可能进一步下降。深圳虽然只是一个样本，但任何区域的月均社平工资及城镇居民人均可支配收入、农村居民人均纯收入及城镇居民人均消费性支出额、农村居民人均年生活消费支出额都会有一定的对应关系，而且绝大多数城市社保缴纳下限为社平工资的 60%，也就是说计算工伤待遇的本人工资不会低于这一标准，所以人身损害赔偿待遇在这一级别上并不比工伤待遇高，甚至可能会低于工伤待遇。

如果工伤为第二类 5 级情形，工伤待遇只包括 18 个月的本人工资的一次性伤残补助金及每个月 70% 本人工资的伤残津贴；而 5 级人身损害赔偿待遇对应的比例也相应下调，可以得到相同的结论。需要特别指出的是，如果劳动者正常工作则享受正常工资待遇，待遇无须打折，可能更高。而司法实践中很多法院对此待遇视而不见，仅简单理解为本人工作收入，不做全面对比，显然是错误的，毕竟是国家工伤相关法律强制保障 5～6 级伤残劳动者就业权利的，无论劳动合同是否为固定期限。

如果工伤为第三类 7 级情形，工伤待遇为 13 个月的本人工资的一次性伤残补助金和若干个月的一次性工伤医疗补助金及一次性伤残就业补助金。以深圳为例，后两者分别为 6 个月的本人工资和 25 个月的本人工资，合计 31 个月本人工资，连同一次性伤残补助金，共可享受 44 个月的本人工资待遇（医疗费、交通费、护理费、停工留薪期工资等不计），按 2017 年深圳的社平月工资 7480 元计算为 329120 元。人身损害 7 级对应的待遇享受比例为 40%，残疾赔偿金、被扶养人生活费合计为 681404.80 元（85175.60 × 20 × 40%）。两者出入确实较大，原因在于 7 级之后的工伤待遇是固定数，并非比例模式。但是，如前所述，这一待遇以对方完全过错且无其他扶养人为条件，并非绝对数值，理论上同样可能会低于工伤待遇。实践中一些法官同样无视以劳动关系解除或终止为前提条件的一次性工伤医疗补助金及一次性伤残就业补助金，只是简单将一次性伤残补助金进行对比，差别进一步加剧，更容易引发诉讼。广东 2017 年的《解答》就犯了这样的错误，在"本质上相同的项目表"中居然找不到一次性工伤医疗补助金及一次性伤残就业补助金。《工伤保险条例》第三十七条第（二）项规定："劳动、聘用合同期满终止，或者职工本人提出解除劳动、聘用合同的，由工伤保险基金支付一次性工伤医疗补助金，由用人单位支付一次性伤残就业补助金"，结合《劳动合同法》第四十二条和第四十五条的规定，用人单位是不能随意解除丧失劳动能力 7～10 级的劳动者的劳动合同的，如果没有发生这两笔费用，说明劳动者仍然在职，享受正常的工资待遇，这部分待遇既是劳动者劳动所得，也是法律保障待遇，一些地方法院甚至明确规定用人单位不得解除此类劳动者劳动合同。这一保障性待遇也属于工伤待遇，既不计算一次性工伤医疗补助金及一次性伤残就业补助金，也不考虑此期间的工资，只会让当事人提高期望值进而诱发更多诉讼；如果计为工伤待遇，与人身损害赔偿待遇的差距应该会大幅缩小。

职业病确有其特殊性，部分疾病治疗周期长、危害大，一般工伤24个月的停工留薪期可能不够，所以《工伤保险条例》还留了余地：工伤职工在停工留薪期满后仍需治疗的，继续享受工伤医疗待遇。虽然24个月后没有再要求用人单位支付全额工资，但立法保障了维系劳动关系的情况下用人单位至少应当给予病假待遇。实践中劳动能力鉴定委员会往往会根据治疗需要在24个月后持续出具延长停工留薪期的证明，法院也基本上据此判决用人单位继续支付全额工资。《职防法》针对职业病隐蔽性强的特点，特别规定了疑似职业病病人在诊断、医学观察期间的费用由用人单位承担；同时规定在疑似职业病病人诊断或者医学观察期间，不得解除或者终止与其订立的劳动合同。

更重要的是，职业病工伤待遇不仅有上述可以计算的具体待遇，立法还通过一系列的制度和措施进一步保障劳动者的利益，其中包括适用无过错原则、保障就业稳定、举证责任倒置等。每一项制度设计都影响重大，都是具体待遇之外的法律利益，都对保护劳动者起到了极大的作用。无过错原则避免了各方对过错的纠缠，保障就业稳定也保障了劳动者持续稳定的收入和医疗待遇，举证责任倒置更是提升了对劳动者的保护水平。《工伤保险条例》规定，职工或者其近亲属认为是工伤，用人单位不认为是工伤的，由用人单位承担举证责任。《职防法》同样也规定，没有证据否定职业病危害因素与病人临床表现之间的必然联系的，应当诊断为职业病。这些规定意味着劳动者几乎免除了所有举证责任，可以得到更充分的保障。《职防法》还规定，劳动者无法提供由用人单位掌握管理的与仲裁主张有关的证据的，仲裁庭应当要求用人单位在指定期限内提供；用人单位在指定期限内不提供的，应当承担不利后果。这些利益远非人身损害赔偿可以比拟，国家针对职业病特殊性设计了特别的保护制度，相关待遇并不低于人身损害赔偿待遇。

综合上述对比，笔者认同上海市高级人民法院2011年的观点：国务院新修订的《工伤保险条例》已将工伤赔偿标准大幅提高，所以也不存在工伤赔偿标准明显低于侵权赔偿标准的问题。

司法实践中不少法官认为工伤待遇无法覆盖劳动者的实际损失，所以根据"填平原则"，并引用《安全生产法》和《职防法》相关规定而判决用人单位再行承担人身损害赔偿待遇。其实持这些观点者往往只是简单地对两套制度的待遇进行了对比，并按就高原则进行裁判，与"填平原则"并没有关联。劳动者实际损失是逐渐发生的，待遇也是逐渐享受的，简单判决享受双重待遇或补充享受差别待遇都是对"填平原则"的错误运用。

## 五　理论制度再检视与解决路径

诚如王利明所言，工伤涉及的违约责任与侵权责任竞合问题一直是争议的热点，王泽鉴亦坦言"劳灾补偿与侵权行为损害赔偿之关系，系一项不易解决之难题"。从史尚宽到王泽鉴，从王利明到张新宝，从郑尚元到林嘉，诸多法律学者一直在研究相关问题。在常见的选择模式、兼得模式、替代模式和补充模式理论基础上，相关学者也提出了一些新的观点，如张新宝主张"原则上采取替代模式，辅之以改良的选择模式"，林嘉、马特主张代替主义代位求偿的同时"允许自由选择请求权"。这些模式和观点也适用于一般的职业病情形，虽有可取之处，但是都没有放在劳务派遣这一用工形式下考量，所以未能走出原有思维体系，难以构建更为合理的制度。劳务派遣模式下职业病工伤待遇与人身损害赔偿关系的理论研究和制度设计才是解决问题的关键，因此有必要检视既有理论和制度，以期找到合适的解决路径。

现有理论中选择模式虽然更符合现有理论体系，但选择模式在现实中基本已被淘汰，因为该模式只是表面上的权利，实际上既不经济也缺乏保障，劳动者还需要承担举证责任。兼得模式其实是属于权利聚合，并非竞合，没有在实质上解决问题，反而加重了用人单位负担，不仅增添了无谓的诉讼，还使工伤保险制度的价值大打折扣。补充模式表面上更有利于保护劳动者，也在一定程度上平衡了各方利益，但实际上也是对"填平原则"的突破，只是对比两套制度利益的差异而产生的模式，与实际损失并没有真正关系。替代模式为现在主流观点，优点明显，但也一直面临理论困境，相关理论的关系一直没有梳理清晰，而且可能因此放任了用人单位责任进而产生道德风险。

问题在于对工伤保险的性质认识不一，工伤保险是法定强制保险，用人单位通过投保来降低成本和风险，也是履行法定义务。工伤保险的受益人是劳动者或其继承人，并非替代，更不应该选择、兼得或补充。这种制度安排其实并无竞合问题，因为用人单位与劳动者都无权选择，并不符合竞合的选择性要求。如果理解为特殊竞合，用人单位也是因履行国家法定义务而排除了其他选择而相应免除了其他责任，所以被人理解为替代关系。实际上发生职业病竞合的只是劳动合同违约责任与用人单位侵权责任，劳动合同中双方可以约定违约责任，但由于用人单位签订劳动合同过程中处于强势地位，此类违约责任往往流于形式或没有具体责任，所以理论上应当是劳动者有权追究用人单位的侵权赔偿责任。但职业病是理解为违约性侵权还是侵权性违约并无定论，且这样的制度安排对劳动者并非有利，所以才强制用人单位缴纳工伤保险，随之产生了工伤保险部门赔付后"填平原则"如何理解和运用的问题。《人身损害解释》第十二条第二款规定因用人单位以外的第三人侵权造成劳动者人身损害的应当承担民事赔偿责任，其实是突破了"填平原则"，给因用人单位过错造成的职业病的人身损害赔偿制造了法律空间和混乱。地方法院根据各自理解适用不同规则固然是一种修正或弥补，但仍然没有注意到问题起源在于《人身损害解释》第十二条第二款的规定，所以不能解决根本问题。只有解决了一般工伤中侵权第三人的责任问题，才能解决职业病中用人单位的责任问题。《社保法》算是在国家法律层面上做了相应规范，赋予了社保机构对医疗费的代位求偿权，但囿于立法范围因素无法做更多规定，而且设计思路也还是先找第三人，第三人不支付或者无法确定第三人的才能适用该规定，这既在理论上自相矛盾，也在实务中对劳动者保障不充分。

将上述理论和制度套入劳务派遣这一用工模式，相关问题更加明显：如果将用工单位理解为第三人，则职业病中的侵权赔偿责任在所难免，不仅因为职业病特殊的推定规则，还因为司法实践中基本上以结果推论过错，而且往往认定用人单位应承担全部过错。这就成了彻底的兼得模式，成了权利聚合，而派遣工规模已达数千万，潜在的风险可想而知。即便用工单位提供的作业环境被理解为用人单位的工作条件，就算是有《人身损害解释》第十二条第一款作为依据，各地仍然各行其是，如非完全替代模式，还是存在相应风险。

其实任何模式下所主张的"填平原则"都不是真正的填平，都只是工伤保险待遇与人身损害赔偿待遇两套法定制度利益对比后的取舍，与实际损失并无直接关系。两套制度从不同的角度出发各有沿袭，各有特点，但考察相关规定后可以发现其实两套制度都能给受害方相应保障，只是在不同历史阶段不同情形下相关待遇可能有所差异，但这仅是法律规定的待遇差异，并非受害人真正的损失，现在各地层出不穷的官司打的就是这一差异，而这些案件当事人往往以"填平原则"来主张相关权利，其实完全是不能成立的。相关制度的待遇是法定化的待遇，是整个社会对此类损害综合各类因素通过国家立法规定的待遇，这些待遇虽然在给付金额上有所区别，名称名目上也各不相同，但如果一定要进行比较，需要将各类利益完全对比，而不能和《解答》一样机械对比个别项目，否则越走越远，无异于缘木求鱼。

要从根本上解决问题，不能只是提高工伤待遇。如前述分析，工伤待遇其实并不低，只是在丧失劳动能力7级以下或许会低于人身损害赔偿而已。职业病有其特殊性，也有特殊待遇和规则，将来立法可以继续有针对性地细化社保机构、用人单位及劳务派遣中用工单位的责任，但不宜简单将《职防法》第五十八条的规定扩大解释为兼得模式，这样的制度只会鼓励诉讼，扩大社会矛盾裂痕。有人主张，《职防法》该规定的立法初衷就是要对用人单位科以民事赔偿责任，因为"有的常委委员、地方和专家提出，职业病病人所受的损害有的是很严重的，病期长达数年以上，本人丧失劳动能力，生活也有不少困难，仅靠工伤社会保险还难以保障职业病患者的合法权益，还应当规定职业病病人有向用人单位提出赔偿要求的权利"。这一观点如果成立，无异于把责任再次配置给用人单位，要工伤保险何用？所以《职防法》也只是慎重地规定为"职业病病人除依法享有工伤保险外，依照有关民事法律，尚有获得赔偿的权利的，有权向用人单位提出赔偿要求"，并没有直接做出规定。"有关民事法律"如何理解也有分歧，有人理解为国家法律，有人理解为包括司法解释在内的各类法律法规。司法实践中关于人身损害赔偿待遇的范围更是观点不一，一些法院根据最高人民法院《关于确定民事侵权精神损害赔偿责任若干问题的解释》主张限于精神损害，一些法院认为目前尚无相关具体范围的规定而不支持相关诉求，有的法院直接引用《人身损害解释》的规定全额支持，有的法院则以补充模式为原则减除部分待遇。《人身损害解释》并没提及职业病，有人因此理解为职业病情形不适用其中的第十二条相关规定，再结合《职防法》第五十八条的规定，支持双重赔付，但从现有法律制度及相关规定来看，这一观点也显然不能成立。"工伤事故"不能只理解为因"事故"而产生的工伤，应当泛指包括职业病在内的所有工伤。其实职业病工伤待遇不仅包括社保机构承担的待遇，也还包括用人单位承担的待遇，诸如停工留薪期间的全额工资和护理、一次性伤残就业补助金、5~6级伤残员工的生活津贴、疑似职业病病人在诊断、医学观察期间的费用等。尤其重要的是保障了这些员工的就业，即便是7~10级伤残员工用人单位也不得中途解除劳动合同。所以换个角度看，"有关民事法律"也可以理解为是《工伤保险条例》针对用人单位所规定的这些特殊义务，或许这可以作为《职防法》和《人身损害解释》的衔接点而运用于司法实践中。

《工伤保险条例》一方面强制要求用人单位参保，另一方面却又规定了大量用人单位的义务，其目的在于既保障劳动者利益，同时化解用人单位风险，还督促用人单位努力提高预防水平，尽力消除职业病。因为完全替代会纵容用人单位，反过来不利于保障劳动者的生命健康，而生命健康权是优于其他任何权利的最重要的权利,所以工伤保险制度这一设计有其积极用意。《职防法》所规定的相关行政处罚也具有同样的目的,都是为了更好地预防职业病。不过这一处罚并非民事惩罚性赔偿,《民法总则》增加了惩罚性赔偿作为承担民事责任的方式之一,但同时特别规定"要有法律规定",《职防法》第五十八条同样也不能理解为惩罚性赔偿,《民法总则》相关规定也不能成为支持双重赔偿的依据。

综上所述,笔者认为不应支持职业病人身损害赔偿待遇,但精神损害抚慰金则可以酌情支持。不仅司法部门要统一操作,而且国家其他各部门也应当同步协调。长远来看,将来应当修订相关法律法规。《人身损害解释》第十二条第二款建议修订为"因用人单位以外的第三人侵权造成劳动者人身损害且属于工伤的,劳动者享受工伤待遇,社会保险部门以及用人单位支付相关工伤待遇后可向第三人代位求偿,第三人在劳动者人身损害范围内承担赔偿责任。如工伤待遇无法覆盖劳动者实际损失,且低于人身损害赔偿待遇的,劳动者可要求第三人承担低于部分的待遇"。但这一调整涉及行政部门,需要国家在法律层面上进行规定,所以国家需要同步修订《社保法》,将第四十二条同步按上述模式进行修订。这样修改的意义在于既最大限度及时保障劳动者,又满足"填平原则"的要求,没有任何一方额外获益,还真正按过错原则追究了侵权方责任。为了督促侵权第三人自觉履行相关义务,还可以进一步配套规定第三人败诉的,还须承担相应的律师费用。

解决了上述第三人的问题,才能进一步解决职业病人身损害的问题。根据同样的思路,可以规定职业病员工统一享受工伤保险待遇,再规定如用人单位有重大过错的可以认定为侵权,如劳动者享受的工伤待遇低于人身损害赔偿待遇的,可要求用人单位承担低于部分的待遇。重大过错可以以行政部门对用人单位进行过行政处罚作为依据,毕竟职业病工伤也是无过错为原则,过于苛求用人单位并不合适。工伤待遇无法覆盖实际损失且低于人身损害赔偿待遇的劳动者才得以主张权利,这样同样维护了"填平原则",也发挥了工伤保险的作用,同时避免了用人单位负担过重,还将诉累和相关风险转移给国家机构和用人单位,目前司法实践中的各类矛盾和问题都能得到平息。但是，社保部门不再享有对用人单位的代位求偿权，因为用人单位系按国家强制要求参加工伤保险，通过缴纳工伤保险费用转移了支付责任，社保部门此时只是按国家规定代用人单位向劳动者支付相关待遇。与此同时，针对劳务派遣用工过程中发生的职业病工伤，相关部门需要运用前述规则明确责任方和具体权利义务，使各方不再无所适从。

1996年8月劳动部颁布的《企业职工工伤保险试行办法》确定的是交通事故民事赔偿优先、工伤保险给付补充的规则，但是这一模式显然无法解决相关矛盾，所以也没有为后来的《工伤保险条例》所接受。中国人民大学法学院民商事法律科学研究中心"民法典草案建议稿"（王利明主持）第1995条倒是有类似规定："劳动者执行职务过程中非因第三人的行为受到人身伤害，可以请求工伤保险补偿的，应当先向保险人要求补偿。再就工伤保险补偿与实际财产损失之间的差额以及精神损害，请求用人者承担侵权损害赔偿责任。"第1996条规定："劳动者执行职务过程中因第三人的行为受到人身伤害的，应当先请求工伤保险补偿，再就工伤保险补偿与实际财产损失之间的差额以及精神损害不足的部分请求行为人承担侵权损害赔偿责任。"这一建议性规定虽不完整，但亦可供参考。

此外，也有必要适当提高一些低等级职业病劳动者的待遇，对于难以安排工作的低等级职业病劳动者需要考虑发放一定比例的本人工资作为生活津贴，这样使低等级职业病劳动者的工伤待遇进一步提高，以平衡与同等级人身损害赔偿待遇的差距。而且相关部门还应当明确职业病劳动者在用人单位取得的正常工资收入也属于工伤待遇范畴，避免相关分歧。由于部分工伤待遇在离职时才会发生，一方面可以考虑规定离职时才得以主张相关权利，另一方面也可以考虑直接规定可预期待遇计为比较范畴。前者的思路目前司法实践中也有人主张，这一观点在没有修订法律法规的情况下也是一种可取的平衡性措施，而且离职前相关待遇已经确实发生，更有利于全面统计相关待遇。后者也涉及待遇对比问题，目前补充模式可以参考这一思路以平衡各方利益。

为了提高用人单位预防职业病的意识和积极性，还有必要出台其他配套管理规定。可以通过《职防法》加大处罚力度，也可以规定当用人单位出现职工患职业病达到一定等级或数量时提高用人单位工伤保险缴纳比例，还可以进一步明确高等级职业病劳动者的具体治疗过程中用人单位的义务。通过综合性的系列措施，发挥用人单位主观能动性，争取最大限度消除职业病。只有这样，才能真正保护劳动者。

## 六 余论

人身损害赔偿涉及伤残等级问题，职业病适用的工伤保险待遇也有相同的问题。两套赔偿体制体系不同，伤残等级评定标准也不同。

工伤保险制度在设立之初即通过法定形式从普通的民事损害赔偿制度中分离出来，有其自有的认定准则和待遇标准。《人身损害解释》第十二条已明确将工伤保险待遇与人身损害赔偿区别开来。职业病工伤待遇享受的依据是《工伤保险条例》等法律法规，职业病工伤劳动者经鉴定伤残等级后根据不同的伤残等级享受相关待遇。而工伤伤残等级的鉴定，根据《工伤职工劳动能力鉴定管理办法》规定，是由劳动能力鉴定委员会依据《劳动能力鉴定职工工伤与职业病致残等级》国家标准进行鉴定。人身损害赔偿相关待遇的享受也需要根据不同的伤残等级来确定，而人身损害伤残等级根据《人体损伤致残程度分级》标准进行鉴定。不同的鉴定标准会导致伤残等级结果的不同，工伤伤残等级与人身损害伤残等级标准明显存在差别。司法实践中一些法院对于职业病劳动者诉请人身损害赔偿时径直适用工伤伤残等级没有任何依据，也是不合理的，将来国家同样需要考虑统一相关等级标准。

除了等级问题，退休员工与用人单位不再是劳动关系，如果出现职业病如何处理也有分歧。《广东省工伤保险条例》一方面规定"劳动者达到法定退休年龄或者已经依法享受基本养老保险待遇的，不适用本条例"；另一方面又规定"前款规定的劳动者受聘到用人单位工作期间，因工作原因受到人身伤害的，可以要求用人单位参照本条例规定的工伤保险待遇支付有关费用。双方对损害赔偿存在争议的，可以依法通过民事诉讼方式解决。"这些规定自相矛盾,令人费解。厦门市中级人民法院、厦门市劳动人事争议仲裁委员会 2017 年 12 月 31 日下发的《关于审理劳动争议案件若干疑难问题的解答》的规定还相对合理一些:达到法定退休年龄的人员受聘到用工单位工作期间,因工作原因受到事故伤害或患职业病,经劳动行政部门认定为工伤的,可按照《工伤保险条例》处理;未被认定为工伤的,应告知其按照人身损害赔偿相关规定进行处理,如其坚持主张工伤保险待遇的,判决驳回其诉讼请求。笔者认为因为双方不存在劳动关系,国家无法提供工伤保险待遇作为保障,此类情形只能适用《人身损害解释》第十一条相关规定处理,而不应再由用人单位承担全部工伤待遇,更不可能同时承担双重责任。

# B.22
# 坪山区小微企业劳动关系事务托管服务探索实践

杨洲杰 张翠红*

**摘　要：** 小微企业劳动关系事务托管服务，是指小微企业将劳动关系事务相关事项委托社会力量承担，政府支持推动社会力量为小微企业提供劳动关系事务服务，共同促进劳动关系和谐稳定，实现企业受益和良性发展，主要体现为三方的关系，社会力量是劳动关系托管服务提供方，小微企业是劳动关系托管服务接受方，政府部门是劳动关系托管服务推动方。本文研究总结了小微企业劳动关系事务托管服务工作实践，提出具体问题与完善建议。

**关键词：** 小微企业　劳动关系事务　托管服务

党的十八大、十九大报告明确提出构建和谐劳动关系。国家人力资源和社会保障部、广东省人力资源和社会保障厅、深圳市人力资源和社会保障局按照中央构建和谐劳动关系相关精神要求，积极开展构建和谐劳动关系综合试验区建设，为构建中国特色劳动关系创造经验。坪山区被广东省人力资源和社会保障厅确定为广东省第四个省市共建和谐劳动关系综合试验区，并于2017年3月23日揭牌正式启动。综合试验区围绕"一条主线"、强化"三

---

* 杨洲杰、张翠红，深圳市坪山区社会建设局。

项建设"、实施"八大服务"、完善"六项机制"("1386")的思路创建，其中小微企业劳动关系事务托管服务是综合试验区八大服务工程之一，是坪山区劳动关系公共服务重要内容之一。

## 一 坪山区开展小微企业劳动关系事务托管服务探索的相关背景

### （一）促进小微企业健康发展政策文件的要求

小微企业是国民经济和社会发展的重要基础，是创业富民的重要渠道，在扩大就业、增加收入、改善民生、促进稳定、国家税收、市场经济等方面具有举足轻重的作用。同时，小微企业也是"大众创业、万众创新"的主体。中央和地方各项政策均表明大力扶持小微企业的发展：《国务院关于促进小微企业健康发展的意见》第十一条明确提出"加强政府购买服务力度，为小微企业免费提供管理指导"；《广东省支持小微企业稳定发展的若干政策措施》第九条明确提出"促进人力资源开发，采取政府购买服务等方式，免费对小微企业主、职业经理人开展培训"；《深圳市人民政府关于大力推进大众创业万众创新的实施意见》第十六条明确提出"加快发展企业管理、人力资源等第三方专业服务，不断丰富和完善创业服务"。开展小微企业劳动关系事务托管服务，是政府提供劳动关系共同服务促进小微企业可持续发展的有力举措，符合中央和地方相关扶持小微企业发展政策的要求。

### （二）小微企业劳动关系规范化管理的必然要求

从法律层面说，目前，中国法律并没有将小微企业与大中型企业在法律适用范围中予以分层分类管理，小微企业和大中型企业受同样的劳动基准和保护等法律调整，规范管理要求具有一致性；从企业规范管理上看，小微企业和大中企业在劳动基准、劳动关系协调制度等存在非正规化倾向，与大中型企业相比存在一定差距，主要在于小微企业本身规模小，竞争力水平远不及大中企业，小微企业更多精力用于生产经营、市场开拓等方面，规范管理方面精力和能力不足。自2008年《劳动合同法》实施以来，随着劳动法律法规普法宣传力度不断加大，劳动者法律意识不断增强。小微企业规范用工滞后和劳动者日益增强维权意识之间矛盾进一步凸显，也制约小微企业健康良性发展。部分小微企业经营者也日益认识到规范劳动关系重要性，同时，小微企业的自身发展对人才的需求也让小微企业经营者有了规范人力资源管理、增强员工凝聚力的主动性。

### （三）坪山区小微企业劳动关系的现实情况

坪山区地处珠三角区域，产业以第二产业为主。低端小微企业普遍存在法律意识不强、管理不到位等情况，在经济新常态和坪山区建设深圳东部中心过程中，小微企业劳动争议多发易发。据统计，2015~2017年，坪山区发生劳动争议案件企业1165家，其中大型企业26家、中型企业125家、小微企业1014家，占纠纷发生企业87%。从案件发生量看，2015~2017年坪山区共发生劳动争议案件3152件，其中大型企业124件、中型企业412件、小微企业2616件，小微企业案件数占比为83%。由于小微企业在劳动基准的执行方面与规模企业存在一定差距，无论从劳动合同签订、劳动报酬还是劳动关系解除上，小微企业与大中企业相比都存在更高的法律风险。另外，小微企业对人力资源管理作用的重视程度不够，大部分小微企业没有专职人力资源管理部门和人员，只有少量兼职人员。

坪山区小微企业确有劳动关系事务托管需求，人社部劳科所课题组问卷调查结果显示，67.4%的小微企业愿意从外部获得人力资源管理服务，需求主要体现在三个方面：一是劳动关系管理，如劳动合同签订、社会保险缴纳等。二是劳动法律咨询方面，如劳动争议处理、纠纷调解等。三是员工招聘服务需求。小微企业对劳动关系事务托管服务的主要顾虑在于控制成本，大部分小微企业愿意为外部人力资源服务支付一定费用，但普遍不希望太高，小部分企业不愿意支付任何费用。

鉴于小微企业的固有特点和当下的发展阶段，在人手短缺、意识不够、知识不足、经验缺乏等多重因素的作用下，劳动关系成为大部分小微企业生存和发展的"短板"之一。基于坪山当前先进制造业和现代服务业"双轮驱动"的产业发展定位，新能源（汽车）产业、生物医药产业、新一代信息技术及智能制造产业将成为坪山区重点发展产业。随着国家高新技术坪山园区各项工作的推进，围绕重点产业培育的科技型、高成长型小微企业将成为坪山新的经济增长点。开展小微企业劳动关系事务托管服务，通过政府提供劳动关系公共服务，促使小微企业全面遵守和落实劳动法律法规，规范企业管理，协助小微企业加强劳动关系管理，是对小微企业"扶上马、送一程"具体体现，共同建设和谐劳动关系。

## 二 小微企业劳动关系事务托管服务概念及特点

### （一）托管服务概念

小微企业劳动关系事务托管服务，是指小微企业将劳动关系事务相关事项委托社会力量承担，政府支持推动社会力量为小微企业提供劳动关系事务服务，共同促进劳动关系和谐稳定，实现企业受益和良性发展，主要体现为三方的关系，社会力量是劳动关系托管服务提供方，小微企业是劳动关系托管服务接受方，政府部门是劳动关系托管服务推动方。

### （二）托管服务主要特点

一是劳动关系主体不变化。劳动关系主体仍为小微企业及劳动者，托管是劳动关系相关事务，该特点与劳务派遣相互区别。二是劳动关系公共服务产品之一。政府通过政策优惠和财政收入，推动社会力量为小微企业提供免费劳动关系事项基础服务，服务性质具有公益性。三是服务内容覆盖劳动关系全流程管理。除劳动关系主体不涉及外，其余劳动关系事务托管服务内容均有涉及，包括入职管理、合同签订、考勤管理、离职管理等10项内容，由一个服务主体对特定服务对象的基本劳动关系事务提供由始至终的全过程服务，实现源头预防效果。四是服务对象具体特定性。小微企业劳动关系事务托管服务对象为劳动关系管理比较薄弱的小微企业，该小微企业须有利于满足社会需要，增加就业，符合国家产业政策。五是服务主体多元化。服务主体社会力量不仅包括非营利性社会组织，也包括营利性专业机构，体现劳动关系服务主体多元化，充分利用社会力量和社会资源，符合社会治理社会化要求。

## 三 坪山区小微企业劳动关系事务托管服务相关实践

2016年6月，坪山区开始实践小微企业劳动关系事务托管事务相关工作，引入5家社会力量提供劳动关系事务托管服务，截至2017年12月，共有102家企业实行劳动关系事务托管，试点开展情况如下。

### （一）劳动关系事务托管服务试点开展具体情况

1. 服务机构方面

目前共有5家机构为小微企业提供劳动关系托管服务试点。从性质上看，1家为社会组织、4家为营利性企业，注重营利性和非营利性相结合，体现服务主体多元化；从业务范围上看，5家企业业务范围包括人力资源服务、法律服务、小微企业服务等，5家机构均具有人力资源相关服务资质、法律服务、劳动关系协调服务等专业人才，具有一定的纠纷调解能力；从业务主营地看，4家服务机构主营地在坪山，另一家服务机构主营地在龙岗，服务机构本土化程度比较高。从服务信誉上看，该5家服务机构均未发生重大违法行为，在人力资源服务领域具有较好服务口碑，具有良好社会服务记录。从党建上看，5家服务机构中有4家服务机构建立党支部，另外1家机构因党员人数不足，其负责人向基层"两新"党组织递交入党申请书，充分发挥党组织思想引领作用，确保共同致力于和谐劳动关系建设。

2. 服务对象方面

截至2017年底，实行劳动关系事务托管的小微企业共有102家，该102

家均在坪山区登记注册，并实际运营。从人员规模上看，100人以上企业12家，60人以上不满100家企业共11家，30以上不满60家企业共13家，30人以下企业共66家，服务对象规模普遍较小，30人以下企业占64.7%。从行业上看，制造业企业占90%以上，其中家具行业23家，行业特性较为突出。从服务地域上看，服务地域较为分散，基本分布于坪山区各个街道办事处。

3. 服务方式方面

试点开展以来，坪山区人力资源局共举办对接培训12场，由服务对象自行选择服务机构，体现政府推动、双方自愿的原则。在具体服务方式，由双方自主选择具体方式，普遍采取"线上服务"和"线下服务"两种结合方式，托管服务开展前期普遍采取"线下服务"，平均每月线下服务频率不少于5个工作日。"线上服务"限于日常咨询、改善方案制定等方面。

4. 服务内容方面

试点开展以来，服务机构根据服务对象需求主要提供了以下几个方面劳动关系事务托管服务。一是调整薪资结构。部分小微企业薪资结构不合理，未明确设置正常工作时间工资、加班工资等项目，服务机构予以指出并提出调整建议。二是建议缴纳社会保险。部分小微企业因人员更替较快，未及时缴纳工伤等社会保险，考虑工伤等风险，服务机构建议及时缴纳社会保险。三是修订企业规章制度，部分小微企业规章制度不完善，根据需求服务机构协助修订。四是法律咨询。此项服务需求最多，小微企业相关人员在员工管理方面咨询服务机构，服务机构及时答复相关人员，引导依法依规化解矛盾。

5. 服务效果方面

试点开展以来，实行托管102家小微企业劳动信访、劳动监察、劳动仲裁指标量较2016年出现较大幅度下降，劳动仲裁案件量下降62%。特别是2017年下半年坪山区加大治水提质、安全生产等污染落后产能退出工作推进力度，在托管小微企业中共有5家小微企业较为平稳搬迁至惠州、东莞等地，未出现员工集体上访等情况，托管取得服务初步成效。

## （二）小微企业劳动关系事务托管服务试点具体做法

1. 坚持理论指导，加强小微企业劳动关系事务托管服务的理论支撑

2015年，中国劳动和社会保障科学研究院国家社科基金重大课题《中国特色劳动关系体制研究》子课题之一《小微企业劳动关系托管服务研究》在坪山区开展，2016年召开座谈会8场，问卷调查100份，现场访谈20余人次，在充分调研基础上劳科院形成《小微企业劳动关系托管服务研究——以深圳市坪山区为例》，指导坪山区开展小微企业劳动关系托管服务。2016年、2017年中国劳动和社会保障科学研究院劳动法研究室主任王文珍、副主任黄昆、上海财经大学教授王全兴等专家学者多次到坪山指导小微企业劳动关系托管推进。2017年7月、2017年12月，坪山区召开部分省市社会力量参与构建和谐劳动关系研讨会，小微企业劳动关系事务托管服务是研讨会主题之一，中国社会科学研究院石秀印教授、北京大学叶静漪教授、清华大学郑尚元教授、中国人民大学唐鑛教授、中山大学蔡禾教授、首都经贸大学冯喜良教授等劳动法学专家对小微企业劳动关系托管服务创新项目进行论证，提出许多宝贵意见，为坪山区改进劳动关系服务方式创新提供理论支撑。

2. 坚持党建引领，确保服务路径和方向正确性

考虑到小微企业劳动关系事务托管是一项新的探索，劳动关系具有一行政治属性，为保证社会力量发展的正确方向，引导社会力量在社会治理中发挥正能量，中共中央办公厅印发《关于加强社会组织党的建设工作的意见（试行）》，明确应在社会组织中建立党组织，充分发挥党组织的战斗堡垒和政治核心作用。坪山区明确要求参与构建和谐劳动关系的社会力量，必须建立党组织或其负责人要加入"两新"组织，将党建写入社会组织章程。从事小微企业劳动关系事务托管相关社会力量均按照要求加强党的领导，如坪山区和谐劳动关系促进会、深圳市劳资通科技有限公司、凯南人力资源公司、大万人力资源公司4家社会力量均成立党支部，其余服务机构负责人已向所在辖区"两新"组织递交入党申请书，充分发挥党组织思想引领作用，

确保共同致力于和谐劳动关系建设。

3. 坚持分类施策，扎实推进小微企业劳动关系托管服务

一是制定服务清单。根据《小微企业劳动关系托管服务研究——以深圳市坪山区为例》研究成果，结合坪山区业务实际，2017年5月，坪山区人力资源局讨论制定劳动关系托管服务内容清单，包括入职管理、合同签订、考勤管理、离职管理、指导规章制度制定、劳动法律法规咨询等10项服务内容，覆盖劳动关系管理全流程。二是遴选试点机构。严把准入关，重点遴选劳动关系类专业社会组织、人力资源服务公司，确保参与试点社会力量的专业性、示范性和公益性，目前共有5家机构（1家社会组织、4家人力资源服务机构）为小微企业提供劳动关系事务托管服务试点。同时，注重社会力量自身服务能力建设，2017上半年共举办10场研讨培训，提升托管服务人员劳动法律法规业务水平。三是制定服务规范。为确保小微企业劳动关系事务托管服务质量，坪山区社会建设局先后制定入职管理、工资管理、考勤管理、合同管理、离职管理及"工伤待遇"专题、"女工三期待遇"专题等7个章节业务指导文件，并制作7个动漫视频。同时，根据人社部劳科院《劳动争议调解技巧及方法》调研成果，制定劳动争议调解技巧动漫视频，进一步提升劳动关系专业服务供给能力。制定小微企业劳动关系事务托管文书规范版本及服务档案清单，促进社会力量规范开展托管服务，确保服务质量。四是搭建对接平台。劳动关系托管服务的主体为提供服务的社会力量和接受服务的小微企业，为此，政府搭建对接平台，组织35场次劳动关系用工管理培训，参加对接培训企业超过300家，小微企业根据自身意愿自主选择试点社会力量。

4. 坚持结果导向，保证小微企业劳动关系托管服务质量

一是注重考核。拟定《坪山区小微劳动关系事务托管服务评估暂行办法》，服务质量评估指标包括劳动信访、劳动监察、劳动仲裁案件、服务档案等客观指标占80%、服务对象评价主观指标占20%，以结果评判服务质量，以此确定补贴服务金额，从而督促服务机构为小微企业提供扎实有效劳动关系服务。二是注重多元监督。加强小微企业劳动关系事务托管服

务检查、惩戒机制、诚信系统等，以规范开展小微企业劳动关系事务托管服务，杜绝不规范、不诚信行为，保证小微企业劳动关系事务托管服务规范有序开展。三是注重总结提升。小微企业劳动关系托管服务是改进劳动服务方式新路径，在实践过程中，拓宽服务思路，由最初设定的非营利性服务机构转变为营利性和非营利性服务机构并重，体现社会治理社会化属性。在充分实践基础上，以坪山区政府名义出台《深圳市坪山区小微劳动关系事务托管服务管理办法（试行）》《深圳市坪山区小微企业劳动关系事务托管考核评估办法（试行）》，进一步规范社会力量合法有序提供劳动关系托管服务。

## 四 小微企业劳动关系事务托管服务存在问题

小微企业劳动关系事务托管试点开展以来，实行托管小微企业用工管理更为规范，有效维护区域和谐稳定，试点工作取得良好工作成效，但也存在三个方面问题。

### （一）小微企业内生动力不足

坪山区80%以上劳动争议案件发生在小微企业，小微企业属于劳动争议多发、高发区域，但小微企业经营者对认为生产经营是第一要务，开拓市场是企业第一需求，普遍人力资源重视程度不高。另外，部分小微企业认为即使目前用工管理不规范，但员工未必发现并追究，违法不一定产生成本，但实行托管服务规范了小微企业劳动用工管理，短期内增加企业总体成本，部分低端小微企业急功近利，推进内生动力不足。

### （二）社会力量服务供给能力不足

劳动关系托管服务作为一项新生事物，有别于劳务派遣、人力资源服务外包等传统人力资源业务，5家参加试点服务机构中有3家为人力资源服务公司，主营业务为劳务派遣，服务机构本身对规范用工管理方面未有清晰和全面的认识，专业性不足，服务机构普遍服务供给能力不足，在业务推广、服务提供上力不从心，无法满足企业需求。

### （三）立法层面修改仍有待时日

小微企业劳动关系事务托管服务在国家关于构建和谐劳动关系相关文件已有体现。但短期内小微企业劳动关系事务托管探索实践未列入《劳动合同法》相关法律条文修订思考层面，仍需基层探索实践提升。

## 五 下一步思路

全面贯彻落实党的十九大报告"加强社会治理制度建设，完善党委领导、政府负责、社会协同、公众参与、法治保障的社会治理体制，提高社会治理社会化、法治化、智能化、专业化水平"精神，扎实推进省市共建和谐劳动关系综合试验区建设，继续做好小微企业劳动关系事务托管探索实践，坪山区应重点做好如下几个方面工作。

### （一）扎实推进托管服务相关工作

2018年1月，坪山区以区政府名义出台《深圳市坪山区小微企业劳动关系事务托管服务管理办法（试行）》规范性文件及《深圳市坪山区小微企业劳动关系事务托管服务考核评估办法（试行)》，各相关主体严格落实文件相关规定，坪山区人力资源部门制定小微企业劳动关系托管服务各类规范，引导社会力量规范有序开展托管服务；小微企业关注和谐劳动关系建设，引入专业服务机构，更加专注生产经营、科技创新，提升经济效能，促进企业良性发展。社会力量按照相关规定提供卓有成效劳动关系服务，着力改善小微企业劳动关系，强化劳资纠纷源头治理，合力推进和谐劳动关系建设。

### （二）增强劳动关系公共服务供给能力

小微企业劳动关系事务托管是劳动关系公共服务内容之一，社会力量以此为契机，提升自身服务能力，丰富自身的内涵，开拓自己的产品，探索提供更多劳动关系公共服务产品，满足政府、企业等主体实际需求，不断形成自我发展的动力，成为和谐劳动关系建设整体力量有益补充。

### （三）进一步加强总结完善不断提升

建设小微企业劳动关系事务托管信息化管理系统，做好劳动关系托管服务痕迹留存，以信息化推进业务规范化，提升服务质量。劳动关系托管服务是劳动关系服务方式的改革，在实践过程中会不断出现新的问题，及时总结完善，不断提升，更好地服务坪山区劳动关系和谐的构建。

# B.23
# 劳动者过错赔偿研究

廖名宗*

**摘　要：** 在实践中劳动者因本人过错给用人单位造成经济损失的案例层出不穷，但劳动者应否承担赔偿责任，以及在何种情况下如何承担赔偿责任，《劳动法》和《劳动合同法》对此没有明确规定。对于该立法缺陷，本文通过分析相关案例和法律法规从而提出解决方案和立法建议，在倾斜保护劳动者合法权益的同时，也应关注和平衡用人单位的合法权益。

**关键词：** 劳动者　过错赔偿

## 一　问题提出

2017年7月12日，深圳某公司总经理向笔者咨询：公司出纳李某严重失职给公司造成150万元损失，公司可否通过法律途径向该出纳索赔？基本案情是：某骗子盗取了李某的QQ号，经过一段时间观察，摸清了其QQ群里人员的资料、该公司总经理的信息，以及彼此的对话语气。2017年6月7日骗子"克隆"了该公司总经理的QQ头像，新注册了一个QQ号，告诉李某说"我原来的QQ被盗了，你加这个吧"，李某信以为真加上后，骗子冒充总经理，以不方便打电话为由，在QQ上说用人单位有个新项目要上，让其一个小时内汇款150万元到其指定账户。李某以为事情紧急便汇款过去，

---

\* 廖名宗，法学博士，北京德恒（深圳）律师事务所高级合伙人。

结果几天后向总经理汇报时才发现上当了,于是选择报警,但至今没有破案。该公司财务管理制度规定,支付单笔 30 万元以上的大额资金必须事前报公司财务部,经财务会计审核并报总经理、董事长会签后方可办理;如董事长不在公司时,可电话请示经董事长同意后方可先行支付,后续完成补签手续。该公司认为,李某没有按照公司规定办理转款业务,严重失职并给公司造成重大经济损失,应当全部赔偿。

该公司咨询的问题,实质是劳动者因本人过错给用人单位造成经济损失应否以及如何赔偿的问题。

## 二 现行法律法规及法条分析

1. 法律

《劳动法》和《劳动合同法》关于劳动者向用人单位赔偿损失的规定很不全面,也不具体。

(1)《劳动法》

《劳动法》第 102 条规定的劳动者向用人单位赔偿的情形为有两个,其一是违反《劳动法》规定的条件解除劳动合同,其二是违反劳动合同中双方约定的保密义务。劳动者在符合上述任一条件且劳动者的行为与用人单位的损失有因果关系的情况下才会承担赔偿责任。

(2)《劳动合同法》

《劳动合同法》第 90 条相比《劳动法》第 102 条,基本相同,还增加了劳动者违反竞业限制之情形,即它把劳动者违反劳动合同中约定的竞业限制义务的行为也作为劳动者向用人单位赔偿的情形,当然该条也要求劳动者的行为与用人单位损失有因果关系。

2. 地方法规

(1)《广东省工资支付条例》

该条例第 15 条与上述法律相比有两点细化,第一点将用人单位的损失限定为直接经济损失,体现了对劳动者的倾斜保护;第二点规定了用人单位扣除赔偿费的前置程序，即须提前书面告知劳动者扣除原因及数额，否则不得扣除。

（2）《深圳经济特区和谐劳动关系促进条例》

该条例第 16 条规定了用人单位对员工进行经济处分的限制条件，一是处分要有依据，即用人单位处分要有规章制度规定；二是设置了处分金额上限，即单项和当月累计处分金额最多不得超过该劳动者当月工资的百分之三十；三是同一违纪行为不得重复处理；四是处分后剩余的月工资不得低于市政府公布的特区最低工资标准。

（3）《深圳市员工工资支付条例》

该条例第 34 条规定用人单位可以从员工工资中扣减的费用中，包括员工因过错造成用人单位经济损失的赔偿费及用人单位依据规章制度对违纪员工的经济处罚。

3. 部门规章

1994 年 12 月 6 日原国家劳动部颁布的《工资支付暂行规定》第 16 条的规定较为具体。该条首先明确劳动者因本人原因，即劳动者因本人过错给用人单位造成经济损失的应当赔偿，但前提是双方在劳动合同中先有约定；其次规定赔偿方式是可以从劳动者工资中扣除；再次规定扣除比例不得超过劳动者当月工资的20%，且规定扣除后的剩余部分不得低于当地最低工资标准。

4. 广东司法实践

2017 年 7 月 19 日广东省高级人民法院发布《关于审理劳动争议案件疑难问题的解答》，该解答第 5 条规定给予用人单位要求劳动者一次性赔偿的请求权，但为保障劳动者权益，同时设定了一些条件，包括劳动者需存在主观故意或者重大过失；用人单位存在直接经济损失；用人单位行使一次性赔偿请求权只能在双方解除劳动合同后；用人单位不能因劳动者的过错将经营风险转嫁给劳动者。

从上述立法及相关规定可以看出，针对劳动者因过错给用人单位造成经济损失应否赔偿以及如何赔偿法律规定很不完善，且不符合形势发展需要。表现在以下两个方面。

1. 法定赔偿范围过于狭窄

虽然法律规定了劳动者应当赔偿的情形，但仅限于劳动合同有约定、劳动者违法解除劳动合同或者违反合同中约定的保密义务、竞业限制的情形,对劳动合同没有约定或劳动者因其他情形给用人单位造成的损失并无规定,因此法律规定应当赔偿的情形非常严苛。

2. 赔偿的限制条件过多

上述规定关于如何赔偿不尽相同,但大多做出限制。如处罚金额有限制或扣除额度不得超过劳动者当月工资的一定比例,即不能一次性扣除,这显然不符合形势发展需要。广东省高院的意见虽规定可以一次性扣除,但该其效力层次太低。

## 三 司法现状

截至2017年12月31日,笔者通过中国裁判文书网,共检索到因劳动者过错给用人单位造成损失的索赔案件共104宗。这些案件基本情况如下。

### (一)案件分布情况

广东省内80个,占总数的76.92%;广东省外24宗,占总数的23.08%。

### (二)当事人主张情况

劳动者主张扣款返还50件,其中广东省内47宗,广东省外3宗。用人单位主张赔偿经济损失54件,其中广东省内33宗,广东省外21宗。

### (三)裁判结果情况

用人单位经济损失获支持,含用人单位主张赔偿获支持5宗及劳动者主张的扣款返还未获支持11宗,共16件,占总比为15.38%。

用人单位经济损失未获支持,含用人单位主张赔偿未获支持35宗及劳动者主张的扣款返还获支持34宗,共69宗,占总比为66.35%。劳动仲裁机构及法院没有支持用人单位的原因主要有以下几个方面。一是用人单位不

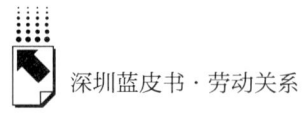

能证明其经济损失。二是用人单位不能证明其经济损失是由劳动者过错造成。三是用人单位没有制度规定或劳动合同未约定用人单位可以扣款,即扣款无依据。即使用人单位主张的经济损失客观存在,其也应当在劳动合同约定的范畴内行使权利;如果劳动合同没有约定或规章制度没有规定,则用人单位失去请求救济的法律基础。四是用人单位扣除赔偿款时没有履行法定的前置程序,即没有事先书面告知劳动者。

用人单位经济损失获部分支持,含用人单位主张赔偿部分获支持14宗及劳动者主张的扣款返还部分获支持5宗,共19宗,占18.27%。用人单位经济损失部分获支持的原因包括以下几个方面。一是非直接经济损失部分不获支持。如在原告南京源发电子有限用人单位与被告邵立成劳动争议案中,原告主张被告向其赔偿停工损失、代加工费,法院观点认为上述两项是间接损失,故不予支持。二是裁判者自由裁量、酌定支持。法院认为,用人单位不能因劳动者的过错而将经营风险转移给劳动者。但法院判决劳动者的赔偿责任会考虑劳动者过失的轻重、损害的程度和实际收入水平,并与之相适应。三是赔偿金额超出法律规定。如《广东省工资支付条例》和《工资支付暂行规定》都对超出法律规定的部分作了限制性条件,即扣除后的劳动者工资不得低于当地最低工资标准,后者又直接规定了用人单位每月最多扣除劳动者当月工资的20%。

从上述分析可以看出,劳动争议仲裁部门及法院在处理此类案件时尺度把握不一。有全部支持的,有部分支持的,也有全部驳回的。总体而言,用人单位索赔获得全部支持的案件很少,仅占15.38%。这其中除了用人单位举证不能的案件,最主要的原因是支持的法律依据不足。

## 四 法理分析

### (一)用人单位的损失应否被赔偿

这个问题的实质是用人单位的合法财产应否受到法律保护,从该角度出发，我们从现行《宪法》和其他法律规定均可找到答案。

1.《宪法》保护

《宪法》是国家根本大法，《宪法》第 11 条规定表明非公有制经济的合法权利和利益应当受法律保护，第 12 条是对国家和集体财产的法律保护，即无论是国有、集体还是非公有制用人单位的合法财产均受法律保护。

2. 其他法律保护

《民法总则》第 3 条、《合同法》第 107 条、《物权法》第 4 条、《民事诉讼法》第 2 条、《公司法》第 5 条及其他一些法律法规从不同法律角度对法律关系参与者（包括用人单位）的合法财产权益进行实体和程序的保护。

总之，用人单位的合法权益受法律保护，这点毋庸置疑。上述法律规定表明，即使在劳动法领域内，如果劳动者因本人原因给用人单位经济损失，那么其应当对此承担责任。

## （二）劳动者过错赔偿的分类及构成要件

劳动者过错赔偿可分为劳动者违约赔偿和劳动者侵权赔偿两类，其构成要件分别说明如下。

1. 劳动者违约赔偿构成要件

违约赔偿实际为劳动者过错违约责任赔偿，根据合同法关于违约责任构成要件的一般理论、结合劳动法的特殊性。笔者认为，劳动者过错违约赔偿的构成要件应当同时具备以下条件，缺一不可。

（1）双方有约定且约定合法有效

一方当事人追究另一方当事人违约责任的前提是双方有约定。关于劳动者过错责任赔偿的约定既包括双方在劳动合同中约定，也包括用人单位在劳动规章制度中的规定。无论是合同约定还是制度规定，均必须合法有效。如果不合法，则自始不具备法律效力，各方当事人均无须履行。如果双方约定和制度规定存在《劳动合同法》第二十六条规定的劳动合同无效或者部分无效事由，那么该约定和制度无效；反言之，该约定或规定合法有效。

（2）劳动者有违约行为

劳动者的违约行为是指劳动者不履行或者不完全履行合同义务的行为，具体包括以下几种情况：

（a）拒绝履行。指劳动者本能按照劳动合同约定或用人单位制度进行劳动却故意不按照上述内容劳动；

（b）不完全履行。指劳动者虽然进行了劳动，但其劳动不符合劳动合同约定或用人单位制度规定。

（c）迟延履行，又称逾期履行。指劳动者超过劳动合同约定的期限或用人单位制度规定的期限履行劳动义务；

（d）质量瑕疵，指劳动者履行的合同标的（即劳动）达不到用人单位的要求。

（3）用人单位有经济损失，即有损害事实

由于劳动法对劳动者倾斜保护的立法宗旨，法律法规将经济损失缩小为直接经济损失。

（4）用人单位的经济损失与劳动者违法行为之间有因果关系

劳动者承担的赔偿责任，只限于因其违约而给用人单位造成的直接经济损失，不应扩大损失范围，如不应包括间接损失。

（5）劳动者存在主观过错

民法上的过错包括故意和过失，很多时候把故意与重大过失并行使用。考虑到劳动者总体处于弱势地位，劳动者赔偿损失的过失应仅限于重大或严重过失，对一般过失应当免责。

（6）劳动者无免责事由

免责事由包括约定事由和法定事由。约定的免责事由应由当事人自行约定；法定事由主要包括：

（a）不可抗力，即不能预见、不能避免并不能克服的客观情况，具体包括自然灾害（如台风、地震等）、政府行为、社会异常事件（如罢工、骚乱等）。

（b）合理损耗，如劳动者操作的机器设备损坏系机器设备接近、达到甚至超过使用期限导致，属于合理损耗。

2. 劳动者侵权赔偿构成要件

在民法理论上，根据相关民事法律法规规定及构成要件的不同，可将侵权行为分为一般侵权行为和特殊侵权行为。一般侵权行为是指行为人基于过错致人损害而应承担民事责任的行为。劳动者侵权行为属于一般侵权行为，其承担赔偿责任至少应当符合一般侵权行为的构成要件，即应当同时具备以下四个方面的要件。

（1）劳动者有侵权行为

指劳动者有致用人单位的民事权利受到损害的行为。任何一个民事损害事实都与特定的侵权行为相联系。没有侵权害行为，损害就无从发生。

（2）用人单位存在损害事实的存在

损害事实，是指因劳动者的行为对用人单位的财产造成了损害，即造成了经济损失，因为《劳动法》具有对劳动者倾斜保护的倾向，所以该经济损失应界定为直接经济损失。

（3）上述两个条件之间有因果关系

对于因果关系的认定，学理上有很多标准，至于实践中要采用何种标准，则更多要考虑劳动法是民法特别法的属性。

（4）劳动者主观上有过错

一般侵权行为的构成，除须具备上述各要件外，还以行为人主观上有过错。对于劳动者来说其过错应仅包括故意或者重大过失。

劳动者侵权赔偿责任与一般侵权责任性质相同，但确实存在差异之处。这种差异表现在以下三个方面。一是劳动者具有较强的从属性，因为用人单位对劳动者的工作具有控制管理权，劳动者的劳动要受用人单位的监督，导致劳动者的人身和经济具有依附性；二是劳动者所得的劳动报酬与其创造的劳动成果具有不对等，马克思的剩余价值理论刚好证明了这一点；三是用人单位要承担一定的经营风险。综合上述区别，劳动者侵权赔偿责任与一般侵权责任应有所不同。

## （三）劳动者过错赔偿的范围

1. 赔偿范围

民法的财产损害赔偿具有补偿性，即赔偿的数额以所造成的客观损失为限，损失多少、赔偿多少。这种客观损失包括直接损失和可得利益的丧失。但鉴于劳资双方地位的不平衡，劳动者只需对用人单位的直接经济损失赔偿即可。

实践中，很难计算劳动者侵害用人单位商业秘密给用人单位造成的直接经济损失。《深圳经济特区企业技术秘密保护条例》第三十条规定了侵犯企业技术秘密给企业造成的损失如何计算问题，该损失数额的计算应考虑研发成本、技术秘密收益、竞争优势时间、可得利益、技术秘密转让或者许可费用、市场份额减少等因素。若该损失数额仍无法计算，则以侵权人的违法经营额作为损失数额。如果出现侵权人不配合的情况，侵权人的违法经营额更难计算。因此，如果用人单位无法核实自己的实际损失，那么法律应当规定双方事先约定违约金是确定赔偿损失的依据之一；当然，违约金的设定可依据民事相关法律，如果约定的违约金过高且没有高出法律规定的上限，劳动者可以申请仲裁委员会或法院减少。仲裁员和法官应当根据实际情况自由裁量是否减少及应当减少的金额或幅度。

2. 赔偿方式

考虑到劳动者的赔付能力及生活需要，规定从劳动者工资收入中分期扣款并在扣款后给劳动者留下必要的生活费是必要的；但若出现有可能导致用人单位合法权益无法得到保护的事由时，比如劳动合同被解除或者终止，用人单位要求劳动者一次性付清全部赔偿款的，法律应当支持。否则劳动者一走了之，用人单位的合法财产权无法得到保护。

## （四）过错违约责任与过错侵权责任竞合处理

劳动者过错违约责任与劳动者过错侵权责任竞合，是指劳动者的一个行为既违反劳动合同的约定（公司的制度应视为劳资双方的约定），同时该行为又符合侵权责任的构成要件，违约责任和侵权责任同时产生，用人单位违约责任的请求权与侵权责任的索赔请求权重合，形成请求权的竞合。例如①，某高科技公司为了保护自己的商业秘密，与劳动者签订了保密协议，约定劳动者未经公司书面授权，劳动者不得私自拷贝、泄露公司商业秘密，也不得允许或协助任何第三人获悉、使用该公司的商业秘密。如有违反将支付违约金人民币60万元；如果违约金不足以弥补实际损失的，还应对不足部分承担赔偿责任。

2012年至2017年4月，樊某利用职务之便，将该公司的商业秘密盗取并出售给同业竞争者，侵犯商业秘密涉及项目达65个，合同金额达人民币7518万元。樊某行为给该公司造成了巨大经济损失。后来樊某与该公司签署《谅解协议》，樊某确认上述侵犯商业秘密之事实，并同意就其上述违约事实赔偿该公司人民币300万元。

该公司既可以追究樊某侵犯商业秘密的侵权责任，也可以要求樊某承担不履行合同的违约责任。如果允许该公司不受限制地行使两种请求权，就会导致樊某承担双重责任，这显然不公平。

那么该如何解决？

笔者认为，关于该问题不应借鉴合同法的规定处理。《合同法》第一百二十二条规定表明在违约责任与侵权责任竞合的情况下，受害方拥有选择权，要么行使违约责任赔偿请求权，追究对方的违约责任，要么行使侵权责任赔偿请求权，追究对方的侵权责任，而不能同时行使两个请求权，也就是说受害人只能获得一次弥补其损失的机会。通常情况下，受害人会选择对自己最为有利的责任方式来弥补损失，即使受害人选择不当，除非他受到了不正当影响，否则也应由其自己负担不利的后果。这当然是尊重了当事人的自愿原则，有利于当事人的利益的保护。

但是，在劳动关系中，鉴于劳动者通常处于弱势地位，如果采用合同法

---

① 该案是笔者代理的一个真实案件。笔者代理公司方，仲裁委员会裁决樊某赔偿该公司经济损失人民币300万元，该案现已生效。

规定的自由选择原则,虽然有利于最大限度对受害人用人单位给予法律保护,但意味着给劳动者的最大处罚。如果这样,无法平衡或倾斜保护作为弱势的劳动者;实践中,也可能因为赔偿数额巨大,劳动者无力赔偿,用人单位的权益最终无法实现。

因此,在竞合情况下,法律应当规定用人单位只能选择对劳动者有利的责任承担方式以平衡双方的利益。

## 五 立法建议

针对以上问题,根据上述分析,为了保护用人单位的合法财产权,笔者提出以下立法建议。

通过全国人大授予深圳的立法权,完善立法,技术上可以通过修订《深圳经济特区和谐劳动关系促进条例》和《深圳市员工工资支付条例》解决。

关于条款内容建议规定为:劳动者因故意或者重大过失造成用人单位直接经济损失的,劳动者应当赔偿。双方劳动关系没有解除或者终止的,用人单位可以要求劳动者一次性或分期赔偿;劳动者一次性或分期赔偿后,劳动者每月收入不得低于劳动合同履行地的最低工资标准。双方劳动关系没有解除或者终止的,用人单位可以要求劳动者一次性赔偿。劳动者的违约行为,给用人单位造成直接经济损失,用人单位可以选择依照双方约定要求劳动者承担违约责任或者依照法律规定要求劳动者承担侵权责任;但选择的责任承担方式应当对劳动者有利。

### (一)该建议符合法律规定

如前所述,中国《宪法》《民法总则》《合同法》《物权法》、《民事诉讼法》《公司法》等从不同法律角度对法律关系参与者(包括用人单位)的合法财产权益进行实体和程序的保护,上述建议符合以上法律规定。

## （二）该建议有利于平衡用人单位和劳动者双方的合法权益

考虑到劳动者弱势地位，法律应当对劳动者倾斜保护，因此对劳动者承担赔偿责任做了严格限制，体现在三个方面。

一是对劳动者的过错程度做了限制，即仅限于劳动者主观存在故意和重大过失，如果非故意或一般过失造成用人单位经济损失的，可以免责。

二是对赔偿损失的范围做了限制，即仅限于用人单位的直接经济损失，间接损失则不包括在内。用人单位也不得把属于其应承担的经营风险扩大由劳动者承担，如某销售业务员为公司销售了一批货物，后因购买方破产导致该公司无法收回货款，此情形下就不应将货款损失推给该业务员承担。

三是对用人单位救济方式做了限制，即在劳动者过错违约责任和侵权责任竞合的情形下，规定用人单位选择的救济方式应当对劳动者有利，而非对用人单位有利。

# B.24
# 探索社会组织参与和谐劳动关系建设新路径

——和谐劳动关系促进协会实践探索与思考

曾虹文*

**摘　要：** 劳动关系治理体系是一个系统工程，需要广泛动员社会力量有序参与，盐田区积极探索社会组织参与和谐劳动关系建设的新思路新经验值得借鉴。本文介绍盐田和谐劳动关系协会的宗旨、做法与成效，展示社会组织参与和谐劳动关系建设是大有可为的，提出社会组织的工作领域和工作内容有待开拓，必须建立有序发展长效机制的建议。

**关键词：** 社会组织　和谐劳动关系　公共服务

## 一　协会为"破题"而生

### （一）创建和谐劳动关系面临的难题

2011年，深圳盐田区率先提出创建和谐劳动关系城区概念，印发《盐田区创建广东省和谐劳动关系示范城区工作方案》，提出打造和谐劳动关系示范城区的五年战略目标。2014年12月，为把和谐劳动关系创建工作

---

\* 曾虹文，深圳盐田区和谐劳动关系促进协会。

做到位,盐田区人力资源局召开调研会,分析和谐劳动关系创建中仍存在的问题与对策。调研中走访了多个城市,发现摆在盐田区面前最大问题是创建存在"政府一头热、企业不积极、社会看热闹"的现象。在这个环境下,政府对和谐劳动关系创建投入大量人力物力,热衷评比表彰,实际成效并不显著。

企业不积极参与的原因有三:一是担心需要投入成本过大,加大企业负担;二是担心评比标准过高,无法达标;三是担心形式主义走过场,或只评比表彰。事实上,企业内部对劳动关系状态还是十分关注的,不论从企业现实管理需要,还是企业发展需要及社会责任要求,企业都离不开和谐劳动关系,而且企业发展水平越高,就越需要重视和谐劳动关系建设。企业与员工是相互依存的关系,一旦发生劳资纠纷,不只是员工受到影响,企业的生产经营、精神面貌也会受到影响。由此看来,在和谐劳动关系的创建方面,企业、员工与政府的动力存在交集。毕竟和谐劳动关系不只涉及员工的权益,也关涉企业生产力与社会经济发展。如果企业不积极不是必然的,这就意味着和谐劳动关系创建方式还有改进的空间,关键是和谐劳动关系如何创建、企业如何参与的问题。

解决这个问题的核心,关键是开启企业劳资关系发展的原动力。开启企业劳资关系的主动性之所以可能,是因为劳动关系中不只有经济性的一面,也有社会性的一面。对企业来说,协调劳动关系本不应是劳资双方针对经济利益的博弈,因为劳动关系中人际和社会关系的一面可以起到润滑剂的作用,让劳资实现合意与合作。规范的制度、和谐的文化、满意的员工可以实现企业长远发展。劳资双方只有利益的结合是不稳定的,要实现稳定的劳动关系,需要引入社会关系,即劳资双方与政府这一核心主体的互动,劳资双方的人际关系(人力资源管理、企业文化)及劳资双方与其他利益相关方的关系(与上下游企业的关系、与社会的关系)。而和谐劳动关系的创建就是搭建劳资关系的社会性联结的关键。这就要求必须将和谐劳动关系创建与企业完善人力资源管理相结合,将和谐劳动关系创建与完善劳动规制、社会服务相结合,将和谐劳动关系创建与社会参与、文化建设相结合。

开启企业在劳资关系发展中的原动力,虽然是以企业作为发力点,但是对全社会都具有积极作用。与其他社会组织不同,和谐劳动关系协会的立意为促进社会的和谐劳动关系而非代表某一团体;与此同时,协会以企业为会员,能够更好地了解企业的需求、与企业进行合作、推动企业改革。和谐劳动关系协会因而在促进企业向有利于社会公益的方向改革劳动关系具有独特的优势。和谐劳动关系协会可以推动企业转变理念,转变人力资源管理模式,逐渐向更好地实现社会利益转变,而在转变的同时也能够更好地保障企业劳动关系的和谐稳定,实现劳资政社的共赢。

### (二)协会的组建与宗旨

为达到"搭建联创共建平台,树立行业区域标杆,推动劳资互利共赢,促进企业和谐发展"的目的,有效破解劳资双方主体作用发挥不足的难题,2015年4月30日,在盐田区人力资源局的大力支持下,由盐田辖区内43家各行业的龙头企业作为发起人,成立盐田区和谐劳动关系促进协会(以下简称促进协会)。截至2017年12月,协会会员单位有136家。其中,会长单位1家,副会长单位12家,常务理事单位6家,理事单位10家。

盐田区和谐劳动关系促进协会成立两年多来,秉承劳资合作共赢理念,积极为综合试验区建言献策,搭建劳资政沟通平台,提供劳动关系专业服务,深度融入综合试验区建设过程,一是积极传播和谐劳动关系文化;二是指导推进和谐劳动关系企业创建活动专业化、常态化开展;三是具体承担区协调劳动关系三方委员会办公室的日常工作;四是开展订单式的劳动关系精细化业务培训;五是与拖车协会开展联创共建活动,指导拖车行业逐步建立健全行业劳动标准;六是开展劳动争议专业调解工作,并及时介入重点隐患企业提供专业指导服务,成功化解百多尔服装公司搬迁等多宗重大劳资隐患。深圳盐田区致力于将促进协会打造枢纽型的专业社会组织,并推动促进协会在各个重点区域、行业或领域发起设立若干个提供专业劳动关系服务的民办非企业或分支机构，更好地协同党委、政府，组织发动企业，教育引导职工，团结带领其他社会力量有序、广泛、深度参与构建和谐劳动关系。

## 二 业务随"创建"而扩

### （一）积极参与广东省市共建和谐劳动关系综合试验区

1. 积极参与和谐劳动关系综合试验区方案设计

2015年8月11日，协会在盐田区政府会议室举行理事会，会议表决并通过广东"省市共建和谐劳动关系综合试验区"三大承诺内容，包括企业代表承诺、职工代表承诺、社会组织代表承诺。2015年8月18日，协会参与省市共建盐田区和谐劳动关系综合试验区动员大会，协会会长单位作为企业代表参与本次动员大会向社会做出承诺，遵守维护和谐劳动关系的建立。

2. 参与综合试验区指标体系设计

《和谐劳动关系城区指标体系》分基础指标和特色指标两部分。基础指标共有43个指标，其中36个指标涵盖广东和谐劳动关系先进企业"十个全面"的要求，另有七个一票否决项指标。特色指标共八个，融入了党的十八届五中全会提出的创新、协调、绿色、开放、共享的发展理念。

### （二）创建"互联网+和谐劳动关系文化"传播体系

协会将发展成为传播和谐劳动关系文化的主阵地，先后建立健全网站、期刊、微信公众号、QQ群、微信群等宣传渠道，打造"互联网+和谐劳动关系文化"传播体系。截至目前，"互联网+和谐劳动关系文化"传播体系初见成效。

1. 创建协会QQ群

现有用户236人次，共发布信息1635条。

2. 创建协会微信群

现有用户733人次（主要以企业人事干部为主），共发布信息1865

条,内容包括综合试验区动态信息、协会动态信息、劳动法律法规信息、劳动法律法规案例等,并接收来自群中众多用户各种劳动法律法规咨询等。

3. 创建协会微信公众号

公众号每日更新最新的盐田区和谐劳动关系建设资讯及各种劳动法律法规资讯。现有关注人数2713人次,共发布消息2789条,图文阅读总人数为24908人次,阅读总数为104595次。

4. 创办"和谐劳动关系"期刊

弘扬和谐文化,宣传劳动法律法规政策,为各成员提供各种和谐劳动关系资讯。截至2017已发布五期,正在编撰第六期。

### (三)积极弘扬和谐文化,宣传劳动法律法规

构建和谐劳动关系,要注重发挥和谐文化的引领作用,让和谐创建成为共识、成为风尚、成为各级党委政府和广大企业职工自觉的行动。深圳盐田区在《省市共建盐田区和谐劳动关系综合试验区方案》中明确提出创立和谐文化品牌,大力培育和弘扬法治、诚信和同心文化,发挥先进文化的引领作用,营造构建和谐劳动关系的良好氛围,打造依法治理、诚实守信、互利共赢的和谐劳动关系文化品牌。

2015年,适逢全国经济结构调整,实体经济比较困难,促进协会在企业和职工中广泛开展《劳资合作共赢一起向前走》《共建和谐,共享红利》主题宣讲活动,树立劳资利益共同体的理念,鼓励劳资同呼吸共命运,为企业转型升级创造良好社会环境,取得了很好的成效。2016年,组织安迅物流、盐田国际、丰艺珠宝等和谐劳动关系示范点企业,以社会责任促和谐、合作共赢促和谐、工匠精神促和谐为主题开展示范企业巡回宣讲,发挥标杆引领作用,推动其他企业加强对职工的人文关怀,更加重视和谐劳动关系建设。两年来,协会开展了19次和谐文化宣讲,约2000人次参加活动。

### （四）开展和谐劳动关系先进企业创建活动

2015年7月7日，协会和深圳集装箱拖车运输协会于盐田区人力资源市场四楼会议室举办联创共建和谐劳动关系启动仪式。启动仪式上，协会向35家集体入会的拖车运输企业颁发会员证，并与深圳市集装箱拖车运输协会签署《联创共建和谐劳动关系备忘录》。

对黄金珠宝、物流、旅游服务、先进制造业等九家企业示范点进行企业劳动关系状况诊断评估，指导企业对照创建标准进行整改，高标准、高质量开展创建工作，将企业打造为规范管理、民主参与、人文关怀方面的标杆，以点带面，推动实现整体提升。自查报告完成九家，诊断评估报告完成九家。

2016年3月18日，"盐田区2016年和谐劳动关系企业创建动员大会"于盐田街道办事处六楼会议室举行。协会会长耿博发表讲话，秘书长曾虹文在现场进行创建宣讲。

### （五）配合开展"移动仲裁庭"工作

促进协会还承接了移动仲裁庭协办工作，负责场地布置、旁听人员组织、书记员服务等。2016年4月至2017年12月，由盐田区人力资源局、各街道办事处主办，协会协办的盐田区劳动争议移动仲裁庭，一共开展了44场，参与人员达1130人次。庭后，协会专业人士为参会企业宣讲相关法律规定及实务要点，包括劳动合同管理、拖欠工资的法律风险、休息休假、提成工资等法律风险控制问题。通过一个案件，讲透一个劳动法律法规要点，教育一个行业、一片企业。

### （六）开展精细化培训

针对高管开展劳动关系风险防控培训，针对人事开展精细化专业培训。为能客观、有效地开展精细化专业培训，协会已安排社工走访辖区会员企业，并对走访企业培训需求进行问卷调查，根据需求设计精细化培训课程。

实现了从"要我学"转变为"我要学",大大提高企业参与培训的主动性和针对性。2016年7月至今,一共开展了22场精细化培训,参与人数达666人次。

### (七)成立劳动关系服务中心开展劳动争议调解工作

2017年1月,协会成立和谐劳动关系服务中心,探索专业化社会组织开展劳动争议调解工作,取得良好进展。2017年,共结案168宗共683人,调解成功116宗共600人,签订调解协议99宗共580人,促成私下和解17宗涉及20人。出具企业人事诊断报告71份,调解率69%。协会的调解突出了专业化、社会化的特点,能够在调解的同时利用协会人员自身的专业性为企业出具诊断书,避免以后类似的劳资争议;也能够发挥自身作为第三方社会调解的特性,更有效率地调解企业与员工之间的矛盾。

综上所述,协会在创建和谐劳动关系方面的工作具有四个特性。一是全面性,协会参与和谐劳动关系建设的方方面面,在源头上、隐患时、争议后都发挥了作用。二是专业性,协会可以提供以往行政所注重的保障性服务之外的延伸性服务,提供专业化精细化的服务。三是社会性,协会作为社会力量存在,不同于行政命令也不同于逐利企业,可以发挥柔性调节劳动关系的作用。四是公益性,与工会、企业协会这样代表单方利益的社会组织不同,协会以社会和谐劳动关系为立足点,以全社会的公益为立足点,能够引导企业职工双方向互利共赢的和谐劳动关系迈进。

## 三 活力因"和谐"而存

### (一)各类社会组织在和谐劳动关系建设中各有优势

劳动关系治理体系是一个系统工程,和谐劳动关系建设也不可能一蹴而就,必须广泛动员社会力量有序参与。社会组织有不同类型,既有代表企业利益的行业组织,也有代表劳动者利益的社会组织,还有公益型社会组织。这些组织具有各自的优势,可以从不同侧面在各自领域参与和谐劳动关系建设,为社会创造和谐,比如代表劳动者利益的社会组织在员工关爱、行业组织在集体协商、公益组织在文化引领都能发挥很好的作用。通过协会两年多的探索实践,社会组织参与和谐劳动关系建设大有可为,工作领域和工作内容有待开拓。

协会在实现和谐劳动关系的各个环节都有所作为,尤其在涉及柔性改变企业行为的各个环节上发挥了重要作用。在源头上,协会从三个方面着力将促进和谐劳动关系的关口前移,预防劳动冲突的发生。一是宣传和谐文化,促进劳资形成利益共享、合作共赢的氛围。二是通过法律宣讲和精细化培训改善企业的管理水平。三是促进行业企业健全劳动标准。在劳动矛盾隐患初现时,协会介入隐患企业积极从中斡旋。在劳动矛盾争议已然发生时,协会进行从中调解,培训兼职调解员,推动企业、街道、社区的调解组织建设。

在这个过程中,协会的特殊作用在于利用自身的专业性、服务性及与企业的联系,在政府主导下,将各项工作落到实处。在当前简政放权的背景下,政府进行职能转移,从原来的监管为主转向服务为主。社会组织在这个转型过程中,可以起到重要作用。现代社会治理不仅需要党委领导、政府负责的纵向纽带,也需要发展社会组织、动员社会资源的横向纽带。刚性制度在保证劳动关系的稳定运行中固然重要,但是单纯依靠行政无法为社会提供符合企业职工多元化、个性化需求的公共产品与服务。协会作为公益组织,可以动员职工与企业的主体性,

## (二)建立健全劳动关系公共服务体系

相对公共就业和社会保险公共服务而言,劳动关系公共服务尚未引起政府、社会足够重视。国家人社部公共服务清单虽然将劳动关系协调、劳动监察、调解仲裁列入,但政府更多的是关注劳动关系后端——劳动争议端的服务,忽视劳动关系源头的服务,而且大多数劳动关系公共服务工作尚未全面开展。目前,亟须明确劳动关系公共服务的范围、内容与实现路径,要为社

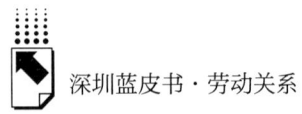

会组织提供服务创造条件。因此，要加大劳动关系公共服务的研究，确定公共服务的产品和供应主体，建立健全服务体系，让社会组织全面参与。

相比社会组织在和谐劳动关系各个环节发挥的作用，目前对社会组织参与劳动关系建设的保障却远远不够。

### （三）社会组织应积极参与劳动政策法规制定与研究

目前我国三方协调机制缺乏实体化的机构，而企业方因为组织松散、利益多元，难以形成有效的协调主体，在这样的背景下，劳资政三方协调机制容易流于形式。作为社会组织的协会可以在协调过程发挥以下三点作用：一是协会作为公益性的组织，可以推动劳资利益平衡，成为劳资政之间的润滑剂；二是协会与企业之间已经建立了信任关系，可以更好地发挥中介作用，更好地推动企业与劳动者、与政府之间的协调；三是协会可以提供一个常设平台，为劳资政三方平等协调奠定基础。

### （四）社会组织有序参与有待完善

1. 社会组织有序参与要有制度规范

和谐是个永恒的话题，也是社会组织长期的使命。目前，社会组织参与和谐劳动关系建设的范围和深度缺乏制度保障。各地做法各显神通，要确保社会组织有序参与，应制定相应的规则。

2. 社会组织有序参与要有长效机制

和谐劳动关系建设是一个长期的历史任务，经过一段时期的探索，必须固化社会组织有序参与模式，确保和谐劳动关系建设稳步推进。要逐步建立社会组织参与和谐劳动关系建设服务项目清单，确保服务稳定、可持续发展。建立服务清单应有以下几个步骤：一是明确购买主体；二是确定承接主体；三是确定购买内容，符合和谐劳动关系改革方向、适应企业职工需求、对专业性要求较高的，适合采取市场化方式提供、社会力量能够承接的社会服务，应突出公益性、引导性和服务性主动向社会公开；四是制定政府购买和谐劳动关系服务清单；五是完善购买机制，按照公开透明、规范便捷、突出成效的原则组织实施；六是提供资金保障，购买经费应当在既有预算中统筹安排；七是健全监管机制；八是加强绩效评价。

只有当社会组织参与和谐劳动关系建设的服务项目形成了一套明晰的清单并配备相关制度，有了制度化的管理，才可以让社会组织的参与在制度环境中拥有稳定性、连续性，并向更职能化、规范化的方向发展。

3. 社会组织有序参与要有经费保障

和谐是全社会的共同的理想，肯定需要付出成本。应当保证社会组织参与和谐劳动关系建设经费来源，借鉴外国经验，将公益组织这类活动列入正常财政预算，否则无法建立稳定工作机制。

目前，和谐劳动关系的服务购买缺乏整体平台，社会组织提供的服务存在分散购买的现象，不利于社会组织统筹发展制订计划，也不利于政府统计社会组织购买公共服务的总数。需要完善政府财政拨款机制，将和谐劳动关系的服务购买统一划归财政预算管理，让社会组织具有稳定的预期。

# B.25
# 深圳家庭服务业发展现状问题及对策

冯力　张智荣　张国燕*

**摘　要：** 深圳家庭服务业对深圳经济社会的发展和家庭和谐稳定发挥了重要作用。近年来，行业发展出现了非家政企业跨界经营、线上线下垂直一体化运营、专业分工越来越细、从业人员文化水平提高等新特点，同时存在从业人员不足、行业标准不健全、培训市场混乱等问题。因此，要完善深圳家庭服务业法规，加强品牌建设，提供优质产品，出台标准体系，开展技能培训，举办技能大赛，使深圳家庭服务业能够更加快速健康地发展。

**关键词：** 家庭服务业　深圳　技能培训

随着经济发展和社会进步，人们生活水平不断提高，家务劳动越来越社会化，发展和完善家庭服务业，对促进经济发展、提高居民生活水平、吸纳剩余劳动力就业等具有重要意义。

深圳是全国经济发展最快、消费水平最高的城市之一，同时又是平均年龄仅为30岁的年轻化、家庭服务业市场潜力最大的城市。多年来，深圳高度重视家庭服务业，把家庭服务业作为发展现代服务业的一个新的经济增长

---

\* 冯力、张智荣，深圳市人力资源和社会保障局；张国燕，深圳市家庭服务业发展协会。

点、拓宽就业的主要渠道、促进就业的重要载体，以及增加城市居民生活幸福指数的重要终端。

# 一 行业发展现状

## （一）基本情况

深圳家庭服务业主要包括家政服务、养老服务、社区服务和病患护理四大业态，其中家政服务占比最大，养老服务场所及设施增速最快。

截至2017年底，深圳家庭服务业企业（或机构，包括经营项目中含家庭服务的企业）6689家，其中纯家政服务企业2154家，从业人员31.42万人；社区服务中心646个，从业人员5923人；养老服务组织1188个（包括各类养老院、日照中心、居家养老定点服务机构、星光老人之家），从业人员5812人；专业病患陪护服务企业7家，从业人员1300余人（见图1）。

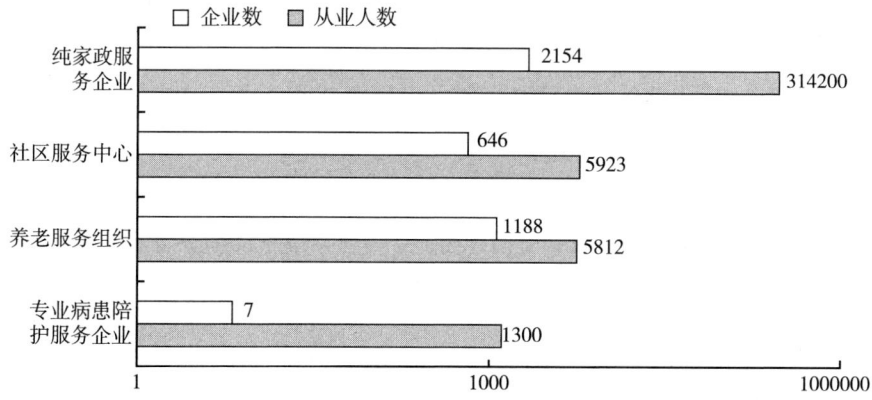

**图1 家庭服务业各业态机构数及从业人员数**

资料来源：深圳市家政服务网络中心年度统计调查。

## （二）家庭服务需求和供给情况

2017年，深圳家庭服务的需求总量维持不变，但结构发生了非常大的变化，即住家保姆的比例逐步下降，分工精细的碎片化钟点服务比例越来越高，2015年和2017年深圳家庭服务各工种占比情况见图2。

1. 普通家务服务人员比例下降

普通家务服务（做饭、打扫卫生、洗衣服）人员占比从2015年的60%左右降至33%左右，依然是占比最大的工种。有条件的家庭把平常的家务劳动转化为购买社会服务的方式，既解放了自己，又提高了生活的品质。这个工种的服务人员大部分住在雇主家，雇主除支付服务人员工资外，还要给服务人员提供住所、三餐、交通及适当的日用品，所以消费人群大多来自中高收入家庭。

2. 育婴服务人员需求变化不大

0~3岁婴幼儿照护的服务需求仅次于普通家务服务，占比为27%左右，与2015年持平。这个工种的雇主基本上是刚需，或是家庭无人照护孩子，或是希望有专业的育婴服务人员照护孩子。这个工种的服务人员也大部分住在雇主家，雇主除支付服务人员工资外，还要给服务人员提供住所、三餐、交通及适当的日用品，所以消费人群也大多来自中高收入家庭。

3. 母婴护理服务人员比例上升

专门护理产妇和新生儿的服务需求占比从2015年的5%左右上升到8%左右。这是家庭服务各工种中薪资待遇最高，也是服务技能要求最高、风险最大的工种。特别是近年来，该工种完全从家政服务中分离出来，成为极富专业性的、高收入的、受众多家政服务人员青睐的工种。这个工种的雇主也是刚需，特别是深圳这个年轻的城市，缺乏经验的年轻父母大多愿意信任专业的"月嫂"，即便要付高薪，要提供住所、三餐、交通及适当的日用品，使用"月嫂"的热情仍然不减。消费群体不仅包括中高收入家庭，越来越多中低收入家庭也进入消费队伍。

4. 养老、病患护理服务人员需求变化不大

养老和病患护理需求占比为2%左右，与2015年占比相同。这两个工种的雇主也是刚需，由于深圳年轻化和移民城市的原因，目前养老、患病护理员的市场需求量还不大，高、中、低收入的消费人群都有。

5. 钟点服务需求大幅度上升

钟点服务人员以不住家形式，或包年、包月，或临时约请形式，两小时起服务，服务范围包括做饭、打扫卫生、新居开荒、家电清洗、擦玻璃、地板打蜡等。分工越来越精细、专业化程度越来越高，用工灵活，碎片化的服务收费不仅易被广大消费者接受，还刺激和引导了消费，使市场呈现旺盛的景象，成为近两年发展最快的工种。钟点工服务的雇主，几乎是大众化的人群。从业人员队伍占比为30%左右，比2015年的8%翻了近4番。

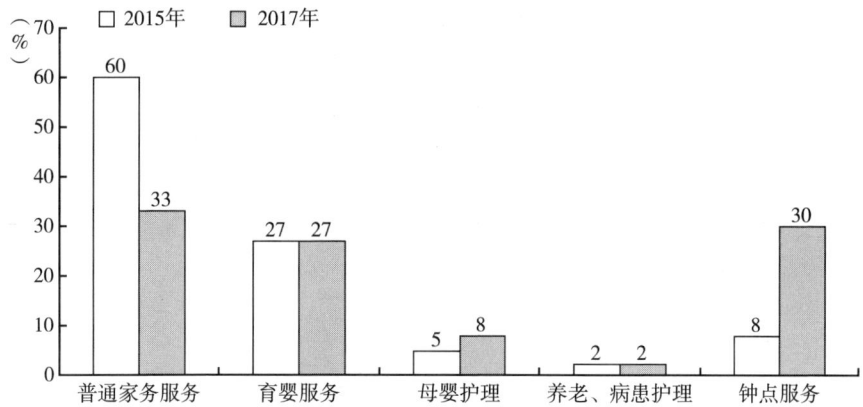

**图2　2015年和2017年深圳家庭服务各工种占比情况**

资料来源：深圳市家政服务网络中心年度统计调查。

6. 存在用工缺口

调查统计，深圳近400万户的家庭中，约有60万户需要家政服务。这仅是居家型服务人员的需求，随着专业钟点服务需求量的增大，家政服务总需求量还会增大。考虑到少数家庭请多个服务人员和一个钟点工可以服务几个家庭的状况，按目前31万名从业人员的现状看，从业人员用工缺口约20

万人。缺口最大的工种是育婴服务人和普通家务服务人员,并且所有工种都极缺优质服务人员。

### (三) 从业人员数量及薪酬待遇

1. 主要工种人员数量情况

据统计,2017年深圳家庭服务业从业人员总数为31.42万人,其中普通家务服务人员10.045万人,占比为33%;育婴服务人员8.475万人,占比为27%;母婴护理人员2.510万人,占比为8%;钟点服务人员(包括专业清洗保洁员)9.417万人,占比为30%;养老、病患护理人员0.581万人,占比为2%(见图3)。

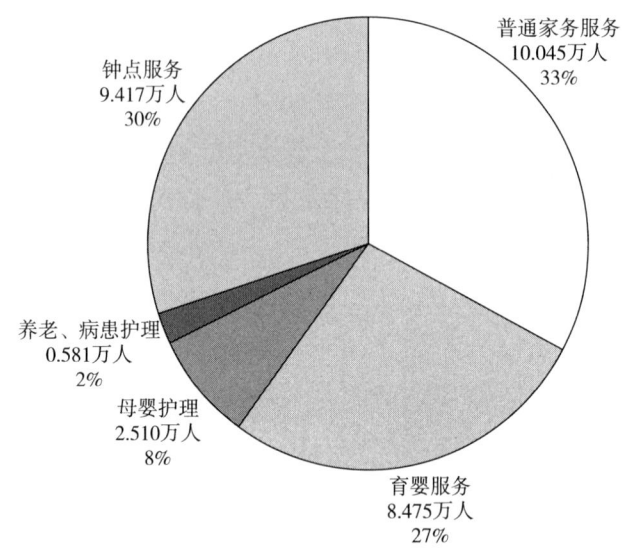

**图3 用工需求和缺口情况**

资料来源:深圳市家政服务网络中心年度统计调查。

2. 从业人员薪资水平及变化情况、岗位等级及薪酬待遇

2012年以前,家庭服务业人员工资一直处于缓慢增长的趋势,但2013年春节过后,从业人员工资开始增长。以往岁末"保姆荒"期间保姆工资会有10%~15%的涨幅,但年后工资就会回落到涨前的价位。2013年开始,

涨上去的工资就再也没有回落，并且带动了所有家庭服务业人员工资都上涨，连涨三年，有些工种工资较2010年几乎翻了一番。2016年，除钟点服务人员外，家庭服务业人员工资水平基本保持稳定（见图4）。这种稳定，说明工资水平已接近饱和。2017年深圳家庭服务价位见表1。

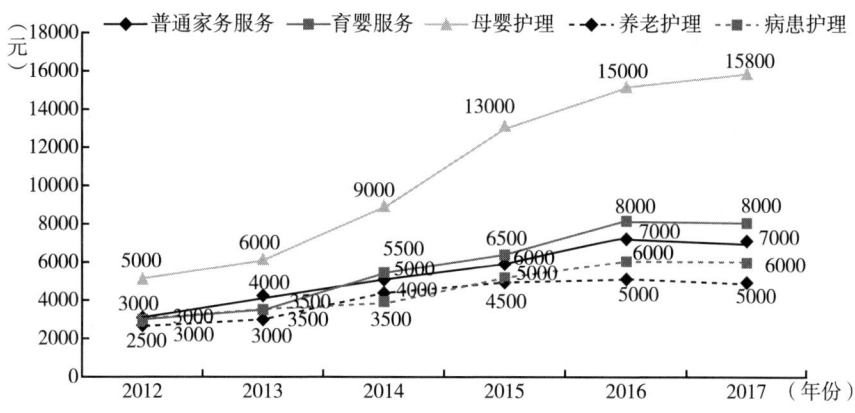

图4　2012~2017年家庭服务业人员薪资水平走势

资料来源：深圳市家政服务网络中心年度统计调查。

表1　2017年深圳家庭服务价位

| 工种 | 服务类型 | 五星级 | 四星级 | 三星级 | 二星级 | 一星级 |
|---|---|---|---|---|---|---|
| 普通家务服务人员 | 住家制 | 6000~7000元/月 | 5500~6000元/月 | 5000~5500元/月 | 4500~5000元/月 | 4000~4500元/月 |
| 育婴服务人员 | 住家制 | 7000~8000元/月 | 6000~7000元/月 | 5500~6000元/月 | 5000~5500元/月 | 4500~4000元/月 |
| 母婴护理服务人员 | 住家制 | 14800~15800元/月（包含企业应提留的20%服务费） | 12800~13800元/月（包含企业应提留的20%服务费） | 9080~11800元/月（包含企业应提留的20%服务费） | 7800~8800元/月（包含企业应提留的20%服务费） | 6800元/月（包含企业应提留的20%服务费） |
| 养老服务人员 | 住家制 | 3500~5000元/月（目前尚未分等级，仅根据老人的自理状况确定劳动强度和薪资待遇） | | | | |
| 病患护理服务人员 | 住家制 | 4000~7000元/月（目前尚未分等级，仅根据病人的自理善确定劳动强度和薪资待遇） | | | | |

续表

| 工种 | 服务类型 | 五星级 | 四星级 | 三星级 | 二星级 | 一星级 |
|---|---|---|---|---|---|---|
| 钟点服务人员 | 家庭保洁 | 30~50/小时（目前尚未分等级,仅根据季节性用工情况市场浮动） | | | | |
| | 家庭烹饪 | 30~50/小时（目前尚未分等级,仅根据季节性用工情况市场浮动） | | | | |
| | 护理老人 | 180~300元/日（目前尚未分等级,仅根据季节性用工情况市场浮动） | | | | |
| | 护理病人 | 240~460元/日（目前尚未分等级,仅根据病人的自理状况确定劳动强度和薪资待遇） | | | | |
| | 催乳、通乳 | 480~380元/次（目前尚未分等级,仅根据产妇或妈妈的状况确定报酬） | | | | |
| | 家电清洗 | 据不同电器计件收费 | | | | |
| | 新居开荒 | 20~25元/$m^2$,面积越大,价位越低 | | | | |
| | 擦玻璃 | 1~4元/$m^2$,面积越大,价位越低 | | | | |
| | 木地板打蜡 | 20~25元/$m^2$,面积越大,价位越低 | | | | |
| | 地毯清洗 | 6元/$m^2$（100$m^2$起） | | | | |
| | 地板清洗 | 6元/$m^2$（100$m^2$起） | | | | |
| | 环境消毒 | 4元/$m^2$（100$m^2$起） | | | | |
| | 除螨 | 据不同物品计件收费 | | | | |

资料来源：深圳市家政服务网络中心年度统计调查。

## （四）行业管理模式

### 1. 中介制管理模式

2017年，深圳家庭服务业员工制企业39家，约占企业总数的1.8%；中介制企业2061家，约占企业总数的96%；混合制企业54家，约占企业总数的2.5%（见图5）。

中介制是指企业与雇主签订服务合同，一次性收取用户的介绍费，为用户介绍家政服务人员后由用户发给服务人员工资报酬，企业按合同约定条款提供售后服务。中介方式的优点在于投资少，回收成本期限短，管理较为简单，缺点是不利于保护雇主利益，也不利于保护家政服务人员利益。

长期以来，家庭服务业都以中介制管理模式为主，这是由家庭服务的行业性质决定的。家庭服务业本就是一个从业人员流动性极大、大部

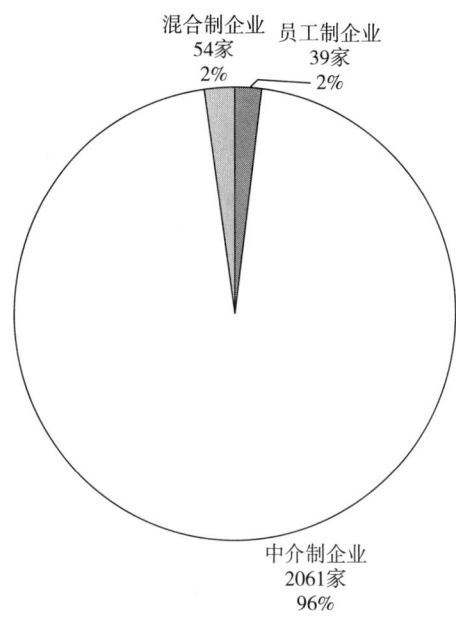

**图 5　家庭服务业管理模式占比**

资料来源：深圳市家政服务网络中心年度统计调查。

分工种技术含量偏低、劳动力密集、利润空间较小的行业，难以承担社会保险、待岗期间工资及其他福利。而且从业人员大部分是来自农村的剩余劳动力，文化程度偏低，职业化程度不高，自律性较差，以工资待遇为选择企业的第一标准，所以一个人可以在若干个企业登记挂名，一天可以在几个企业面试雇主，流动性之大使企业也没有信心给员工购买社保。

近几年来，随着互联网企业的跨界，以及高学历、年轻化的企业家的加入，家庭服务业职业化程度有了很大提高，员工制企业、员工制和中介制结合的混合制企业逐步发展起来，比如专业的家庭保洁、母婴护理、产后恢复、养老护理企业就逐步向员工制管理模式发展。

2. 员工制管理模式

家政服务业涉及供求双方的切身利益，从业人员关心的是工资待遇和劳动关系，雇主关心的是信誉、安全和优质服务。员工制管理模式就能较好地解决这些问题。

员工制家政服务组织实行招生、培训、考核、派遣与后期管理一体化管理模式，家政服务人员要经过统一验证、统一培训、统一考核，考核合格后统一由家政服务企业负责安排工作，即家政服务人员是作为家政服务企业的员工派遣到雇主家庭提供服务的，家政服务企业对服务人员和雇主实施全面、全程管理。服务人员与雇主之间只存在服务与被服务的关系，两者之间不直接发生经济来往关系，且合作双方均面对服务企业，即由家政服务企业来保障双方的安全、服务的质量和权益的平衡，这是雇主比较信任和喜欢的管理模式。

"员工制"是规范家庭服务业市场、吸引包括大学毕业生在内的社会各类人员从事家政服务工作、选拔优秀人才、促进企业专业化管理的内在要求，也是未来家庭服务业发展的必然趋势。为鼓励家政服务企业员工制进程，财政部国家税务总局《营业税改征增值税试点过渡政策》明确规定对家政服务企业由员工制家政服务员提供家政服务取得的收入免征增值税。

## （五）从业人员的培训情况

目前，家庭服务业经营者越来越重视从业人员的岗前培训，较之前不培训或简单培训就分配上岗的情况有很大的改观。深圳家庭服务业从业人员培训有两种形式。

一种是市、区两级人力资源部门审批许可的正规培训机构的培训。例如，深圳市职工继续教育学院（家政培训基地）、深圳市中家职业技能培训学校、深圳市罗湖区深家职业技能培训中心等，这几个机构专门从事家庭服务业从业人员培训，这些经人力资源部门审批许可、专门培训家庭服务业从业人员的正规培训机构，按照许可培训工种，有场地、教师、教具、培训大纲和课程体系、规定教材，规范化地进行培训，为深圳家庭服务业培养了大批人才。又如，深圳市南山深职训职业培训学校、深圳市启业职业技能培训中心等多个机构，兼营家庭服务业从业人员培训,近年来越做越火。

另一种就是企业办学。没有办学资格证、收费许可、专任教师、教学大纲课程体系等教学资质及硬件设施,简陋的场地、简单的教具,随便请个教师,就开始招生、收费、培训、发证。培训市场比较混乱。

目前,深圳家庭服务业内流行的证书主要分为两类。

一类是由各级人社部门颁发的职业资格证书和专项职业能力证书。由于现阶段全国各地行业市场发展水平参差不齐,监管难度较大,存在持证人和其实际技能极不匹配的实际情况。有些手持外地高级职业资格证书的服务人员并没有接受过任何培训学习,还有的仅上过一两次课也获得了高级母婴护理职业资格证书。家庭服务业市场中,持有全国各省市母婴护理师、育婴师职业资格证书的人数不算少,但只有深圳市人力资源和社会保障局颁发的"职业资格证书和专项职业能力证书",是最贴近技能的,因而也是含金量最高的证书。

另一类是企业和培训机构颁发的岗位技能培训合格证书。岗位技能培训证书发放机构五花八门,没有统一的课程大纲和课程体系、学制要求、教材和考核标准,基本上收了学费都能获得证书。除几个正规培训机构外,其他证书的含金量可想而知。

## 二 行业发展新特点

### (一)线上线下垂直一体化家庭服务运营新模式成功实现

随着国家、广东省、深圳市促进家庭服务业发展的一系列文件和政策的发布,越来越多的其他行业行加入家庭服务业,特别是深圳这个改革开放的前沿城市,消费水平相对较高,近年来吸引了全国不少互联网大咖对家庭服务业的投资,为原本规模小、信息化程度低的传统家庭服务业插上了互联网的翅膀,商家和消费者对O2O的家政服务电子商务不再陌生,成功实现线上线下垂直一体化运营模式的机构已经诞生,方便快捷的消费方式已被越来多家庭服务消费者接受。有了互联网技术的支撑，可以说深圳家庭服务业向规范化职业化道路迈进了一大步。

比如2014年开始，来势凶猛的"云家政""e家洁""好慷在线""58同城""阿姨来了""阿姨帮"等，纷纷涌向深圳，家政电子商务呈现一片红海，各品牌"厮杀"两年后，沉淀下来的"58到家""好慷在线"，加上后面诞生的"十分到家""妈妈来了""580家政网"成为深圳家庭服务业的几大电商平台品牌。互联网进驻家庭服务业初期，传统家政企业认为互联网来与传统家政抢食分羹，随着电商平台不断寻求传统家政企业做终端服务提供商，传统家政才明白电商平台离不开终端服务的人，同时也明白利用互联网会给经营插上翅膀的道理。家庭服务业经历了一个轰轰烈烈的被冲击、被洗牌和被教育的过程。传统家庭服务业企业管理层得到的结论大致是：时代变了，过去没有资质门槛的一部电话、一张桌子的办公条件就能称作公司，曾经的保姆因为懂得雇主的家务要求就能当老板的时代已经结束。现在以70后、80后、90后为家政服务市场主流的消费者更青睐有文化素质的、能够利用现代互联网技术的、管理规范的大中型企业。同样，互联网大咖几年来的宣传和推广，也教育和引导了广大消费者开始接受家政服务的网上订购。但是互联网与终端服务提供商是合作关系，平台的最大缺陷还是无法有效把控服务质量。

### （二）跨界家政凸显优势，新型技术公司成为家政行业新军

"跨界打劫"成为2016年家政新话题，做滴滴打车软件的开始做"e家洁"，原来做360杀毒软件的开始做"阿姨帮"，做影视的开始做"保姆驿站"等，原来与家庭服务业根本不沾边的人，凭借自身的资源和优势也开始跨界家庭服务业。他们带着新的思维和思路进入这个行业，并且都有投资背景，以新型技术公司的面貌示人，一进入家政行业就掀起了跨界波澜，实际上这是一种资源的融合，这些新型技术公司能够成为家庭服务业新军，是整个行业的进步，为行业拓宽了思路和盈利模式。"e家洁"将钟点工模式平台化，规范了钟点工的服务标准和价格标准，

将流动的家政服务人员变成平台的合作服务商，提高了钟点工的收入，使钟点工的尊严得到保障，客户不需要支付中介费还可以办会员卡，获得钟点服务更加方便。

他们应用现代移动互联网技术，客户可以在手机 App 端下单，随时可以找到自己需要的钟点工服务，通过智能选人以最快的速度找到自己需要的服务人员。互联网公司跨界做家政的模式，凸显其独特的优势，他们一开始就把新技术应用到企业当中，很值得传统企业学习和借鉴。

### （三）从业人员队伍结构发生了很大变化

2016 年开始，家庭服务业从业人员队伍年龄结构发生了很大变化，90 后开始进入行业，70 后、80 后成为主力军，60 后已逐步退出历史舞台，之前对行业"青黄不接"的担忧已经解除。

2016 年开始，家庭服务业从业人员队伍学历层次也发生了很大变化，大专、本科毕业生比例逐步增加，初高中学历成为主流。过去行业里高中毕业就是高学历，大都是安排在企业做管理或文员，鲜有从事入户服务的。2015 年开始，高中生入户做服务已经很普遍，大专生及少量的本科生也开始入户。

从业人员年轻化和"高"学历的趋势，一是说明家庭服务业已越来越受到社会的重视和尊重，二是家庭服务业的工作环境、工作强度、收入保障、薪资待遇还是非常有吸引力的。

### （四）分工越来越精细

近两年，家庭服务业由原来的普通家务服务、母婴护理服务、养老护理服务、育婴服务、病患护理服务、钟点服务六大工种衍生出"产后恢复服务""家教服务"。"钟点服务"又细分为催乳通乳、保洁、烹饪、护理老人、护理病人；"家庭保洁"又细分为新居开荒、家电清洗、擦玻璃、木地板打蜡、地毯清洗、地板清洗、环境消毒、除螨等。

精细化分工不仅能满足雇主需求，同时又能引导和刺激消费，是新经济形态下家庭服务业的重大发展成果。随着经济发展，这种从大家政中分离出来的小工种还会越来越多、越来越细。

### （五）行业信息化程度普遍提高

2017年，深圳家庭服务业信息化程度普遍提高。70%以上的企业拥有自己的网站；90%以上的企业（机构）在百度、58同城、赶集等信息平台上做推广；10%以上的企业（机构）有App；50%以上的企业（机构）有公众号。家政电子商务发展迅速，消费者可以通过网站、App、公众号下订单，并且通过网上银行、支付宝、微信进行支付。目前，50%以上的企业（机构）能够实现移动支付（见图6）。

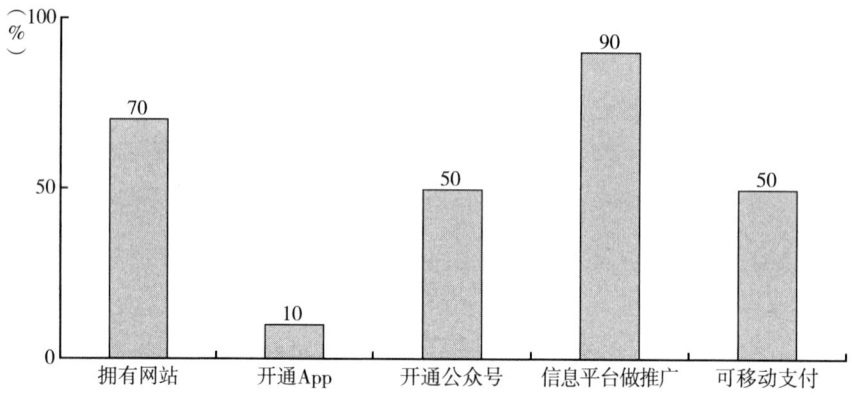

**图6 家庭服务企业信息化程度**

资料来源：深圳市家政服务网络中心年度统计调查。

## 三 存在的主要问题

### （一）标准不健全，行业自律缺乏

"诚信"是社会和谐的底线，是公民道德的基本规范，是市场经济秩序的核心基础，也是经济社会实现科学发展的重要保障。"标准"是行业自律的规范。家庭服务业存在的突出矛盾和问题，如供需不平衡，专业职业技能人员缺失，从业人员流动性大，无从业诚信档案查询，家庭服务组织"散、小、弱"，经营管理不规范等，导致消费者投诉甚至刑事案件时有发生，造成家庭服务业市场诚信缺失、消费者难找放心家政的局面。因此，标准建设已成为当前家庭服务市场关注焦点，建立统一规范的标准化诚信服务管理体系、创建诚信家政企业、培养守诚信负责任的服务人员迫在眉睫。

人力资源和社会保障部、国家发展改革委等八单位《关于开展家庭服务业规范化职业化建设的通知》提出："家庭服务标准体系完备，家庭服务企业（单位）依据家庭服务标准提供家庭服务，推行服务承诺、服务公约、服务规范，努力创建服务品牌，不断提高服务质量。"进一步明确了标准体系对促进家庭服务业规范化、职业化建设的重要作用。

近年来，尽管出台了一系列家庭服务业方面的国家标准、行业标准、地方标准，但是各项标准都属于倡导性、非强制性标准，宣传引导的力度也不够，因此标准执行的效果也很不明显。

### （二）从业人员特别是适龄人员紧缺

深圳家庭服务业一直存在人员紧缺的难题，开始是因为存在行业歧视，后来是由于农村经济的发展和农民生活水平的提高，流入家庭服务业的劳动力数量有限。自2013年开始，受家庭服务业从业人员薪资水平暴涨的吸引，越来越多农村剩余劳动力和城市下岗职工青睐家庭服务业，但是从业人员数量仍然满足不了日益增长的服务需求，目前缺口高达20万人。

不仅如此，行业在用工方面的新问题和新挑战又产生了新的矛盾和困难，如消费者对服务员的年龄要求大多要为30~45岁，消费者对服务员文化水平、工作技能、沟通能力等综合素质的要求越来越高。

### （三）行业缺乏品牌，企业和从业人员缺乏等级认证

目前，深圳大多家政企业（机构）自称优质品牌，很多服务人员都有

金牌证书，这就造成家政服务人员鱼龙混杂、良莠不齐的局面。家政企业（机构）不守诚信、不守契约，服务人员薪酬与服务技能严重不对等，消费者怨声载道，消费者缺乏消费信心，严重影响了家庭服务业的健康发展。

### （四）培训市场较为混乱

由企业和机构、学校共同承担家庭服务从业人员岗前培训，这是政府一直提倡的，也是提高从业人员综合素质行之有效的途径。随着服务人员和消费者对培训证书的重视，以及受月嫂、育婴师、催乳师高薪的吸引，培训市场越来越火。由于培训的收入远高于家庭服务的收入，近年来众多企业（机构）把企业内训变成收费培训，把培训当成赚钱的工具，不管有无办学资质、有无办学条件，只要挂靠一个发证机构，也不管这个发证机构是否有资格、证书是否有效，就开始大张旗鼓地招生收费。目前培训市场较家政服务市场更乱，发证机构五花八门，证书令人眼花缭乱。

### （五）信用体系不健全

国家企业信用信息公示系统的建成对企业（机构）的信用信息查询有很大的帮助。但是，由于家庭服务业的特殊性，企业的信用还应包含其独有的特殊信息，如对消费者和服务人员的契约未履行、提供虚假信息等不诚信行为记录等，在国家企业信用信息公示系统无法查询到这些与消费者息息相关的企业（机构）的重要信息。服务人员信息（包括守信、遵纪守法、尊老爱幼、服务技能等）和雇主信用信息（包括服务契约是否兑现、是否虐待服务人员等）也需要有信用平台发布。家政企业、服务人员、消费者（雇主）三方信用信息公示系统不健全，也是今天家庭服务三方得不到有效监督的重要原因。建设家庭服务业信用信息公示系统是行业的需要，也是广大消费者的需要。

## 四 几点建议

深圳家庭服务业应该借鉴国内外先进经验，向更新（模式新、产品种类新),更高(高端服务、高技能人才、高学历),更专(专业企业、专业人才),更规范的方向发展。

### (一)家庭服务业企业要重构运营模式,加强品牌建设,提供优质产品

在运营模式上,家政服务电子商务促使传统企业经营模式不断改进和提高,线上线下紧密结合、垂直一体化将是引领行业发展的主流。线上信息和线下服务让消费者的体验更好(下单支付便捷、信息详尽明白消费、服务人员资料齐全用得放心),企业运营成本更低(互联网工具替代人工)。

在服务品牌建设上,企业要直面互联网的猛烈冲击,在创建品牌方面狠下功夫,积极参加行业协会组织的评优、等级认证等活动,在深圳诞生若干个知名品牌。

在服务产品上,企业要更加迎合人们的生活需要,不断开发精细化工种,重点关注门类小而细、技术精而专、实用实惠的服务产品,切实帮助广大市民提升生活幸福感。

### (二)家庭服务业行业协会要充分发挥行业指导作用,出台标准体系,开展技能培训,举办技能大赛

行业协会要把标准体系建设工作作为常规工作抓紧抓好,在标准的编制和宣传贯彻方面充分发挥行业协会作用,不断加强行业自律能力;进一步推进行业信用平台建设工作,对行业规范化发展起到积极作用。

行业协会要协调培训机构、企业大规模地开展岗位技能培训,如从业人员岗前普及性培训率应达100%,包括职业道德职业心态、礼仪礼貌、法律常识、安全知识、操作规则等一系列操作性、针对性较强的业务培训。增强从业人员的服务意识,规范服务行为,提高服务质量。家务技能、专业工种技能培训也应逐步达到符合需求的水平。

行业协会应定期举办家庭服务技艺技能大赛。通过持续性开展家庭服务技艺技能大赛,认定行业大师、工种标兵,大力表彰和宣传"大师、

标兵"的技能,在行业内兴起"比学赶帮"的良好风气,引导和带动行业从业人员积极进取,提高岗位技能水平,从而扩大行业的影响力。

### (三)政府应持续关注和扶持深圳家庭服务业发展

**1. 加大对"树深圳品牌,认证企业和服务员等级,促行业规范化职业化发展"的支持力度**

针对深圳家庭服务业缺乏品牌、企业和服务人员缺乏等级认证的实际,政府应支持行业协会评选深圳品牌、认证企业和服务人员等级,并通过主流媒体进行大力宣传。例如,按照普通家务服务、育婴服务、母婴护理服务、养老护理服务、产后恢复服务、家庭烹饪钟点服务、家庭保洁钟点服务等专业分工,各树立3~5个大品牌在全市推广;按照企业和服务人员等级评定标准,对企业和服务人员进行等级认证,使广大市民明白消费。

**2. 大力支持家庭服务行业信用平台和信用体系建设**

支持行业协会建立企业诚信评价体系,建立健全信用信息公开制度,定期公示"诚信示范企业";鼓励企业建立包括用户信息认证、信用等级评价、业务流程保障等内容的信用体系,定期对雇主和员工进行信用评价并公示。支持行业充分利用广播、电视、报刊、互联网等媒体发挥示范企业的引领作用,宣传守信典型案例,公开失信惩戒案例,带动行业信用水平的提升。

**3. 彻底整治家庭服务业培训市场**

针对家庭服务业培训市场极端混乱的现象,对无办学资质、无办学条件、无发证资格、无收费批准备案仍然收费培训的乱象给予治理,给政府审批备案的培训机构一个公平的经营环境,为广大家庭服务业消费者提供真实可靠的技能证书。

**4. 出台家庭服务业从业人员社会保险及职业保险补贴政策**

社会保险补贴可综合参考北京、天津、浙江三省市的补贴原则和方法,鼓励员工制企业职业化发展。家政职业保险补贴可参考宁波市方案,结合深圳实际，由政府相关部门制定《深圳市家政服务员职业保险实施与财政补贴资金管理办法》，对"保险范围、承办保险公司竞标程序、投保及财政补贴方式、财政补贴资金审核程序、保险理赔与赔付、监督管理"等做出详细规定，同时在保险公司招标书里明确规定与信用平台的信息对接条款，以此实现信用平台大数据功能。

### （四）进一步完善深圳家庭服务业法规，修改《深圳经济特区家庭服务业条例》

《深圳经济特区家庭服务业条例》（以下简称《条例》）于2001年颁布实施，是全国第一个颁布实施家庭服务业条例的城市，对深圳的家庭服务业的规范和发展发挥了重要作用。但随着经济和社会的发展，《条例》的一些规定已经与深圳家庭服务行业的现状严重脱节，已经无法有效地指导该行业的发展。例如，《条例》对家政企业定位不准确，对服务人员和家政公司的责任划分不清晰，缺乏对企业和服务人员职业信用的要求，缺乏对企业和服务人员准入门槛等。因此，建议对《条例》进行整体修改，以规范深圳家庭服务业的发展。

社会科学文献出版社　　　**皮书系列**

## ❖ 皮书起源 ❖

"皮书"起源于十七、十八世纪的英国，主要指官方或社会组织正式发表的重要文件或报告，多以"白皮书"命名。在中国，"皮书"这一概念被社会广泛接受，并被成功运作、发展成为一种全新的出版形态，则源于中国社会科学院社会科学文献出版社。

## ❖ 皮书定义 ❖

皮书是对中国与世界发展状况和热点问题进行年度监测，以专业的角度、专家的视野和实证研究方法，针对某一领域或区域现状与发展态势展开分析和预测，具备原创性、实证性、专业性、连续性、前沿性、时效性等特点的公开出版物，由一系列权威研究报告组成。

## ❖ 皮书作者 ❖

皮书系列的作者以中国社会科学院、著名高校、地方社会科学院的研究人员为主，多为国内一流研究机构的权威专家学者，他们的看法和观点代表了学界对中国与世界的现实和未来最高水平的解读与分析。

## ❖ 皮书荣誉 ❖

皮书系列已成为社会科学文献出版社的著名图书品牌和中国社会科学院的知名学术品牌。2016年，皮书系列正式列入"十三五"国家重点出版规划项目；2013~2018年，重点皮书列入中国社会科学院承担的国家哲学社会科学创新工程项目；2018年，59种院外皮书使用"中国社会科学院创新工程学术出版项目"标识。

# 中国皮书网

（网址：www.pishu.cn）

发布皮书研创资讯，传播皮书精彩内容
引领皮书出版潮流，打造皮书服务平台

## 栏目设置

关于皮书：何谓皮书、皮书分类、皮书大事记、皮书荣誉、
　　　　　皮书出版第一人、皮书编辑部
最新资讯：通知公告、新闻动态、媒体聚焦、网站专题、视频直播、下载专区
皮书研创：皮书规范、皮书选题、皮书出版、皮书研究、研创团队
皮书评奖评价：指标体系、皮书评价、皮书评奖
互动专区：皮书说、社科数托邦、皮书微博、留言板

## 所获荣誉

2008年、2011年，中国皮书网均在全国新闻出版业网站荣誉评选中获得"最具商业价值网站"称号；

2012年，获得"出版业网站百强"称号。

## 网库合一

2014年，中国皮书网与皮书数据库端口合一，实现资源共享。

**权威报告·一手数据·特色资源**

# 皮书数据库
## ANNUAL REPORT(YEARBOOK) DATABASE

## 当代中国经济与社会发展高端智库平台

### 所获荣誉

- 2016年，入选"'十三五'国家重点电子出版物出版规划骨干工程"
- 2015年，荣获"搜索中国正能量 点赞2015""创新中国科技创新奖"
- 2013年，荣获"中国出版政府奖·网络出版物奖"提名奖
- 连续多年荣获中国数字出版博览会"数字出版·优秀品牌"奖

### 成为会员

通过网址www.pishu.com.cn访问皮书数据库网站或下载皮书数据库APP，进行手机号码验证或邮箱验证即可成为皮书数据库会员。

### 会员福利

- 使用手机号码首次注册的会员，账号自动充值100元体验金，可直接购买和查看数据库内容（仅限PC端）。
- 已注册用户购书后可免费获赠100元皮书数据库充值卡。刮开充值卡涂层获取充值密码，登录并进入"会员中心"—"在线充值"—"充值卡充值"，充值成功后即可购买和查看数据库内容（仅限PC端）。
- 会员福利最终解释权归社会科学文献出版社所有。

卡号：552727442284

数据库服务热线：400-008-6695
数据库服务QQ：2475522410
数据库服务邮箱：database@ssap.cn
图书销售热线：010-59367070/7028
图书服务QQ：1265056568
图书服务邮箱：duzhe@ssap.cn

# 基本子库
# SUB DATABASE

## 中国社会发展数据库（下设 12 个子库）

全面整合国内外中国社会发展研究成果，汇聚独家统计数据、深度分析报告，涉及社会、人口、政治、教育、法律等 12 个领域，为了解中国社会发展动态、跟踪社会核心热点、分析社会发展趋势提供一站式资源搜索和数据分析与挖掘服务。

## 中国经济发展数据库（下设 12 个子库）

基于"皮书系列"中涉及中国经济发展的研究资料构建，内容涵盖宏观经济、农业经济、工业经济、产业经济等 12 个重点经济领域，为实时掌控经济运行态势、把握经济发展规律、洞察经济形势、进行经济决策提供参考和依据。

## 中国行业发展数据库（下设 17 个子库）

以中国国民经济行业分类为依据，覆盖金融业、旅游、医疗卫生、交通运输、能源矿产等 100 多个行业，跟踪分析国民经济相关行业市场运行状况和政策导向，汇集行业发展前沿资讯，为投资、从业及各种经济决策提供理论基础和实践指导。

## 中国区域发展数据库（下设 6 个子库）

对中国特定区域内的经济、社会、文化等领域现状与发展情况进行深度分析和预测，研究层级至县及县以下行政区，涉及地区、区域经济体、城市、农村等不同维度。为地方经济社会宏观态势研究、发展经验研究、案例分析提供数据服务。

## 中国文化传媒数据库（下设 18 个子库）

汇聚文化传媒领域专家观点、热点资讯，梳理国内外中国文化发展相关学术研究成果、一手统计数据，涵盖文化产业、新闻传播、电影娱乐、文学艺术、群众文化等 18 个重点研究领域。为文化传媒研究提供相关数据、研究报告和综合分析服务。

## 世界经济与国际关系数据库（下设 6 个子库）

立足"皮书系列"世界经济、国际关系相关学术资源，整合世界经济、国际政治、世界文化与科技、全球性问题、国际组织与国际法、区域研究 6 大领域研究成果，为世界经济与国际关系研究提供全方位数据分析，为决策和形势研判提供参考。

# 法律声明

"皮书系列"(含蓝皮书、绿皮书、黄皮书)之品牌由社会科学文献出版社最早使用并持续至今,现已被中国图书市场所熟知。"皮书系列"的相关商标已在中华人民共和国国家工商行政管理总局商标局注册,如LOGO( )、皮书、Pishu、经济蓝皮书、社会蓝皮书等。"皮书系列"图书的注册商标专用权及封面设计、版式设计的著作权均为社会科学文献出版社所有。未经社会科学文献出版社书面授权许可,任何使用与"皮书系列"图书注册商标、封面设计、版式设计相同或者近似的文字、图形或其组合的行为均系侵权行为。

经作者授权,本书的专有出版权及信息网络传播权等为社会科学文献出版社享有。未经社会科学文献出版社书面授权许可,任何就本书内容的复制、发行或以数字形式进行网络传播的行为均系侵权行为。

社会科学文献出版社将通过法律途径追究上述侵权行为的法律责任,维护自身合法权益。

欢迎社会各界人士对侵犯社会科学文献出版社上述权利的侵权行为进行举报。电话:010-59367121,电子邮箱:fawubu@ssap.cn。

社会科学文献出版社